베스트
셀프

BEST
SELF

# 베스트 셀프

2019년   9월 18일 초판   1쇄 발행
2022년   5월 20일 초판 20쇄 발행

지 은 이 | 마이크 베이어
옮 긴 이 | 강주헌
펴 낸 이 | 김정수, 강준규

책임편집 | 유형일
마 케 팅 | 추영대
마케팅지원 | 배진경, 임혜솔, 송지유

펴 낸 곳 | ㈜로크미디어
출판등록 | 2003년 3월 24일
주      소 | 서울시 마포구 성암로 330 DMC 첨단산업센터 318호
전      화 | 02-3273-5135 FAX | 02-3273-5134
편      집 | 070-7863-0333
홈페이지 | http://www.rokmedia.com
이 메 일 | rokmedia@empas.com

값 18,700원

ISBN 979-11-354-4496-8 (03190)

안드로메디안은 로크미디어의 실용 도서 브랜드입니다.
잘못 만들어진 책은 구입하신 서점에서 바꾸어 드립니다.

너 자신이 되라, 오로지 더 나은 쪽으로

# 베스트 셀프

마이크 베이어 지음 • 강주헌 옮김

Andromedian

어머니 에이나 베이어와 아버지 로널드 베이어,

두 분에게 이 책을 바친다.

어머니는 우리의 하루가 어떠하더라도

곤경에 빠진 사람을 도와야 한다고 가르쳐주셨고,

아버지는 성실함이 기회보다 중요하므로

항상 옳은 일을 하도록 애써야 한다고 가르쳐주셨다.

최고의 자아를 찾으려 애쓰는 분들에게도 이 책을 바친다.

최고의 자아를 찾아가는 여러분의 여정이

흥미진진하고 보상이 있기를 바란다.

# 차례

어둠은 흥미를 자극하는 상태, 아무런 빛이 없는 상태다. 때때로 우리는 빛이 실제로 무엇인지 깨닫기 위해서라도 어둠에 들어가야 한다. 나는 어둠이 낯설지 않다. 16년 전, 처음으로 어둠과 마주했다. 일주일 내내 술과 필로폰에 빠져 지낸 후 화장실 거울에 비친 수척하고 병색이 완연한 얼굴에서 내면의 빛을 완전히 상실한 내 모습을 보았을 때였다. 필로폰 중독에서 벗어난 사람이면 누구나 이렇게 말한다.

"필로폰은 영혼을 훔치고 감각까지 빼앗아간다. 잠을 자지 않고, 먹지도 않고, 물도 거의 마시지 않는다. 배 속이 텅 비어 있어도 이리저리 돌아다니며 세상에서 가장 똑똑한 사람이라 생각한다."

당시 나는 스무 살이었다. 포덤 대학교 농구팀에 적격 테스트를 신청할 정도로 건전한 청년에서 현실 감각을 완전히 상실하고 편집증 상태에서 허우적대는 좀비로 전락한 이유를 전혀 알지 못했다. 악령에게 홀린 것이 분명했다. 상태가 좋지 않았다. 나는 자제력을 완전히 상실했다. 화장실 거울에서 섬뜩한 내 모습을 보고 상당한 시간이 지난 후에야 냉정을 되찾을 수 있었다. 그 후 내가 거둔 모든 성과는 중독이라는 어둠에서 빠져나온 직접적인 결과다.

나는 그때의 기억을 머릿속에서 떨쳐내려 고개를 저었다. 비행기가 활주로에 착륙해 브레이크를 밟으며 속도를 늦춘 바람에 몸이 앞으로 휘청했지만, 다행히 안전띠가 단단히 잡아주었다. '현실로 돌아와야지!'라고 생각하며 나는 '지금 여기'로 정신을 되돌렸다. 하지만 비행기에서 내려 검정색 정장을 입고 총을 소지한 사람들의 안내를 받아 지극히 평범하지만 방탄유리를 갖춘 SUV(스포츠 유틸리티 자동차, Sport Utility Vehicle)에 올라타며, '지금 여기'보다 '다른 세계'가 더 적절한 표현이라는 생각이 들었다. 잠시 후 우리는 공항로에 들어섰다. 마치 영화의 한 장면

같았지만, 개인적으로는 영화보다 훨씬 더 흥미진진했다. 우리는 곧 근처 건물에 도착했고, 그곳에서 세관을 통과했다. 잠시 숨을 돌리게 되자 나는 경호팀에 화장실이 어디에 있냐고 물었고, 그들이 가리킨 곳으로 향했다.

나는 화장실의 내부 시설은 전혀 신경 쓰지 않았다. 전혀! 내게는 먼저 해결해야 할 훨씬 다급한 문제가 있었다. 그동안 의식을 치른 것이 2,000번 남짓 될까? 아무튼 영원히 잊지 못할 첫 순간은 12년 전으로 거슬러 올라간다. 그때 그 의식이 내 삶의 대들보가 된다는 것을 알았더라면 화장실에서 의식을 치르기 전에 재차 신중하게 생각했을 것이다. 하지만 화장실은 의식을 치르기에 가장 합당한 곳이다. 집, 식품점, 공항, 공연장, 영화관 등 어디를 가더라도 화장실은 반드시 존재하지 않는가. 또 화장실은 우리에게 최소한의 사생활을 제공하는 공간이기도 하다.(몇몇 사람이 나를 쳐다보며 제정신이 아니라고 여길지도 모른다고 생각하면 지금도 얼굴이 붉어지기 때문에 사실 사생활을 보장하기에 충분한 공간은 아니다.)

화장실은 지극히 평범했다. 여러 개의 변기와 일렬로 늘어선 개수대가 있었고, 출입문 근처에는 전신 거울이 있었다. 내 의식을 치르기에 완벽했다. 나는 가방을 내려놓고 두 장의 휴지를 뽑아 바닥을 정성껏 닦았다. 그리고 개수대 앞에 무릎을 꿇고 앉아 눈을 감았다. 그 행위는 내가 새로운 일을 행하기 전에 치르는 의식의 전반부로, 겸손하겠다는 의지의 상징적 표현이다. 내가 쿠르디스탄에 온 이유는 다른 사람을 돕기 위함이지, 나를 세상에 알리기 위함이 아니었다. 나는 모든 일을 이렇게 시작한다. 무릎을 꿇는 것은 오래전부터 우리가 내면의 영적인 자아 혹은 하느님, 즉 우리가 믿는 초자연적인 절대자와 교감하는 물리적 행위다. 이 관습은 나에게도 효과가 있었다. 무릎을 꿇는 행위는 이기적

베스트 셀프

인 자존심을 침묵시키고 어떤 두려움이든 씻어내는 가장 확실한 방법이다. 또한 내가 진정성을 유지한다면 결과는 중요하지 않기 때문에 결과에 초연할 수 있는 최상의 방법이기도 하다.

그러고는 의식의 후반부를 시작했다. 무릎을 펴고 일어서서 거울에 비친 내 모습을 바라보았다. 2미터에 가까운 신장을 가진 유일한 미국인이었고, 폭력배처럼 생긴 까닭에 화장실에 들어온 사람들은 나를 슬금슬금 피했지만, 나의 이상야릇한 행동까지 모른 척하고 넘어가지는 않았다. 그러나 나는 깊은 의식에 빠져 주변 시선을 전혀 의식하지 않았다. 이 모든 과정이 나에게도 우스꽝스럽게 여겨지던 때도 있었지만, 이제는 그렇지 않다. 긍정적인 효과가 있기 때문이다.

나는 거울 속의 내 눈을 뚫어지게 바라보았다. 오랜 비행을 한 후여서 눈 밑의 다크서클과 눈가를 따라 형성된 굵은 주름을 무시하기 힘들었지만, 그런 미학적인 부분은 서서히 시야에서 사라졌다. 이러한 의식의 목적은 외적인 방해거리를 무시하고 내 영혼을 똑바로 들여다보는 것이다. 그 의식을 통해 나는 나 자신과 연결되어 완전히 하나가 되고, 진실하게 행동한다고 확신하며, 여정에서 한 걸음 더 나아갔다. 거울 속의 자아를 똑바로 들여다보며 정신 상태를 검증하는 단순한 의식이지만 깊이가 있다.

의식을 반복하며 터득한 것이 있다면 '단순한 행동이 우리 삶에서 가장 강력한 행동이 될 수 있다'라는 것이다. 또 조금의 시간을 할애하여 명상의 상태에 들어가 중심을 잡으면, 내 진실한 영성에 근거를 두고 결정을 내릴 수 있고, 최적의 모습으로 의뢰인에게 완전히 집중할 수도 있다는 것도 알았다. 달리 말하면, 그 의식을 행함으로써 나는 어떤 상황에나 사심 없이 접근할 수 있었다.

그래서 나는 쿠르디스탄의 공중화장실에서 거울 속의 내 눈을 뚫어지게 바라보며 서 있었다. 의식을 치르면 과거에 함께 일한 몇몇 사람의 얼굴이 떠올랐고, 그 얼굴들로 짜인 태피스트리가 눈앞에 펼쳐졌다. 그렇다. 의식은 내면의 영혼을 들여다보는 과정이기 때문에 내가 진정성과 열정, 목적의식을 유지하는 데 도움을 주는 사람들이 자연스럽게 떠오른다. 그들은 내가 힘들었던 시기에 내 곁을 지켜준 사람들로, 그들과 함께한 경험에 한없이 감사할 따름이다.

　　그날 떠오른 주인공은 부유한 최고경영자 와이엇이었다. 분노에 두 뺨이 벌겋게 달아오르고, 두 눈은 퉁퉁 붓고, 얼굴에는 핏발이 서 있었다. 와이엇은 내 코칭 이력의 50번째 손님이었다. 오래전의 일이지만 그의 사례는 아직도 기억에 생생하다. 와이엇의 아내 사라는 남편의 폭행에 겁을 먹고 나를 찾아와 남편의 폭행을 끝내달라고 간절히 부탁했다. 자상하기만 했던 남편이 자신의 목을 조르며 죽이려 한다는 것이었다. 그것도 겁에 질린 네 자녀가 지켜보는 앞에서! 와이엇의 사업이 끝없이 나락으로 떨어지고, 직원들은 사장의 질책과 욕설에 풀이 죽고 염증을 내던 때였다. 와이엇의 분노는 그야말로 폭주 기관차가 되었고, 그가 어디까지 탈선할지는 아무도 알지 못했다. 그러나 사라의 첫 연락을 받은 때부터 나는 그 상황을 해결할 적임자라고 확신했다.

　　와이엇을 상담하기 전에 쇼핑부터 해야 했다. 내가 정장을 입고 넥타이를 매지 않으면, 와이엇이 상대조차 해주지 않을 것이라는 사라에게 처음 조언이 있었기 때문이다. 번듯한 옷차림으로 자기중심적인 사람에게 조금의 존중이라도 받기를 바라며 사라의 조언에 따랐다. 그래서 지인에게 빌린 정장(당시에는 맞춤 정장을 구입할 정도의 여유가 없었다)을 번듯하게 갖추어 입고, 식민지풍 저택의 휴게실에 서서 와이엇을 기다렸다.

학대를 받는 게 당연한 것처럼 생각하고 있다는 것을 깨달았다. 또 자녀들이 더 나은 환경에서 살아갈 자격이 있고, 흡혈귀에게 자신의 생기를 스스로 내주고 있다는 것도 깨달았다. 그 무엇보다 중요한 것은 자신이 그 문제에 더는 시달리고 싶어 하지 않는다는 사실을 깨달은 것이다.

와이엇은 휘청거리며 비틀거렸다. 그는 순종적이던 아내가 어떤 이유에서 그렇게 변했는지 도무지 이해할 수 없다는 표정을 지었다. 그는 벌개진 얼굴로 주방으로 성큼성큼 걸어갔다. 그가 다음 행동을 취하기 전까지 집 안에는 적막감이 감돌았다. 그는 하이볼 한 잔을 들고 돌아왔다. 내가 물었다.

"스카치로군요. 그 술을 즐겨 마십니까?"

"감각을 무디게 해주지."

와이엇은 술을 한 모금 들이켜고는 소파에 앉으며 넥타이를 느슨하게 풀었다. 그리고 빈정거림이 가득한 말투로 말했다.

"멋진 구두로군."

"감사합니다. 이런 구두에 적합한 집의 주인이신 분에게 칭찬을 들으니 몸 둘 바를 모르겠습니다."

나는 전날 구두를 사야 했던 상황을 머릿속에 떠올렸다. 이번 일이 아니었다면 이렇게 괜찮은 구두를 굳이 사야 할 이유가 없었다. 나는 휴게실을 둘러보았다. 조금 떨어진 곳에 엘리베이터가 보였다. 내가 물었다.

"멋진 엘리베이터군요. 그런데 엘리베이터까지 있는 집이 많습니까?"

유머는 냉랭한 분위기를 해소하는 데 도움이 되지만, 위험한 시도이기도 하다. 와이엇은 나를 곁눈질로 노려보았다.

"골칫거리이긴 하지. 그 소리를 한 번만 더 들으면 백 번은 될 거요."

우리의 대화는 계속되었고, 한동안 생산적으로 진행되는 듯했다. 그러나 한 잔의 술이 다섯 잔이 되었고, 그에게 중독 치료를 권하는 방향으로 주제를 옮겨갔을 때는 와이엇의 에고(ego)가 그를 지배했다. 예상대로 그는 적대적으로 변해갔다. 그래서 사라는 아이들을 데리고 호텔로 피신했다. 사라는 이전에 집을 나가겠다고 몇 번이나 남편에게 경고했지만 행동으로 옮긴 적은 없었다. 그러나 그날 밤에는 그런 상황을 대비해 미리 꾸려두었던 가방을 들고 진짜로 집을 나가버렸다.

가족들이 자신 앞에서 가방을 들고 나가는 모습을 본 와이엇은 당황한 표정이 역력했다. 나르시시스트가 흔히 그렇듯, 와이엇도 사람들이 자신을 두려워하는 것을 은근히 즐겼다. 그러나 가족들은 더 이상 그를 두려워하지 않았다. 오히려 가족들의 행동이 그를 두렵게 했다.

"지금 처리해야 할 일들이 있는데, 이런 상황에서 그냥 일어서서 나갈 수가 없군요."

"원하면 전화기와 컴퓨터를 사용할 수 있는 방으로 안내하겠소. 그곳에서 업무를 할 수 있을 거요."

긴 침묵이 흘렀다.

"좋습니다. 하지만 오늘 밤은 안 되겠습니다. 내일 아침에 뵙도록 하죠."

"아침 8시에 데리러 가겠소."

이튿날 아침, 우리는 자동차의 뒷좌석에 어깨를 맞대고 앉았고, 와이엇의 삶에서 새로운 장을 열기 시작했다.

나는 과거의 기억을 지워내고 현재의 순간에 집중하며 내가 만트라로 삼는 말을 큰 목소리로 말했다.

"당신도 할 수 있습니다!"

만트라는 오래전에 '당신 자신을 믿으십시오!'로 시작해서, '당신은 매력적인 사람입니다', '당신 자신이 되십시오', '지금의 당신으로 충분합니다', '진실을 말씀하십시오', '지금 당신은 있어야 할 곳에 있는 것입니다', '나는 당신을 사랑합니다'로 변했고, 지금은 '당신도 할 수 있습니다'가 되었다.

앞서 언급한 의식은 예나 지금이나 똑같지만, 만트라는 꾸준히 변했다. 내가 처음 의식을 시작한 것은 20대 초반, 첫 상담을 끝내고 철저한 무력감에 사로잡힌 때였다. 그날은 모든 것이 엉망진창이었다. 프린터의 잉크가 떨어져 자료를 인쇄하지 못했고, 내가 속한 조직의 의뢰를 처리하느라 한 가족에게 전해야 할 조언이 전혀 기억나지 않았다. 그 후에도 문제가 연이어 터졌다. 우여곡절 끝에 상담을 끝냈지만, 그 가족은 조직에 전화를 걸어 내 미숙함을 항의하며 환불을 요구했다. 그럼에도 불구하고 나는 만족스러웠다. 내 최고의 자아와 연결되는 기회를 얻었기 때문이다.

그 이후로 내 의식은 매번 나에게 필요한 것—내가 다른 사람을 돕겠다는 진실한 마음으로 일했기 때문에 결과에 상관없이 내가 이미 승리했다는 느낌—을 어김없이 주었다. 내가 다른 사람의 행동을 통제하거나 예측할 수는 없어도, 내가 진실한 마음으로 행동하고 있음을 확신할 수 있었다. 나는 그런 확신으로 충분했다.

나는 심호흡을 하며, 화장실 바닥에 내려놓은 가방을 다시 집어 들었다. 화장실 밖에서 나를 기다리던 경호팀과 함께 목적지로 향했다. 목적지까지는 가야 할 길이 멀었다. 쿠르디스탄에서 A 지점부터 B 지점까지 가기는 할리우드의 평소 통근 길만큼 쉽지 않았다. 하지만 나는 고향에 있는 것처럼 마음이 편안했다. 하기야 쿠르디스탄보다 안락한 곳은 없다고 말해도 과언이 아니다. 쿠르드족은 모든 종교와 모든 인종을 받아들이고 포용한다. 그래서 많은 사람이 그곳에서 피난처를 찾는다.

나는 쿠르디스탄에 오기 전에 쿠르드족 안내원과 여러 차례 통화를 했기에 내가 어디로 가고 누구를 만나야 하는지 알고 있었지만 지구 반대편에 있는 난민촌에 들어가기 위한 준비는 쉽지 않았다. 확실히 아는 것이라고는 평소의 의뢰인들과 잠시 헤어져 내 능력을 새로운 곳에서 활용해야 한다는 것이 전부였다.

나는 현 상황과 정반대 상황을 모색함으로써 삶의 균형을 추구해왔다. 이런 이분법적 추구 덕분에 분수를 지키며 항상 감사하는 마음을 유지하고 있다. 내가 최근에 만난 의뢰인들은 대체로 유명 인사여서 부족한 것이 없었지만, 쿠르디스탄 난민촌 사람들은 미사일에 집이 무너지고, 가족이 죽임을 당하는 모습을 지켜보고, 난민촌까지 짊어지고 온 괴나리봇짐을 제외하고는 모든 것을 빼앗긴 사람들이었다. 따라서 이번 여행에는 도움이 필요한 사람들이 있는 곳에 달려가 일종의 구원자로 행동해야 할 필요가 있었다. 그러나 한 주 만에 그들을 위해 무언가를 할 수 있을 것이라는 확신은 없었다.

나는 전에도 그 주변 지역을 방문한 적이 있었다. 8년 전, 아프가니스탄에 마음이 끌렸다. 그 지역에는 테러리스트가 들끓고 모두가 급진주의자라는 미국 언론의 보도가 정확하지 않다는 꺼림칙한 기분을 떨칠 수 없었기 때문이다. 게다가 그곳은 세계에 공급되는 아편의 중심지였다. 그곳이 어떤 모습인지 내 눈으로 직접 확인하고 싶었다. 나는 경험을 통해 배우는 사람이다. 따라서 무언가를 배우고 싶으면 그것에 깊이 몰입한다. 아프가니스탄을 방문했을 때도 여러 곳의 중독 치료 센터를 돌아다녔다. 몇몇 센터에서는 헤로인 중독 치료에 야만적인 방법이 사용되고 있었다. 중독자들은 사슬에 묶여 지냈고, 심하게 중독된 마약의 독성이 몸에서 빠져나올 때 동반되는 고통에 비명을 지르며 온몸을

베스트 셀프

비틀었다. 끔찍하고 참혹한 장면이었다.

그들에게는 의학적으로 건전하고 현대적인 중독 치료법과 재활 훈련이 절실히 필요했다.(최근에는 그곳에 다녀온 적이 없다. 지금은 치료법이 나아졌을 수도 있지만, 그 당시에는 치료에 필요한 자원이 없었기 때문에 일부 시설에서는 실제로 잔혹한 방법이 사용되었다.) 나는 아프카니스탄에서의 경험과 그 이후의 경험을 통해 그곳 사람들이 진정으로 원하는 것을 더 깊이 이해하게 되었고, 그들을 돕는 것이 내 삶에서 크나큰 목적 중 하나가 되었다.

나는 정부 관리들과 마주 보고 앉아 대화를 나누며 난민촌의 참담한 상황에 대한 정보를 얻었고, ISIS(Islamic State of Iraq and Syria, 이라크·시리아 이슬람 국가)와의 전쟁이 시작된 이후 쿠르디스탄이 야지디 쿠르드족, 기독교인, 시리아인 등 난민들이 앞다퉈 몰려드는 곳이라는 것도 알게 되었다. 많은 사람이 테러리스트들에 의해 살해되자 그들은 목숨이라도 구하기 위해 고향을 떠났다. 고아도 헤아릴 수 없이 많았다. 저녁 뉴스나 신문의 1면에서 그곳의 참상을 간혹 보았지만, 난민의 위기가 실제로 어떤 모습인지 마침내 직접 볼 수 있게 된 것이었다.

우리는 자동차를 타고 난민촌으로 향했다. 흙먼지로 자욱한 난민촌에는 똑같이 생긴 천막이 좌우로 끝없이 늘어서 있었고, 천막과 천막 사이에 연결된 줄에는 누더기들이 널려 있었다. 나는 환한 얼굴로 이리저리 뛰어다니며 즐겁게 고함을 질러대는 아이들의 모습에 감동을 받았다. 아이들은 실밥이 터진 낡은 축구공을 차며 놀았다. 그 모습을 통해 아직 그곳에 희망이 있다는 것을, 온갖 역경에도 불구하고 빛이 있다는 것을 확신할 수 있었다.

자동차가 난민촌 앞 검문소에 멈추었을 때 자동차에서 내려 주변을 걸었다. 곧바로 아이들이 내 주위에 모여들었다. 하나같이 너덜너덜한 옷을 입고 있었고, 상당히 지저분했다. 대부분의 아이가 고아였다. 아이들의 현실은 암울하기 그지없었지만, 나는 분명 아이들의 얼굴에서 행복감을 보았다. 가진 것은 없었지만 희망의 크기는 그 누구에게도 뒤지지 않을 듯했다. 나는 그들을 돕기 위해 그곳에 방문한 것이었지만, 얼마 지나지 않아 오히려 그들에게 희망이라는 선물을 받았다. 참으로 가슴이 벅찼다.

내가 이 이야기를 하는 이유는 간단하다. 이 이야기가 정신과 감정이 진정한 자아와 연결된다는 것을 구체적으로 보여주는 예이기 때문이다. 수년 전에 주변 사람들이 내게 쿠르디스탄에 가보라고 말했다면, 달에 식민지를 세우라고 말하는 것과 다를 바 없다고 생각했을 것이다. 그러나 진정한 자아와 하나가 되는 삶을 사는 순간부터 예측하지 못한, 믿기지 않는 일이 일어난다.

진정성을 따른다는 것은 때로는 어디로 가는지도 정확히 모른 채 믿고 시도한다는 뜻이다. 사실 쿠르디스탄행 비행기에 오를 때까지도 내 목표를 확신하지 못했다. 전쟁의 피해자가 된 많은 사람을 돕고 싶었지만, 그 마음을 구체화하는 방법이 명확하게 떠오르지 않았다. 그러나 난민촌에 들어서고 고아가 된 아이들에 에워싸인 순간, 그 아이들이 세뇌되어 새로운 테러리스트가 되지 않도록 예방하는 프로그램을 시작하고 확립할 수 있다면 무엇이든 하고 싶었다. 난민촌 아이들은 자신을 지킬 능력이 취약한 존재였다. 그야말로 피에 굶주린 상어들에 둘러싸인 작은 피라미와 다를 바 없었다. 내가 그 아이들이 자존감과 자부심을 갖도록 도와줄 수 있다면, 아이들이 테러 집단의 먹잇감이 되는 위험도 줄어들 것 같았다. 평생 맞추어야 할 퍼즐 조각들이 쿠르디스탄 여행에서 한층 명확해졌다. 쿠르디스탄 여행은 사람들이 삶의 흐름을 바꿔가도록 돕겠다는 내 목표에 힘을 보태주는 계속되는 여정의 일환이었다.

이 이야기가 당신에게는 무엇을 뜻하는가? 당신도 '여행 자체가 목적지'라는 것을 깨닫길 바란다. 우리는 끊임없이 변하고 달라진다. 따라서 그 변화가 끝나면 우리가 어떤 존재가 되고, 어디쯤에 있을지 전혀 알 수 없다. 그 과정에서 당신이 어둠을 걷어내야 한다면, 라이프 코치의 역할은 환한 빛을 밝히고 당신을 올바른 방향으로 유도하는 것이다. 여기에서 내가 말하는 어둠은 당신이 최고의 자아와 하나가 되지 못한 채 살아가는 영역을 뜻한다.

나는 당신이 목표를 달성하도록 도울 수 있다. 내가 이렇게 확신하는 이유가 궁금한가? 내가 직접 해냈기 때문이다. 앞서 말했듯 나는 한때 마약에 푹 빠져 진정한 삶과 거리가 먼 온갖 짓을 다하며 살았다. 필로폰 가루를 구입해 한 줄로 늘어놓고는 코로 흡입했다. 그러고는 화장실로 달려가 구역질하고 물을 내리며 이번이 마지막이라고, 이제는 필로폰과 영원히 이별이라고 맹세했다. 하지만 사흘 후에 다시 필로폰을 구입했다. 내가 마약에 의존하는 이유, 내가 반복해서 마약을 찾는 이유를 도무지 알 수 없었다. 게다가 나는 아파트를 완전히 빨갛게 덧칠했다. 악령에 사로잡혔다고 생각할 수밖에 없었다. 또 어딘가에 숨겨진 초소형 카메라가 나를 항상 감시하고 있다는 강박증에도 시달렸다.

아내는 혼란에 빠졌고, 나는 무력감에 시달렸다. 필로폰을 끊었다가 다시 찾는 악순환이 반복되었다. 마침내 나는 중독 치료에 매진해야 한다는 것을 깨닫고 중독 치료를 시작했다. 회복에 필요한 최선의 방법을 적용하고 싶었기 때문에 당시 중독 치료에 권고되던 모든 방법을 정확히 따랐다. 무척이나 짜증나고 힘든 시간이었지만 다행히 나는 수개월 뒤 중독에서 벗어나 회복에 필요한 과정을 일목요연하게 정리한 지침을 얻을 수 있었다.

중독에서 벗어나 정상이 된 후 진정한 나의 자아와 연결될 수 있었다. 그 이후 모든 것이 긍정적인 방향으로 달라졌다. 학창 시절에는 학습 자체에 아무 관심이 없었지만, 마약과 알코올 중독 치료에 대한 모든 것을 알고 싶은 의욕이 샘솟았다. 새로운 열정은 중독 치료 과정에 있는 사람들을 돕는 기업을 창업해 성공하겠다는 자신감으로 이어졌다.

나는 삶의 과정에서 최악의 상태에 빠진 사람들이 어둠의 늪에서 빠져나오는 것을 도와주며 라이프 코치로서 경력의 거의 절반을 보냈다. 나머지 절반의 기간에는 최악의 상태에 있지는 않았지만 더 행복하게 살 수 있다는 것을 알면서도 어떻게, 어디에서 시작해야 할지 알지 못하는 사람들을 도우며 살았다. 대다수의 의뢰인은 아무 예고 없이 나를 찾아왔다. 누구에게나 항상 마음의 문을 열어둔 까닭에 많은 기회가 나에게 찾아온 것이 아닌가 싶다. 나는 다양한 유형의 문제로 고민하는 사람들과 고루고루 일하고 싶다. 또 내 삶의 모든 영역에서 균형을 유지하고 싶다. 그렇게 해야만 폭넓은 시야를 갖게 된다고 믿는다. 달리 말하면, 우리 모두에게 적용되는 보편적인 법칙이 있다는 뜻이다. 당신이 어떤 상황에서 시작하더라도 내가 그곳에서 당신을 만나 당신이 원하는 목적지까지 인도해줄 수 있다는 뜻이기도 하다.

분명히 말하지만, 나에게 도움을 받은 대부분의 사람은 지금 당신의 상황보다 훨씬 더 나쁜 상태였다. 나는 알코올과 마약 중독 상담자로 시작하여, 무척 권위 있는 몇몇 재활 센터에서 일했다. 그 후에는 '중재자'가 되었다. 삶의 과정에서 뜻하지 않게 변화를 시도해야 할 사람을 돕는 것이 중재자의 주된 책무였다. 중재는 무척 긴장되고 불안한 상황에서 이루어지는 경우가 많았다. 하기야 가족이나 친구를 보려고 집에 들

베스트 셀프

어왔는데 낯선 사람이 그들과 함께 앉아 있는 것을 보면 어떤 기분이 들겠는가? 물론 중재자는 객관적인 위치에서 분쟁 당사자들을 중재하겠지만, 그런 예상치 못한 상황은 극도로 긴장감이 흐르고 극적일 수밖에 없다. 그러나 그런 상황에서도 나는 변화에 아무 관심이 없던 사람이 결국에는 변하도록 유도했다. 지금 이 책을 읽고 있는 여러분은 변하려는 의지를 가지고 있을 것이다. 그런 의지만으로도 변화를 위한 첫걸음을 크게 뗀 것이다. 변화는 당신의 손안에 있다.

나는 우리가 삶에서 마주하는 온갖 문제를 인문학적으로 해결할 수 있는 전략을 마련하고 싶은 욕심에 2006년 CAST 센터를 설립했다. 캘리포니아 베니스 비치에 있던 내 작은 아파트에서 시작했지만, 처음부터 우리는 증거에 기초한 접근법을 제시하며 사람들이 삶의 질을 개선할 수 있도록 도움을 주었다. 요컨대 우리는 단순히 진단을 내리는 것에 그치지 않았다. 진짜 문제는 많은 사람이 자신의 진정한 자아와 일치하지 않는 삶을 살고 있다는 데 있다. 그 이유가 무엇일까? 자신의 길을 스스로 개척하지 않고 가족의 뒤를 따라가거나, 10년 전에는 자신을 위해 일했더라도 두려움이나 그 밖의 이유로 현실의 요구를 외면하며 더는 자신을 위해 살지 않기 때문이다.

어떤 상황에나 저마다 고유한 특징이 있다. 의학적 치료가 필요한 사람도 있고, 우울증이나 외상 후 스트레스 장애(Post Traumatic Stress Disorder, PTSD)를 위한 특별한 치료가 필요한 사람도 있다. 인지행동치료(Cognitive Behavioral Therapy, CBT)가 요구되는 사람도 있다. 상실감에 잠긴 사람은 좀처럼 미래로 힘차게 발걸음을 내딛지 못한다. 따라서 좌절에 빠진 사람을 정상적인 궤도로 되돌리거나, 삶을 바꿔놓은 사건이 있은 후 새로운 일상을 받아들이도록 유도하려면 개개인의 특성에 맞춘

개별화된 계획이 필요하다.

누군가의 집에 화재가 났다고 상상해보자. 먼저 당신은 그 가족의 안전을 도모하며 그들을 불더미에서 구해낼 것이다. 그 이후에는 더 많은 조치를 취해야 한다. 당신은 그들을 안전한 곳으로 옮겨놓고, 집이 완전히 타버리도록 내버려두지 않을 것이다. 소방차가 도착해 불을 끄면 당신은 그들이 보험금을 청구하고, 화재 현장을 정리하는 것을 도와준다. 또 그 후 집을 새로 짓거나 다른 곳으로 이주한 후에 새 가구를 들이는 데 도움을 준다. 그러나 우리가 감정 상태에 영향을 주는 중대한 사건을 경험하더라도 그 사건을 건전한 방향으로 해결하는 데 필요한 모든 단계를 취하지 못하는 경우가 많다. 그러면 그들에게 전소된 집에 돌아가 잿더미를 무시하고 살라고 말하는 것과 다를 바가 없다.

나는 중재자로 일하면서 자식의 대학 등록금과 은퇴 자금을 모두 잃은 도박 중독자, 배우자가 죽은 후 수개월 동안 집 밖을 나가지 못한 광장공포증 환자, 분노 중독자, 가정 폭력자를 비롯해 세계를 순회하며 공연하던 중 느낀 압박감을 해소해야 했던 팝스타 등을 도왔다. 그 후에는 그동안의 경험을 발판삼아 '위기 관리자'가 되었다. 위기를 맞은 모든 사람을 무작정 진료소에 보낼 필요는 없다. 자신의 길을 지속적으로 헤쳐 나갈 수 있도록 도와주는 것으로 충분한 경우도 많다. 이런 과정을 밟아가던 끝에 나는 마침내 유명 인사들, 특히 시시때때로 위기를 겪고 관리해야 하는 사람들과 일하게 되었다.

이제 나를 '변화 촉진자'로 생각해주면 고맙겠다. 나는 사람들이 변하도록 유도하는 방법을 알고 있다. '인간은 잘 변하지 않는다'라는 것이 우리 사회에 팽배한 통념이다. 하지만 완전히 잘못된 통념이다. 인간이 변하지 않는다면 나는 아직도 무일푼일 것이고, 필로폰에 중독되어 허덕이고 있을 것이다. 인간이 변하지 않는다면 누구도 체중을 줄이지 못할 것이고, 누구도 담배를 끊지 못할 것이다. 인간이 변하지 않는다면 모두가 '저주받은 존재'일 것이다. 나는 많은 사람이 정신적 충격과 상실감, 정신 질환, 신체적 장애 등 온갖 역경을 이겨내고 새로운 삶을 시작하는 것을 보았다. 인간은 변한다. 많은 사람이 변했다. 나도 변했다. 당신도 변할 수 있다.

어쩌면 당신의 내면이 '당신은 구제 불능이야'라고 속삭이고, 그래서 당신은 현재의 상황을 수긍하고 받아들였을 수도 있다. 하지만 나는 당신에게 이렇게 말하고 싶다. 당신이 살아 숨 쉬고 있는 한, 희망은 있다!

앞서 소개한 사라는 한때 자상했던 남편 와이엇이 야만적인 괴물로 변했을 때 자포자기한 심정으로 내게 연락해 도움을 청했다. 결국 사라는 자상하고 점잖은 남편을 되찾았고, 자신의 목소리도 회복했다. 와이엇은 알코올 중독 센터를 찾았고, 분노 관리 훈련에 참가했다. 무엇보다 중요한 것은 그가 물려받은 기업이 자신의 영혼을 갉아먹고 있다는 사실을 깨달은 것이었다. 그는 조금도 관심 없는 것에 일주일에 70시간 이상을 매달려 있었던 것이다. 와이엇은 결국 기업을 매각하고 말 사육장을 구입했다. 그는 10대 이후로 말을 탄 적이 없었지만, 늘 마음속으로 말을 그리워하고 있었다. 그는 마구간에 뛰어난 말을 차근차근 모았고, 말 치료장을 운영해 상당한 성공을 거두었다. 이제 그는 항상 새로운 목표를 품고 하루하루를 즐겁게 맞이하고 있다. 사라는 종종 진심이 담긴 이메일과 가족들의 사진을 보낸다. 와이엇이 자신의 문제를 직시하기로 결정한 덕분에 가족 모두가 행복하고 즐겁게 살아가고 있다. 누군가 변화를 선택하고 진실하게 살게 되면 그 파급효과는 놀라울 정도로 크다.

지난해 나는 CAST 센터를 통해 삶의 방향을 전환한 모두를 회고하며, 그곳에서 사용하는 전략을 세상에 널리 알리는 방법을 모색하기 시작했다. 수줍음이 많아 자신의 감정을 솔직하게 털어놓지 못하는 사람들, 어떤 지도도 받지 못한 채 무계획적으로 살아가는 사람들, 마땅히 누려야 할 삶을 누리지 못하는 사람들에게 어떻게든 도움을 주고 싶었다. 그래서 어둠에서 빠져나와 빛의 세계로 들어간 유명 인사들과 동기부여 강연자들의 도움을 받아 '순회하는 CAST(CAST on tour)'를 시작했다.

강연은 70개 도시에서 이루어졌다. 어떤 도시에서 강연이 열린다는 소식이 알려지면 입장권이 순식간에 팔렸고, 총 참석자는 3만 명이 넘었다. 강연이 끝난 후에도 적잖은 참석자를 만났다. 그들은 그동안은 누구에게도 말하지 않고 감정적 몸부림을 참고 견뎠지만 이제부터는 변화를 시도하며 최고의 자아와 하나가 되겠다고 말했다. 강연에 참석한 사람들이 이렇게 최고의 자아와 연결되며 삶의 목표와 궤를 함께하는 돌파구를 마련하는 것을 목격할 때마다 나 자신도 자극을 받는다. 누구나 '최고의 자아'가 될 수 있다. 최고의 자아가 어떤 모습인지 명확히 하고, 자신에게 내재된 최고의 자아를 포용하는 방법을 찾아내기만 하면 된다.

최근에 나는 흥미로운 조사를 실시했고, 수천 개의 대답을 얻었다. 이 조사에서 내가 제시한 질문 중 하나는 '지금 당신은 최선의 삶을 살고 있다고 생각하십니까?'였다. 81퍼센트의 응답자가 '아니다'라고 답했다. 이 결과에 많은 사람이 놀랐지만 나는 조금도 놀랍지 않았다. 당신이라면 이 질문에 어떻게 대답하겠는가? 어떻게 대답하든 상관없다. 중요한 것은 개선의 여지가 있다는 사실이다.

당신이 지금 살고 있는 삶은 당신이 진정으로 원하거나 마땅히 누려야 할 삶과 상당한 거리가 있을 수 있다. 물론 당신은 그런 사실을 인정하고 싶지 않겠지만, 당신만 그런 삶을 사는 게 아니다. 필 맥그로 박사가 말했듯 인정하지 않는 것은 바꿀 수 없다. 변하고 싶다면 먼저 인정해야 한다. 무엇인가가 변해야 한다는 사실을 인정해야 한다. 당신이 그렇게 하도록 돕는 것이 내 책무이고, 이 책의 목적이다. 내가 오랫동안 많은 의뢰인과 일하며 얻은 교훈과 많은 사람이 저마다 최고의 자아를 찾아내는 데 도움을 주었던 훈련법, 내 통찰을 여러분과 나눌 수 있게 되어 한없이 기쁘다.

'누구에게나 삶의 기회는 한 번밖에 없다'라는 말에 모두 동의하겠지만, 그렇다고 현재의 삶을 고수해야 할 필요는 없다. 이 책에서 나는 우리가 최고의 자아를 찾아내고, 그 자아와 하나가 됨으로써 현재의 삶을 완전히 뜯어고치는 개별화된 방법을 소개하려고 한다. 나는 몇 번이고 다시 태어났다. 엄격히 말하면, 이 글을 쓰는 지금도 새롭게 태어나고 있는 중이다. 실제로 변화를 이루어내느냐는 전적으로 당신의 몫이다. 당신의 의지로 변화가 시작되면, 변화가 진행되는 속도에 놀라지 않을 수 없을 것이다. 당신도 할 수 있다! 이제 시작해보자!

아야 한다고 윽박지르는 세계에서 살아간다. 어떻게 옷을 입어야 하고, 무엇을 먹어야 하고, 정치적으로 무엇을 믿어야 하고, 세상에 어떤 모습으로 나타나야 한다고 압박을 받는 정도를 넘어 심지어 삶에서 무엇을 원해야 한다고도 강요받고 있다. 하지만 그 모든 것은 덧없는 거짓에 불과하다. 우리는 진실한 자아에 근거를 두고 스스로 모든 결정을 내려야 한다. 사회의 많은 '규칙'은 개인인 우리에게 적용되지 않는다. 사회가 원하는 방향으로 우리가 존재하고 말하며 행동하는 데 모든 에너지를 쏟는다면, 최고의 자아를 찾아내 하나가 되는 데 투자해야 할 소중한 시간을 낭비하는 것과 다를 바 없다.

이 책을 제대로 활용하면 당신은 삶에서 개선이 필요한 영역을 찾아내고, 원하면 개선 방법까지 알아낼 수 있다. 여기에 이 책의 마법이 있다. 나는 삶의 여정에서 사람들이 최고의 자아와 하나가 되도록 도와주는 일을 할 때 의욕이 생긴다는 사실을 깨달았다. 그 의욕은 나에게 하루하루 배급되는 연료와 같다. 또 우리가 진정한 자아와 일치하지 않는 삶을 살아갈 때 가장 큰 골칫거리에 직면하게 된다는 것도 알게 되었다. 지나치게 단순화한 주장처럼 들리겠지만, 나는 이 주장이 옳다는 것을 경험적으로 몇 번이고 확인했다. 따라서 최고의 자아로서 일관되게 살아가는 방법에 대해 지금까지 터득한 모든 것을 종합하여 한 권의 책에 집약하겠다고 결심하게 된 것이다. 내 목표는 많은 사람이 문제를 해결하고, 각자의 내면에 존재하는 최고의 자아와 하나가 되어 더 나은 삶을 살아가도록 돕는 것이다.

당신이 지금 어떤 위치에 있더라도 이 책은 당신의 삶을 확실하게, 때로는 예기치 못한 방법으로 개선하는 데 도움을 줄 수 있다. 당신은 지금 최악의 상황에 있을 수 있다. 지금까지 경험한 적 없었던 최악의 문제와 맞닥뜨리고 있을 수 있다. 그런 경우에도 이 책은 당신이 난관에서 벗어나 예전보다 더 자신 있게 살아가는 방법을 찾는 데 도움을 줄 수 있다. 혹은 당신은 지금 관성으로 설렁설렁 살아가고 있을 수도 있다. 현재의 삶이 큰 문제는 없지만, 내면에서는 더 나은 삶을 살 자격이 그런 삶을 원하는 경우에도 이 책은 당신이 삶의 목적을 재발견하는 데 도움을 주고, 상상할 수 없을 정도로 활력을 북돋워줄 수 있다. 또 당신의 삶이 전반적으로 괜찮지만, 문제 영역이 하나 있다고 가정하자. 그 영역에 관심을 기울여야 한다는 것을 알지만 그 영역에 접근하는 적절한 방법을 아직까지 찾아내지 못한 경우에도 이 책은 당신에게 그 문제를 효과적으로 마주하고 해결하는 명료한 방향을 제시해줄 수 있다.

당신의 바람이…

- 더 좋은 친구를 갖는 것이면
- 내면의 대화를 통해 혹은 당신 자신에 대한 이해심을 돈독히 함으로써 당신 자신과의 관계를 개선하는 것이면
- 건강을 우선순위에 두는 것이면
- 세상에 대한 지식과 이해를 확대함으로써 삶을 긍정적인 방향으로 개선하는 것이면
- 인간관계를 개선하는 것이면
- 성취감을 주는 경력을 쌓는 것이면
- 영성의 깊이를 더하는 것이면

목표가 어떻든 얼마든지 성취할 수 있다. 한편 우리 영역에 변화를 주어야 하는지는 확실히 모르지만 현재 이상적인 삶을 살지 않고 있다

는 것만 알고 있더라도 어디에 목표를 두어야 하는지 알아내고, 그 목표에 도달할 수 있다.

누구나 알고 있듯, 우리 삶은 예측할 수 없다. 어떤 문제가 발생하거나, 새해를 맞아 당신이 삶의 목표를 변경할 때 내가 당신의 생각을 돕는 동반자로서 물리적으로 옆에 있을 수 없기 때문에 그런 경우 당신을 올바른 방향으로 인도할 수 있는 명확한 내면의 목소리가 당신에게 있다면 얼마나 좋겠는가. 삶의 상황이 가혹해지면, 냉정하고 비판적으로 생각하며 논리적이고 객관적으로 판단할 수 있어야 한다. 이렇게 생각하고 판단하는 데 필요한 '최고 자아 모델(best self model)'은 내가 오랫동안 의뢰인들에게 적용한 훈련들로 이루어져 있기 때문에, 대기업 경영자에게나 집세를 마련하려고 고군분투하는 사람에게나 충분한 효과를 발휘할 것이라 믿는다.

'최고 자아 모델'을 이용하면 우리 자신과 주변 사람들을 객관적으로 평가할 수 있다. 또 우리 삶의 모든 부문, 정확히 말하면 삶의 일곱 가지 영역—사회적 삶(Social life), 개인적 삶(Personal life), 건강(Health), 교육(Education), 인간관계(Relationships), 직장(Employment), 영성의 개발(Spiritual development)—을 뜻하는 머리글자 SPHERES에서 제대로 기능하는 것과 그렇지 않은 것을 구분할 수 있다. 우리가 어떤 목표를 추진하려고 고용하거나 함께하는 사람들은 무척 중요하기 때문에 그들을 현실적이고 객관적으로 관찰할 수 있어야 한다. 또 우리에게 어떤 유형의 사람이 더 필요하고, 누구에게 도움을 청해야 하는지도 알아내야 한다. 우리를 가까이에서 돕는 사람들, 이른바 '이너 서클(inncer circle)'은 우리의 성패에 중대한 영향을 미칠 수 있다. 따라서 이너 서클의 형성은 목표 성취를 향한 중대한 진전이 된다.

'최고의 자아 모델'이 많은 사람에게 효과가 있는 이유는 최고의 자아에 대한 당신의 정의가 바로 당신 자신이기 때문이다. 하지만 우리 각자에 내재된 최고의 자아에서 보편적으로 발견되는 특징이 있다. 그중 하나가 친절한 내면의 목소리다. 내면에서 우리는 자신이나 다른 사람에게 비판적이지 않다. 나는 다른 사람을 괴롭히는 사람은 '자신에게 정직한 사람'이라는 해석에 동의하지 않는다. 내 생각에 그런 사람은 자신의 아픔을 공격적인 형태로 표출한 것에 불과하며, 자존감이 낮은 사람은 최고의 자아를 찾지 못한 사람이다. 또한 자신을 하찮게 평가하는 사람은 자신의 고통을 그렇게 꾸민 것에 불과하다. 하지만 깊은 내면에서 우리는 어떤 것도 두려워하지 않고 부끄러워하지 않으며, 정직하고 감사할 줄 알고, 자율적이고 자유로운 존재다.

우리는 첫 단계에서 자신이 가장 좋아하는 특징들을 면밀히 관찰함으로써 진실한 내면의 목소리를 찾아낼 것이다. 그 후 2장에서는 내가 흔히 '성격 결함(character defect)'이라 일컫는 것을 살펴볼 것이다. 누구에게나 성격 결함이 있지만, 주변의 강요를 받거나 동일한 결함을 지닌 다른 사람을 만나 그 문제점을 절실히 깨달을 때까지 고치지 않는다. 많은 사람이 그 '결함'을 어둠에 감춰두고 싶어 한다. 하지만 오히려 빛에 드러냄으로써 그 결함을 긍정적이고 유리한 방향으로 활용할 수 있다. 달리 말하면, 결함이 어떤 경우에나 결함이 아니며, 다른 식으로 사용할 수 있는 우리 자산의 일부라는 것이다.

우리는 내면에서 이런 결함들을 찾아내 창의적으로 활용할 수 있다. 이 결함들을 합하면 두 가지 혹은 그 이상의 잘 규정된 성격을 만들어낼 수 있다. 여하튼 두 성격은 우리 모두의 내면에 존재한다. 두 성격을 전형적인 '천사와 악마', '영웅과 숙적'으로 생각할 수 있다. 명칭은 중요

| | | | |
|---|---|---|---|
| 수완이 있다 | 헌신적이다 | 재미있다 | 독립적이다 |
| 고혹적이다 | 깊이 있다 | 생산적이다 | 혁신적이다 |
| 세심하다 | 품위 있다 | 충만하다 | 악의가 없다 |
| 직관력 있다 | 통찰력 있다 | 책임감 있다 | 귀엽다 |
| 기발하다 | 의젓하다 | 말귀가 밝다 | 동조적이다 |
| 영감이 있다 | 설득력 있다 | 겸허하다 | 선생님답다 |
| 영감을 준다 | 활달하다 | 낭만적이다 | 온유하다 |
| 영리하다 | 인자하다 | 슬기롭다 | 철저하다 |
| 독창적이다 | 분별 있다 | 건전하다 | 조심스럽다 |
| 온순하다 | 빛난다 | 흡족하다 | 친절한 내면의 목소리 |
| 깔끔하다 | 긍정적이다 | 학구적이다 | 아량이 있다 |
| 박학하다 | 강인하다 | 확실하다 | 까다롭지 않다 |
| 지도한다 | 실리적이다 | 이타적이다 | 신뢰할 수 있다 |
| 진보적이다 | 정확하다 | 자긍심이 높다 | 얌전하다 |
| 의욕적이다 | 인기 있다 | 지각 있다 | 이해심 있다 |
| 논리적이다 | 원칙적이다 | 민감하다 | 불평하지 않는다 |
| 사랑스럽다 | 심원하다 | 부끄러움이 없다 | 독단적이지 않다 |
| 성실하다 | 방어적이다 | 진지하다 | 도시적이다 |
| 차별 없이 사랑한다 | 알뜰하다 | 솜씨가 좋다 | 분열을 좋아하지 않는다 |
| 도량이 넓다 | 꼼꼼하다 | 말쑥하다 | 쓸모 있다 |
| 성숙하다 | 가치 있다 | 냉정하다 | 목적의식이 분명하다 |
| 체계적이다 | 비밀을 지킨다 | 사교적이다 | 모험적이다 |
| 용의주도하다 | 창조적이다 | 정교하다 | 혈기왕성하다 |
| 정숙하다 | 능통하다 | 자발적이다 | 훈훈하다 |
| 도덕적이다 | 풍요롭다 | 정정당당하다 | 순후하다 |
| 단정하다 | 번영하다 | 영적이다 | 주의 깊다 |
| 보살핀다 | 자랑스럽다 | 안정적이다 | 환대한다 |

| | | | |
|---|---|---|---|
| 개방적이다 | 신속하다 | 확고부동하다 | 온전하다 |
| 낙관적이다 | 이성적이다 | 꾸준하다 | 현명하다 |
| 질서정연하다 | 현실적이다 | 금욕적이다 | 훌륭하다 |
| 조직적이다 | 사색적이다 | 강하다 | 엉뚱하다 |
| 객관적이다 | 합리적이다 | 학문적이다 | 열성적이다 |
| 격정적이다 | 여유롭다 | 정중하다 | 인내심 있다 |
| 믿을 만하다 | 예리하다 | 애국적이다 | 지략이 있다 |
| 맵시 있다 | 평화적이다 | 경건하다 | 도움을 준다 |

긍정적이라 생각되는 당신의 특성으로 위의 목록에 없는 것이 있다면 아래에 써보라.

나에게 내재한 최고 자아의 특성: _____

_____

_____

_____

_____

우리는 차분히 앉아 자신의 좋은 점이 무엇인지 한가롭게 생각해보는 여유를 가진 적이 없기 때문에 우리에게 내재된 최고 자아의 특성을 찾아내 쓰는 것이 쉽지 않을 수 있다. 또 그런 행동은 인간의 본성에도 맞지 않는다. 오히려 우리는 조목조목 검토하고 분석하는 성향을 띤다. 그러나 이 책을 끝까지 읽었을 쯤에는 모두가 자신에게 내재된 최고 자아의 모든 특성을 진심으로 인정하고 받아들일 수 있기를 바란다. 기왕이면 더 생산적으로, 미래지향적으로 행동하는 게 낫지 않은가.

곧이어 당신은 외부자적 시선에서 당신을 들여다보듯, 또 생전 처음 당신이라는 존재를 보듯 당신을 객관적으로 관찰할 수 있게 된다. 이 단계에 이르려면 높은 수준의 자기 인식(self-awareness)이 필요하므로 약간의 시간이 걸릴 수도 있다. 이때 신뢰할 만한 친구가 있다면 시작할 때 도움을 얻을 수 있다. 하지만 그 친구에게 도움을 부탁하기 전에 그 친구가 다른 의도 없이, 오직 당신이 최고의 자아에 이르기만을 바라도록 해야 한다.

## 연습: 최고의 자아를 그려보라

앞서 작성한 특성표로 돌아가보자. 자신에 대해 가장 바람직하다고 생각하는 특성들로 이루어진 표다. 이 특성표를 이용하면 당신의 최고 자아를 구체화하는 데 도움이 된다. 거듭 말하지만 이 연습은 재미있어야 한다. 따라서 이 연습에 의식적으로 재미를 더해도 괜찮다. 그렇게 하지 않으면 진지해지기 십상이다. 또 감정을 숨기지 말고 느끼는 대로 말하고 대답해보라.

본격적으로 시작하기 전에 다음 질문에 대답해보자.

당신의 최고 자아는…

- 남성인가, 여성인가?
- 동물인가?
- 신비한 피조물인가, 내면의 현명한 목소리인가?
- 책이나 영화에서 깊은 인상을 받은 등장인물인가?

- 당신의 최고 자아에게 특별한 좌우명이나 신조가 있는가?
- 누군가가 친절하게 대하면, 당신의 최고 자아는 특별한 방법으로 반응하는가?
- 당신이 위협을 느끼면 당신의 최고 자아는 특별한 방법으로 반응하는가?
- 당신의 최고 자아는 당신을 어떻게 생각하는가?
- 당신의 최고 자아는 남다른 방법으로 움직이고, 걷고, 춤을 추는가?
- 당신의 최고 자아가 지닌 최대 강점은 무엇인가?

위의 질문에 대한 대답을 바탕으로 당신의 최고 자아를 자세히 묘사해보라.

---
_____

_____

_____

_____

_____

이번에는 나의 최고 자아를 간략하게 소개해보겠다. 나의 최고 자아는 '멀린'이라는 이름의 마법사다. 과거에도 그랬지만 지금도 나는 판타지 게임에 몰입하면 비현실적인 존재가 된다. 오래전부터 나는 '매직 더 개더링(Magic: The Gathering)'이라는 롤플레잉 카드 게임을 즐겨했다. 이 게임에서는 모두가 마법사이고, 게임에서 승리하려면 마법을 걸어야 한다. 말도 안 되는 꺼벙한 짓이지만, 그래도 엄청나게 재미있다. 친구들과 나는 이 게임을 할 때마다 서로를 별명으로 불렀다. 한 친구는 더 비스트였고, 또 한 친구는 문지기 고자르였다. 나에게 허구 세계의 마법사들은 지혜와 믿음 그리고 악에 승리를 거두는 선(善)을 뜻했다.

이 게임에 영감을 받아 멀린이라고 이름 붙인 내 최고 자아는 현명하고 친절하며, 영리하고 사랑이 넘치며, 똑똑한 존재다. 또 멀린은 우주가 선한 방향으로 작동한다고 굳게 믿고, 무엇이든 가능하다고 생각하며, 결코 자기중심적으로 행동하지 않는다. 멀린은 사회적 규범에 얽매이지 않고 자신의 박자대로 걷지만 결코 발을 헛디디지 않는 차분한 친구다. 멀린은 불안감을 느끼지도 않고, 실패할까 두려워하지도 않는다. 참을성과 동정심이 있고, 자신을 있는 그대로의 모습으로 받아들이며 항상 자신을 굳게 믿는다. 원망하지도 않고 원한을 품지도 않는다. 상대가 잘못한 경우에도 상대를 완전히 용서한다.

그림보다 최고 자아를 더 자세히 묘사할 수 있는 방법은 없다. 연필, 크레파스, 색연필 등 어떤 것을 사용해도 상관없다. 당신의 최고 자아를 그려보라. 나는 오래전에 이 연습을 처음 시행할 때 마법사 멀린을 그렸다. 반자아(anti-self, 反自我)와 달리, 멀린의 모습은 거의 달라지지 않았다.

그림 솜씨는 중요하지 않다. 당신의 최고 자아를 그리려고 노력했다는 자체가 중요하다. 우리는 화가가 아니다. 막대 인간처럼 그려놓더라도 상관없다. 당신 머릿속의 이미지는 그림보다 더 자세하지 않겠는가. 정말 중요한 것은 당신의 머릿속에 담긴 자세한 이미지다. 그 모습이 대기업 경영자의 모습을 닮았어도 상관없다. 어떤 모습이든 그 자체로 가치가 있다.

당신이 찾아낸 최고의 자아를 그려보라.

베스트 셀프

자, 당신이 그린 최고 자아의 모습을 이리저리 뜯어보며 적절한 이름을 붙여보라. 그 이름을 그림 위에 써보라. 이 책을 구입하면서 그림까지 그리게 되리라 생각한 독자는 한 명도 없을 것이다. 나는 멀린을 그릴 때 큰 영감을 받았다. 그래서 멀린의 강점, 나아가 나 자신의 강점을 매일 되새기려는 목적에서 라이언 프랫이라는 화가에게 멀린을 주제로 그림을 그려달라고 부탁했다. 프랫은 생명의 나무를 나름대로 해석했고, 그 나무에서 멀린이 편히 쉬는 모습을 그려주었다. 나는 그 그림을 우리 집 현관에 걸어두고 매일 쳐다보며 새로운 힘을 얻는다. 그 그림의 일부를 확대하면 다음과 같다.

## 당신은 자신을 어떻게 코칭하는가

많은 사람이 나를 라이프 코치로 고용하는 이유가 무엇이겠는가? 삶의 어떤 영역을 개선하기를 바라기 때문이고, 사방이 막힌 듯한 답답한 상황에서 벗어나 새로운 시각을 확보하는 데 도움이 필요하기 때문이다.

라이프 코치의 역할은 다양하다. 유능한 라이프 코치는 우리가 목표를 설정하는 데도 도움을 주지만, 목표를 성취하도록 지도하는 역할도 한다. 우리가 각자의 삶에서 만들어가고자 하는 목표를 이루어내는 궁극적인 책임이 우리 자신에게 있음을 알려주는 것도 라이프 코치의 역할이다.

이 책에서 나는 당신이 개인적인 맹점과 주변의 덫을 찾아내는 데 도움을 주려 한다. 맹점과 덫은 더 나은 삶을 사는 데 방해가 되는 요인이기 때문이다. 나는 의뢰인들에게 맑은 안경을 쓰고 있는지 묻는다. 달리 말하면, 초점을 뚜렷이 맞추고 주변을 관찰하는지, 개인적인 욕심에 시야가 흐려진 것은 아닌지를 묻는다는 뜻이다. 누구나 각자의 삶에 부정적인 영향을 주고, 정신적으로 성장하고 변하는 것을 방해하는 습관적인 행동과 사고방식을 가지고 있다. 겸손하지 못한 태도와 만족하지 못하는 욕망이 대표적인 예다.

이제 그런 잘못된 습관에 과감히 맞서야 할 때가 되었다. 긍정적인 방향으로 당신에게 도움을 주지 못하는 습관이 있다면, 그 습관을 버리고 긍정적인 습관으로 교체해야 한다. 또 당신이 삶의 어떤 영역에서 실패의 늪에 빠질 듯한 조짐을 보이면, 그런 조짐을 해소하는 것도 라이프 코치의 역할이다. 내가 항상 당신 곁을 지키며 당신에게 필요한 결정을 조언할 수는 없다. 따라서 부분적으로 최고의 자아에게 라이프 코치 역할을 맡기는 것이 최선의 방책이다. 달리 말하면, 당신이 선택한 최고의 자아에게 내 역할을 맡기라는 뜻이다.

라이프 코치처럼 생각하려면 먼저 다음과 같은 질문에 답할 수 있어야 한다.

• 최고의 자아가 당신이 대담하게 행동하도록 도움을 주려면 어떻게 해

야 할까?

- 최고의 자아가 당신이 현재 위치에 부끄러움을 느끼지 않도록 도움을 주려면 어떻게 해야 할까?

- 최고의 자아가 당신이 자신과 다른 사람에게 정직하도록 도움을 주려면 어떻게 해야 할까?

- 최고의 자아가 당신이 항상 친절하고 동정적인 내면의 목소리를 유지하도록 도움을 주려면 어떻게 해야 할까?

- 최고의 자아가 당신이 어떤 상황에서나 자주적이라 확신하도록 도움을 주려면 어떻게 해야 할까?

- 최고의 자아가 당신이 항상 감사하는 마음을 유지하도록 도움을 주려면 어떻게 해야 할까?

- 최고의 자아가 당신이 진실로 어떤 존재인지 자유롭게 생각하도록 도움을 주려면 어떻게 해야 할까?

위의 질문에 대한 대답을 바탕으로 당신이 선택한 최고의 자아가 '라이프 코치'로서 지닌 특성을 정리해보라.

내가 당신에게 제기한 질문들을 당신의 최고 자아가 당신에게 똑같이 제기하도록 하라. 이렇게 당신의 최고 자아를 '훈련'시켜 나아가면, 당신은 진실한 자아에 시선을 똑바로 맞춘 상태에서 삶을 올바른 방향으로 끌어갈 수 있을 것이다. 당신의 생각과 감정, 행동과 습관에 대해 내가 당신에게 제기하는 핵심 질문들에 주목하기 바란다. 그래야 훗날 당신 자신에게 똑같은 질문을 할 수 있지 않겠는가.

내가 당신에게 최고의 자아를 찾아내라고 요구한 데는 분명한 이유가 있다. 당신이 최고의 자아에 대한 개념을 명확히 유지하며 책을 읽어나가면, 이 책에서 제시하는 모든 연습에서 더 많은 효과를 거둘 수 있기 때문이다.

## 감사하라

감사하는 마음의 표현은 우리가 최고의 자아와 연결되는 탁월한 방법이다. 우리가 삶의 영역에서 고마움을 느끼는 부분에 대해 생각하면 기분이 좋아진다. 나는 매일 아침 커피를 마시며 감사 목록을 작성한다. 나에게는 그 작은 작업이 하루를 시작하는 최선의 방법이다. 힘든 시기를 겪을 때 시각을 재조정하기 위해 감사 목록을 작성할 수도 있다. 작성 시간은 그다지 오래 걸리지 않는다. 내 친구들이 작성한 감사 목록을 예로 들어보겠다.

### 에디의 감사 목록

1. 가족
2. 직장
3. 건강

4. 친구

5. 교육

6. 라틴 문화

7. 두 언어(영어와 스페인어)를 구사하는 능력

8. 신체적 기능

9. 종교

10. 남부럽지 않게 보낸 어린 시절

## 존의 감사 목록

1. 건강과 신체적 기능

2. 가정

3. 안전하고 안락한 삶

4. 배우자

5. 엄마와 아빠

6. 루시, 카시, 바이다(반려견들)

7. 친구들

8. 꾸준하고 안정적인 소득

9. 모든 고객

10. 영적인 교감

## 케이시의 감사 목록

1. 신앙

2. 가족

3. 나에게 성취감을 주는 직장

4. 새로운 정보를 학습하고 흡수하는 능력

5. 운동하고 건강하게 살아가게 해주는 신체적 능력

6. 안전하고 안락한 집

7. 건강에 좋은 음식을 구입할 수 있는 경제적 능력

8. 세상에 존재하는 모든 예술 작품

9. 주변 사람들과 화기애애한 공동체

10. 호흡할 때마다 마시는 맑은 공기

## 당신의 감사 목록을 작성하라

감사해야 할 열 가지를 머릿속에 떠올리고 하나씩 써보라. 분명히 말하지만, 감사 목록에 적지 못할 정도로 하찮은 것은 없다. 예컨대 당신이 지금 편히 앉아 있는 의자가 고맙게 느껴진다면 '의자'라고 쓰면 되고, 방금 시청한 텔레비전 프로그램에 만족감을 느꼈다면 프로그램 이름을 쓰면 된다. 때로는 뜻하지 않은 것에서 감사함을 느낄 수 있다. 예컨대 교통이 정체된 덕분에 오랜만에 오랫동안 오디오북을 들었거나, 혼자 사색하는 시간을 즐겼다면 정말 감사한 일이 아닌가. 감사해야 할 새로운 것을 찾아내는 작업은 현재의 순간에 최고의 자아와 더 깊이 연결되는 효과적이면서도 재미있는 방법이다.

감사 목록에 작성한 것을 머릿속에 하나씩 떠올리고, 그것이 당신에게 주는 느낌을 그대로 받아들이며 그 느낌이 온몸에 퍼지도록 해보라. 그리고 당신의 기분을 다시 점검해보라. 목록 작성을 시작할 때보다 기분이 더 나아졌는가? 더 행복해졌는가? 그렇다면 하루를 멋지게 시작하거나, 당신을 낙담의 늪에서 끌어올리는 데 도움을 줄 수 있는 무척 간단한 기법을 찾아낸 것이다. 이 기법은 삶의 균형을 되찾는 데 매우 효과적이다.

_____ 의 감사 목록

1. _____
2. _____
3. _____
4. _____
5. _____
6. _____
7. _____
8. _____
9. _____
10. _____

이제 당신은 최고의 자아를 찾아냈다. 하지만 최고의 자아가 변할 수 있다는 것도 알아두기 바란다. 최고의 자아는 새로운 특성을 받아들이며 미세하게 조정되거나, 완전히 새로운 것으로 변할 수도 있다. 당신은 그렇게 찾아낸 최고의 자아를 보고, "우아, 내가 생각보다 훨씬 괜찮은 사람이었네!"라고 감탄할지도 모른다.

다음 장에서도 유사한 연습을 해보려 한다. 찾는 대상이 반자아로 달라질 뿐이다. 반자아도 최고 자아만큼 중요하다. 게다가 많은 사람에게 반자아는 자율적인 삶을 방해하는 요인일 수 있기 때문에 반자아의 영향은 더욱더 크다. 반자아는 최고 자아의 역할과 정반대다. 따라서 반자아의 힘을 제거하는 첫걸음은 반자아를 찾아내는 것이다.

"그래요. 그렇게 할 수 있어요. 그런데 나는 이상하게 과거에 집착하고, 과거에 좌우되는 것 같아요. 정상이 아니죠?"

"천만에! 전혀! 대단히 정상적인 거야. 이제 당신이 지배력을 되찾았으니 넬에게 지배권을 빼앗기지 않으면 되는 거야."

"마이크, 당신과 함께하면 항상 뭔가를 배우네요. 정말 대단히 중요한 걸 배웠어요. 내 욕을 엿들은 걸 고마워해야겠군요."

"다행이군. 이제 당신이 운전하는 자동차를 타도 괜찮을 것 같은데? 사실 조금 전까지는 당신에게 핸들을 맡기고 싶지 않았거든."

"그 악녀가 어떤 목적을 갖고 나를 괴롭힌 것 같지는 않아요."

수잔의 고백에 나는 눈을 치켜뜨며 말했다.

"지당한 말씀! 그래도 그 미친 악녀가 무슨 짓을 할지 어떻게 알겠어! 여하튼 그 악녀가 사라졌다니 반갑군."

그 후 우리는 화기애애하게 저녁 식사를 즐겼다. 나는 그날 이후 수 주 동안 수잔에게 틈틈이 연락해 넬과 악녀가 얼굴을 드러내는지 확인했다. 다행히 수잔은 둘로부터 어떤 속삭임도 듣지 못했다고 대답했다.

당신의 반자아를 찾아내는 작업 효과는 실로 엄청나다. 그 작업이 당신의 삶을 바꿔놓을 수 있다고 말해도 과언이 아니다. 내 경험에 따르면, 반자아의 방해를 억제함으로써 삶의 모든 영역에서 상상을 초월하는 새로운 성취를 이루어낸 사람이 한둘이 아니다.

반자아의 다른 예를 들어보자. 이번에는 내 의뢰인이 자신의 내면에서 반자아를 찾아낸 경우다. 슈퍼스타인 그녀는 인간관계에서 되풀이되는 문제로 고심했다. 특히 남자와 건강하고 지속적인 관계를 유지하지 못했다. 따라서 끊임없이 새로운 관계를 맺었고, 처음에는 그 관계가 황홀할 정도로 좋았지만 금세 불편한 관계로 추락했다. 주변 사람들은 그녀가 못된 남자를 사귄 탓이라고 말했지만, 그녀는 남자 친구의 모욕적이고 오만한 태도, 거짓말과 속임수, 심지어 감성적이고 육체적인 학대까지 용인했다.

나는 그녀에게 좋은 관계가 어떤 것이라 생각하느냐고 물었다. 그녀는 연애 소설이나 영화에나 나올 법한 기상천외한 대답을 내놓았다. 그녀가 생각하는 좋은 관계는 그야말로 순진한 판타지였다. 나는 완벽한 관계에 대한 그녀의 생각을 스스로 검증할 수 있도록 그녀를 바깥 세계로 데리고 나갔다. 그리고 그녀가 꿈꾸는 모든 것을 갖춘 완벽한 커플을 찾아보라고 말했다.

흥미롭게도 우리 주변의 거의 모든 사람은 휴대폰에 푹 빠져 상대에게 눈길을 주지 않았다. 같은 탁자에 앉아 있더라도 그들의 몸짓과 시선을 보면 수천 킬로미터 떨어진 사이처럼 보였다. 물론 신나게 대화에 열중하고 시시덕대는 커플이 종종 보였지만 상대의 눈을 똑바로 쳐다보며 탁자 위에서는 손을 마주 잡고 탁자 아래에서는 발장난하는 커플은 한 쌍도 없었다. 그녀는 주변을 둘러볼수록 자신이 꿈꾸던 연애는 현실 세계에 존재하지 않는다는 사실을 깨달았다. 또 비현실적인 이상에 사로잡혀 순진한 몽상가처럼 행동하고 있다는 것도 알게 되었다. 그래서 그녀는 자신의 반자아에 '라푼젤'이라는 이름을 붙였다.

그렇다고 현실 세계에 훌륭한 인간관계가 존재하지 않는다는 뜻은 아니다. 멋진 인간관계는 분명 존재한다. 많은 사람이 감정적으로 충만하고 열정적이며 보람 있는 관계를 맺고 있다. 하지만 그들이 야회복과 턱시도를 입고 구름 위를 떠돌아다니며 낭만적인 몸짓으로 하루도 빠짐없이 상대를 정신없이 사랑에 빠져들게 하는 것은 아니다. 삶은 영화가 아니다. 그녀가 이런 현실을 받아들이자 인간관계에 대한 그녀의 기대도 합리적으로 변했다.

그 후 그녀는 새로운 관계를 맺을 때마다 자신의 생각과 감정이 라푼젤과 최고 자아, 둘 중 누구에서 비롯된 것인지 자문하는 여유를 가지게 되었다. 또 '동화 같은 생각'과 유사한 것을 쉽게 찾아내 멀리 밀어낼수도 있었다. 게다가 그녀는 얼마 전부터 한 남자와 건강하고 낭만적이며 안정적인 관계를 맺고 있다. 그녀가 검은 탑에서 자신을 구해주며 황홀하게 유혹하는 왕자를 찾지 않고, 안정적이고 점잖은 동반자를 찾아 선택할 수 있게 되었다는 뜻이다. 사랑하는 사람과 입맞춤할 때마다 새들이 항상 머리 위에서 지저귀지는 않는 법이다. 다행히 그녀는 이제 인간관계에서 그런 낭만을 꿈꾸지 않는다.

여전히 라푼젤이 그녀의 내면에 살아 있지만, 영향력은 크게 떨어졌다. 그녀가 무엇을 경계해야 하는지 알고 있기 때문이다. 결국 우리 내면의 반자아를 찾아내는 게 당면한 문제 자체보다 중요하다는 뜻이다. 내가 그녀의 인간관계를 지적하며 "저런, 당신은 계속 잘못된 결정을 내리고 있습니다", "현실감이 전혀 없군요. 그냥 착각에 빠져 있는 겁니다", "당신은 사랑 중독자입니다"라고 말했다면 그녀는 전혀 귀담아듣지 않았을 것이다. 다행히 그녀는 스스로 올바른 결론을 내렸고, 내면에서 자신에게 익숙한 반자아를 찾아냈다. 그 결과, 그녀는 반자아가 자신의 삶에 끼어들며 방해하는 것을 억제할 수 있게 되었다.

내친김에 또 다른 예를 들어보자. 이번에는 의뢰인이 자신의 반자아에 대해 나에게 들려준 이야기다.

남자 친구 조니와 나는 아케이드 파이어(Arcade Fire, 캐나다 출신의 록밴드—옮긴이)의 공연장에서 최고의 시간을 보냈다. 우리가 오래전부터 기대하며 손꼽아 기다린 공연이었다. 우리는 함께 춤을 추고, 좋아하는 노래를 따라 부르며 하나가 되었다. 그날 밤이 끝나지 않기를 기도할 정도로 매우 재미있었다.

"집에 가기 전에 간단히 한잔하고 싶은데, 조금만 더 밖에 있으면 안 될까? 아직 집에 가고 싶지 않아."

내 물음에 조니가 이렇게 대답했다.

"좋아. 그렇게 하자. 나도 바라던 바야."

우리는 집 근처에 있는 멋진 술집으로 향했다. 그곳에서는 조니 친구의 애인이 바텐더로 일했다. 무척이나 열정적이면서 다정한 그녀는 우리를 반갑게 맞아주었다. 그런데 그날따라 그녀가 조니에게 뭐라고 속닥이는 모습이 유난히 눈에 거슬렸다. 그녀는 예쁘장했고, 이목구비도 또렷했다. 몸 곳곳에 문신이 있었고, 매력적이고, 관습에 얽매이지 않는 성격이었다. 마음속에서 반자아가 얼굴을 내밀기 시작했다. 내 천사의 숙적인 악령, '질루사'가 불쑥 튀어나왔다.

이름에서 알 수 있듯 질루사는 조급하고 격정적이며, 과장되고 소유욕과 시샘이 강하다. 또 자신이 매력이 없고 남보다 열등하다고 생각하며 늘 불안증에 시달린다. 그래서 과거에 사귀었던 모든 남자 친구가 그랬듯 지금의 남자 친구도 항상 다른 여자를 엿본다고 생각한다.

나는 조니와 그녀가 다정하게 대화하는 모습을 지켜보며 "조니가 저 여자에게 끌린 걸까? 저 여자에게 푹 빠진 것 같아. 지나치게 관심을 보이잖아"라고 중얼거렸다. 이런 생각들이 내 마음속에 휙휙 지나갔고, 질투의 감정이 부글부글 끓었다. 처음에는 비난과 분노로 모든 부정적인 에너지가 조니의 행동을 향해 쏟아졌고, 그 후에는 비교를 통한 불안감이 몰려왔다.

'조니는 저 여자가 나보다 더 예쁘다고 생각하는 걸까? 그래. 저 여자는 날씬하지만 나는 그렇지 않아. 나는 절대 저렇게 날씬해지지 못할 거야. 조니는 항상 내게 예쁘다고, 사랑한다고 말해주지만 과연 그 말이 진심일까?'

그날 밤의 분위기가 순식간에 변했고, 나는 뾰로통해졌다. 질투의 씨앗이 이미 내 마음속에 뿌려지고, 최악의 상상이 내 마음을 사로잡은 뒤여서 어떤 위로와 대화도 도움이 되지 않았다.

조니는 내 심경의 변화를 전혀 눈치 채지 못했다. 조니는 그저 나를 위로하려고 애썼지만, 그런 다정다감함은 그의 본성이었다. 내가 누구에게나 다정하게 대하는 성품에 대해 불만을 쏟아냈지만 조니는 내 말뜻을 이해하지 못했다. 더할 나위 없이 좋았던 최고의 밤이 말다툼으로 변했다. 잠자리에 들어서도 '내가 느끼는 게 현실일까, 아니면 꾸며낸 것일까?'라는 생각이 들었다.

질루사는 은밀히 들어와 그녀의 불안을 부추기는 상황을 상상으로 만들어낸다. 그로 인해 그녀의 소유욕과 질투심이 활활 타오른다. 질루사는 현실이 아닌 환상을 만들어내는 것을 좋아한다. 하지만 편집증에 사로잡혀 남자 친구를 의심할 필요가 없다. 조니는 그녀에게 마음을 빼앗기고 사랑에 빠졌기 때문에 항상 그녀 곁에 있는 것이다.

## 연습: 반자아의 특성을 찾아내라

삶은 끊임없이 변하기 때문에 우리가 항상 최고의 자아로 행동할 수 있다는 생각 자체가 비현실적이다. 하지만 그렇게 생각하면, 우리가 반자아에 투자하는 시간을 줄이는 효과를 기대할 수 있다.

예를 들어 설명해보자. 나는 삶의 많은 영역에서 자신과 확신이 없다. 따라서 목표는 새로운 영역에 뛰어들더라도 자신감을 잃지 않고 그 여정을 즐기는 것이다. 이 책을 쓸 때에도 적잖게 불안했다. 나는 학교

베스트 셀프

성적이 썩 좋지 않았다. 특히 국어 수업이 싫었다. 작문은 더더욱 내 특기가 아니었다. 내가 책 한 권을 처음부터 끝까지 쓴다는 압박감에 얼마나 시달렸을지 충분히 짐작할 수 있을 것이다. 독자들이 내 글을 어떻게 생각할까 걱정이 되었고, 내가 전하고자 하는 메시지를 글로 제대로 표현할 수 있을지도 의문이었다. 텔레비전 출연도 나에게는 새로운 도전이었다. 제작자와 시청자가 나를 어떻게 평가할지 깊이 생각하자 자신감이 조금씩 사라졌다.

모든 부정적인 감정은 두려움에서 비롯되는 법이다. 사람들이 나 자신과 내 글을 좋아할까 생각하고 또 생각한 까닭에 불안감이 슬금슬금 얼굴을 드러낸 것이다. 그러나 나의 최고 자아인 멀린이 그 혼란한 마음에 끼어들면 불안감이 깨끗이 사라진다. 어떤 의미에서 반자아는 우리를 방해하고, 우리가 진실한 자아에 접근하지 못하도록 온갖 짓을 다하는 파괴자다. 요컨대 반자아는 우리가 삶의 여정을 즐기지 못하게 방해한다.

수잔이 그랬듯 가장 먼저 당신의 성격에서 결함이라 생각되는 특성을 빠짐없이 써보라. 그런 특성을 생각하는 데 도움이 될 만한 질문을 예로 들면 다음과 같다.

- 당신은 자신과 다른 사람에게 비관용적인가?
- 당신은 성급하게 화를 내는가?
- 당신은 고의로 불건전한 선택을 하기도 하는가?
- 당신은 작은 자극에도 짜증을 내는가?
- 당신은 무엇이든 다 아는 사람처럼 행동하는가?
- 당신은 목표를 성취하기 전에 포기하는 경우가 잦은가?

- 당신은 충분히 훌륭하지 않다고 생각하는가?
- 당신은 사람들이 함부로 대해도 반발하지 않는가?
- 당신은 이기적으로 행동하는 경우가 많은가?

부정적으로 행동하고 나서 나중에야 '그때는 정말 내가 아니었어. 그때 제대로 처신하지 못했어' 하고 후회한 적이 있는가? 후회까지는 아니더라도 꺼림칙한 기분이 계속 마음속에 맴도는 경우가 적지 않았을 것이다. 또 특정한 가족과 대화할 때 행동이 달라지지만, 당신은 그렇게 변한 자신을 좋아하지 않을 수 있다. 예컨대 당신은 어떤 경우에 화를 내며 전화를 끊어버리는가?

또 어떤 형태로든 관계를 맺고 있는 커플이 상대의 행동에 부정적인 자극을 받아 거짓된 이야기를 꾸미기 시작하는 경우도 있다. 남편이 퇴근해서 집에 돌아오면 텔레비전 앞에 앉아 1시간 동안 긴장을 풀며 쉬고 싶어 한다고 가정해보자. 부인은 남편의 이런 습관적인 행동을 통해 남편이 자신과 함께 시간을 보내는 것을 좋아하지 않는다거나, 자신이 남편에게 매력을 상실한 것이라고 생각할 수도 있다. 자신이 꾸민 이야기에 점점 빠져들어 급기야 자신이 사랑받을 가치도 없는 존재라고 믿기 시작할 수도 있다. 이런 부정적 현상은 반자아가 작용한 결과다.

당신이 자신에게 좋아하지 않는 면을 예외 없이 반자아 목록에 올려야 한다. 반자아 목록에 올린 특성이 궁극적으로 해결되면, 당신의 삶이 더 나아질 것이기 때문에 반자아 목록에 관심을 가져야 한다. 당신만이 보는 목록이므로, 죄책감이나 수치심과 관련된 특성도 빠짐없이 써보라. 현실을 직시하지 않고 자신의 부정적인 면을 부인한다면, 그 부정적인 면에 우리를 지배하는 힘을 부여하는 것과 다를 바가 없다. 분명히 말하지만, 어둠에 감추어진 것은 더욱 무섭게 보인다. 빛을 환히 비추자.

반자아와 관련된 일반적인 특성을 나열해보았다. 당신에게 해당하는 특성에 표시해보라. 그리고 여기에 없는 다른 특성까지 더해 당신의 반자아 목록을 완성해보라.

| | | | |
|---|---|---|---|
| 아니꼽다 | 단조롭다 | 재미없다 | 냉소적이다 |
| 퉁명스럽다 | 모질다 | 무관심하다 | 사기꾼 기질이 있다 |
| 고통스럽다 | 지루하다 | 불평한다 | 끈적거린다 |
| 막연하다 | 악랄하다 | 강제적이다 | 자만한다 |
| 불안해한다 | 계산적이다 | 단죄한다 | 혼란스럽다 |
| 분노한다 | 냉담하다 | 순응주의자다 | 기만적이다 |
| 심드렁하다 | 심술궂다 | 당황한다 | 까다롭다 |
| 독단적이다 | 부주의하다 | 비열하다 | 파괴적이다 |
| 논쟁적이다 | 매력이 없다 | 비겁하다 | 우울하다 |
| 오만하다 | 유치하다 | 무신경하다 | 무뚝뚝하다 |
| 인위적이다 | 어설프다 | 범죄적이다 | 교활하다 |
| 비사교적이다 | 조악하다 | 비판적이다 | 부정직하다 |
| 어색하다 | 냉정하다 | 상스럽다 | 추잡하다 |
| 낙담시킨다 | 열등하다 | 피상적이다 | 서투르다 |
| 불성실하다 | 불안정하다 | 편파적이다 | 배신한다 |
| 반항한다 | 강박적이다 | 독선적이다 | 무심하다 |
| 어수선하다 | 편협하다 | 딱딱하다 | 금욕적이다 |
| 무례하다 | 무르다 | 억압적이다 | 괴롭힌다 |
| 분열적이다 | 호기심이 없다 | 수동적이다 | 안목이 없다 |
| 어울리지 못한다 | 충동적이다 | 편집증적이다 | 무정하다 |

| | | | |
|---|---|---|---|
| 산만하다 | 무기력하다 | 현학적이다 | 버릇없다 |
| 교조적이다 | 내성적이다 | 삐딱하다 | 불건전하다 |
| 위압적이다 | 가식적이다 | 옹졸하다 | 배은망덕하다 |
| 우둔하다 | 모욕적이다 | 완벽주의자다 | 신뢰할 수 없다 |
| 이기적이다 | 비합리적이다 | 비관적이다 | 불쾌하다 |
| 자기중심적이다 | 무책임하다 | 거만하다 | 쌀쌀맞다 |
| 불규칙하다 | 안달한다 | 소유욕이 강하다 | 무능력하다 |
| 현실도피적이다 | 질투한다 | 미심쩍다 | 매몰차다 |
| 의리부동하다 | 게으르다 | 저속하다 | 비윤리적이다 |
| 거짓되다 | 둔감하다 | 후회한다 | 따분하다 |
| 체념적이다 | 요란하다 | 억압적이다 | 어리석다 |
| 변덕스럽다 | 사악하다 | 분개한다 | 불편하다 |
| 완고하다 | 예의 없다 | 형식적이다 | 조잡하다 |
| 무분별하다 | 인색하다 | 경직되어 있다 | 비현실적이다 |
| 추종자 | 비참하다 | 반동적이다 | 도움이 되지 않는다 |
| 음울하다 | 그릇되다 | 음흉하다 | 반갑지 않다 |
| 탐욕스럽다 | 타산적이다 | 경솔하다 | 자의식이 강하다 |
| 품위 없다 | 괴기스럽다 | 굼뜨다 | 불안정하다 |
| 멍청하다 | 침울하다 | 비밀스럽다 | 믿을 수 없다 |
| 음침하다 | 지저분하다 | 근시안적이다 | 공허하다 |
| 혐오스럽다 | 자기도취증이 있다 | 거리낌없다 | 모호하다 |
| 도도하다 | 궁핍하다 | 제멋대로다 | 악의적이다 |
| 적대적이다 | 졸렬하다 | 간교하다 | 보복을 한다 |
| 무지하다 | 태만하다 | 좀스럽다 | 유약하다 |
| 조바심 낸다 | 부정적이다 | 뻣뻣하다 | 허영심이 많다 |
| 사려 깊지 못하다 | 역겹다 | 천박하다 | 나약하다 |

베스트 셀프

부정적이라 생각되는 당신의 특성으로 위의 목록에 없는 것이 있다면 아래에 써보라.

나에게 내재한 반자아의 특성:

_____

_____

_____

_____

_____

## 당신의 반자아를 구체화해보라

앞서 찾아낸 부정적 특성들을 바탕으로 당신의 반자아를 구체화해보자. 이 연습을 위해 상상력의 깊이를 더할 때 그 목적은 당신의 부정적인 면을 과장하는 데 있다는 것을 기억하기 바란다. 또 조금이나마 우리 자신을 놀림감으로 삼는 것도 건강한 행동인 듯하다. 지나치게 긴장한 채 살아가면 가끔이라도 우리 자신을 웃음거리로 삼지 못하고 항상 진지하게 행동하는 구속을 벗어나지 못한다. 우리 특성을 턱없이 과장하는 것도 긴장된 삶에서 잠시나마 벗어나는 데 도움이 된다. 따라서 우리가 특정한 방식으로 생각하거나 행동하면, 모든 것을 멈추고 '지금 내가 최고 자아로 행동하는 걸까, 아니면 반자아로 행동하는 걸까?'를 생각해보라. 우리는 최고 자아와 반자아에 결부된 명확한 이미지를 갖고 있어야 한다.

내 반자아의 이름은 '안젤로스'다. 안젤로스는 주변 사람들을 짜증나게 하는 것을 좋아한다. 사람들이 부정직하다고 여겨질 때마다 안젤로스는 안달복달하며 추악한 얼굴을 치켜든다. 공감 능력도 부족하고, 사람들이 두려움 때문에 선의의 거짓말을 한다는 사실을 인정하지도 않는다. 충동적이고, 뉴스와 날씨, 스포츠를 주제로 한 대화를 좋아하지 않으며 다른 사람을 진심으로 믿지 않는다. 내 친구들은 안젤로스의 정체를 파악하고, 예전부터 나에게 그 존재를 지적해왔다. 과거에는 내 내면에서 안젤로스의 위치가 컸을지 모르지만 지금은 미미하거나 존재하지 않는다고 자신 있게 말할 수 있다.

당신의 반자아를 구체화하려면, 다각도에서 반자아의 다양한 모습을 그려볼 필요가 있다. 물론 각각의 모습은 저마다 다른 속성과 겉모습을 지닐 수 있다. 시나리오 작가가 영화 대본을 구체적으로 쓰기 전에 등장인물들에 살을 붙이듯 당신도 반자아가 어떤 인물인지 이해하고, 완벽한 모습을 머릿속에 담아두어야 한다. 그 모습이 머릿속에 명확히 각인될수록 어떤 경우에 반자아가 당신의 행동에 반응하며 영향을 미치는지 더 쉽게 예측할 수 있고, 당신의 최고 자아가 반자아를 억누르는 데도 도움이 된다.

당신의 반자아를 그리기 전에 다음 질문에 대답해보자.


당신의 반자아는…
- 남성인가, 여성인가?
- 동물인가?
- 신비한 피조물인가, 내면의 현명한 목소리인가?
- 책이나 영화에서 깊은 인상을 받은 등장인물인가?
- 당신의 반자아에게 특별한 좌우명이 있는가?
- 당신의 반자아는 남다른 방법으로 움직이고, 걷고, 춤을 추는가?

- 누군가가 친절하게 대하면, 당신의 반자아는 특별한 방법으로 반응하는가?
- 당신이 위협을 느끼면 당신의 반자아는 특별한 방법으로 반응하는가?
- 당신의 반자아는 당신을 어떻게 생각하는가?
- 당신의 반자아는 어떤 옷을 즐겨 입는가?

위의 질문에 대한 대답을 바탕으로 당신의 반자아를 자세히 묘사해보라.

당신의 반자아가 상황을 주도했던 것으로 판단되는 최근의 다섯 가지 사건이나 상황에 적절한 제목을 붙여보라.

1. _____
2. _____
3. _____
4. _____
5. _____

이번에는 연필, 크레파스, 색연필 등 어떤 것으로든 당신의 반자아를 그려보라. 능력껏 최대한 자세히 그려보라. 그리고 반자아에 적절한 이름을 붙이고, 그림 위에 큼직하게 써보라.

베스트 셀프

이번에는 이런 의문을 품어보자. 당신이 최고 자아로 행동하면, 앞서 언급한 다섯 가지 상황을 어떻게 처리했을 것 같은가? 달리 말하면, 당신의 최고 자아가 당시 상황을 지배했다면 당신에게 어떻게 행동하라고 말했겠는가?

1. _____
2. _____
3. _____
4. _____
5. _____

어떻게 말했는지 잘 보라. 일정한 패턴이 눈에 보이지 않는가? 깊이 파고들어 당신 자신을 가감 없이 들여다보라. 한두 번만 그렇게 해보라. 물론 익숙한 행위를 벗어나는 것이지만, 그렇게 할 만한 가치가 있다.

나의 반자아 안젤로스가 흉측한 얼굴을 들이밀었던 상황을 예로 들어 설명해보자. 나는 한 기업의 최고경영자로서 많은 직원을 관리해야 한다. 과거 나는 어떤 직원이 자신의 직책에서 성과를 내지 못하면, 주변에 누가 있는지 상관하지 않고 그의 무능함을 질책했다. 그가 어떤 굴욕감을 느낄지 전혀 고려하지 않았다. 물론 그를 모욕할 의도는 없었지만, 그의 감정을 전혀 배려하지 않았다. 이런 행동 방식은 안젤로스의 특징이기도 하다. 요컨대 나는 어떻게 하면 그 직원이 능력을 발휘할 수 있을까 고민하지 않고, 충동적으로 행동했던 것이다. 안젤로스에게 사로잡히면 나는 주변 상황을 고려하지 않고 직설적으로 말했다. 하지만 이렇게 행동한다고 내 마음이 더 편해지지 않는다는 사실을 깨달았다. 오히려 정반대였다. 그와 무의미한 갈등만이 심화되었을 뿐, 성과가 나아지지는 않았다. 안젤로스가 끼어들면 언제나 쌍방 모두 패배자가 되는 부정적인 결과만을 낳았다.

## 반자아의 변화

이제 당신은 반자아의 다양한 모습을 명확히 이해하게 되었다. 따라서 앞으로 당신의 반자아가 얼굴을 치켜드는 상황에 맞닥뜨리면, 최고의 자아에게 반자아를 처리하도록 맡기면 된다. 이런 결정은 순식간에 이루어질 수 있고, 시간이 지나면 무의식적인 반응이 된다. 이 단계에 이르면, 삶의 과정에서 당신이 장애물이나 저항에 직면할 때 반자아보다 최고의 자아를 잠재의식적으로 끌어낼 수 있을 것이다.

삶은 고정되어 있지 않다. 반자아도 마찬가지다. 달리 말하면, 우리의 삶과 반자아는 끊임없이 움직이고 변한다. 경험이 정신과 감성에 영향을 미치기 때문에 새로운 모습의 반자아가 생겨나는 것이 얼마든지 가능하다. 따라서 우리는 때때로 우리 자신을 되짚어보며, 반자아와 관련된 연습을 처음부터 다시 시도할 필요가 있다. 그럼 새롭게 바뀐 반자아의 모습에 놀라는 경우가 적지 않을 것이다.

삶에서 이직과 전직, 이주, 사랑하는 사람의 상실 등 어떤 형태로든 변화를 경험할 때가 반자아에 대해 더 많은 것을 알게 되는 좋은 기회다. 이런 기회를 통해 다양한 모습의 반자아를 알게 되면, 전반적으로 균형을 유지하는 데 도움이 된다.

1장과 2장에서 소개한 연습은 단순하지만, 최고의 자아와 하나가 되려는 우리 여정에 통찰을 주는 믿기지 않는 효과가 있다. 다음 장에서는 흥미로운 여정을 지속적으로 해나가기 위해 갖추어야 할 적절한 원칙들에 대해 살펴보기로 하자.

리는 호기심이 있는 동물이고, 호기심이 우리를 새로운 길로 끊임없이 인도하기 때문이다."

호기심의 속성만이 아니라, 호기심을 억누르지 않고 키워갈 때 우리가 얻을 수 있는 이익까지 정확히 지적한 말이다. 당신이 호기심을 유지해야 할 주된 영역은 당신의 내면세계다. 내면세계는 외부로 투영되어 주변 세계에 대한 생각과 관점, 믿음의 형태로 나타나기 때문이다. 또 호기심은 지식을 흡수하는 수단이기도 하다. 호기심이 없으면 아무 것도 배울 수 없다.

## 정직함(Honesty)

우리가 성취하려는 근본적인 목표는 최고 자아와 하나가 되는 것이기 때문에 정직함이 무엇보다 중요하다. 최고의 자아는 결코 거짓말을 하지 않는다. 그러나 변화를 시도하는 과정에서 축적되는 두려움을 비롯해 무엇인가에 대해 자신에게 거짓말하면, 변화로 가는 길을 가로막는 장벽을 스스로가 세우는 꼴이 된다. 이런 이유에서 토머스 제퍼슨(Thomas Jefferson)은 "정직은 지혜라는 책의 첫 장이다"라고 말했다. 우리가 진실로 추구하는 것이 지혜가 아니었는가? 어떤 상황에서도 우리는 현명하게 선택해야 한다. 정직은 지혜가 시작되는 출발점이다.

정직과 성실은 똑같은 것이며, 올바른 일을 하는 데 반드시 필요하다. 당신도 변화 과정에서 정직하고 성실하기를 바란다. 정직하지 않으면 누구도 자신의 최고 자아와 진실로 하나가 될 수 없다. 비밀로 함구하면 괜찮지 않겠느냐고 생각하는 사람도 있을 텐데, 단언컨대 그래도 실패한다. 무엇인가를 피하려고 애써도 결국에는 직면해야 할 때가 오기 마련이다. 고백과 그 결과는 생각만큼 나쁘지 않다. 우리는 비밀로 감추는 것만큼 타락한다. 비밀과 수치심에 사로잡히면 삶의 여정에서 실수하기 마련이고, 그로 인해 긍정적인 결과를 이루어내는 것도 쉽지 않다. 나는 당신이 당신의 모든 것에 정직할 수 있도록 기꺼이 도와주고 싶다. 내 도움을 받고 싶다면, 미래로 나아가는 최선의 방법은 진실한 마음가짐에서 시작되어야 한다는 것에 동의해야 한다.


### 열린 마음(Openness)

무언가에 감추어진 까닭에 보지 못했던 대답까지 보기 위해서는 마음의 문을 활짝 열어야 한다. 뇌는 생존을 우선시하기 때문에 새로운 것이나 새로운 의견을 허심탄회하게 받아들이지 않고, 무엇이든 충분히 잘하고 있다고 인식하며 변화를 회피한다. 지금 중대한 위험에 빠져 있는 것이 아니므로 현재 상황을 유지하는 것으로 충분하다. 기본적으로 뇌의 기준선은 '고장 나지 않았으면 고치지 마라'다. 그러나 우리에게 필요한 마음가짐은 당면한 위험에서 벗어나려는 급급함이 아니라 생존의 수준에서 '번영'의 단계로 삶의 방식을 업그레이드하려는 개방성이다.

우리가 삶의 방식을 뜯어고치고 바로잡으려면 반드시 열린 마음이 필요하다. 모든 가능성을 테이블 위에 올려놓고, 작은 변화로 크나큰 긍정적인 결과를 빚어낼 수 있는 방법을 찾아내기 위해 노력해야 한다. 이때 열린 마음을 가질수록 성공할 가능성도 자연스레 높아진다. 마음의 문을 열었다는 것은 무엇이든 배우겠다는 열정을 뜻한다. 내가 지금까지 살면서 얻은 가장 큰 깨달음이 있다면, 열린 마음으로 배워야 자유롭게 편견 없이 배울 수 있다는 것이다. 분명히 말하지만, 우리는 모든 문제에 대한 답을 알고 있지 못하고, 지금 알고 있는 답에도 새로운 정보가 더해질 수 있다. 무엇이든 지금보다 더 낫게 할 수 있음을 허심탄회하게 인정하면 삶의 질이 더욱 향상될 것이다.

그리스 철학자 소크라테스(Socrates)는 "유일하게 진실한 지혜는 우리가 아무것도 알지 못하다는 것을 아는 것이다"라고 말했다. 두 팔을 활짝 펴고 소크라테스의 가르침을 받아들여라. 열린 마음으로 아무것도 모른다는 지혜를 받아들이면, 그 순간부터 우리는 스펀지가 되어 새로운 의견과 관점을 빨아들일 수 있다.

예컨대 이런 상상을 해보자. 당신은 벽을 높이 세운 채 벽 뒤에서 평생을 살았다. 당신은 벽 뒤에서 빠져나올 생각을 해본 적이 없었지만, 어느 날 한 친구가 다가와 당신 손을 꽉 잡고 끌어냈다. 그때 당신은 처음으로 장엄한 일출을 보았다. 그 기분이 어떻겠는가? 이 책을 당신의 손을 잡고 어둠에서 끌어내는 친구로 삼고, 일출의 장엄한 풍경을 당신의 아름다운 최고 자아로 받아들여라. 또 당신의 여정에서 만나는 모든 것에 마음의 문을 활짝 열어라.

## 의욕(Willingness)

16년 전 마침내 필로폰을 끊고 제정신을 되찾았을 때, 마약으로부터 완전히 벗어나려면 기나긴 시간을 고통스럽게 싸워야 한다는 사실을 깨달았다. 나는 마약의 덫에 다시는 빠지고 싶지 않았다. 그래서 멘토와 후원자, 의료인이 나에게 권한 모든 방법을 시도했다. 예컨대 중독 치료를 위한 12단계 프로그램 모임에 참석했고, 매일 멘토에게 전화를 걸어 어떻게 하루를 보냈는지 알렸다. 공동체 모임에도 자발적으로 참석했고, 아침에는 기도하고 저녁에는 하루를 반성하는 시간을 가졌다. 하지만 어디에서도 중독에서 벗어날 완벽한 해법을 구할 수 없었다. 그래서 일례로 마음의 평안처럼 나에게 없는 것을 가진 사람들에게 닥치는 대로 도움을 청하며, 어떻게든 해결책을 찾고 싶었다. 마약 중단부터 중대한 감량까지 삶에서 극적인 변화를 꾀하거나, 삶의 행로를 완전히 바꾼 사람에게는 적극적인 의욕이 있었고, 그 의욕을 유지했다. 의욕은 행동을 위한 전제 조건이다. 달리 말하면, 생각에 머물지 않고 행동하고 실천해야 한다.

더 나은 사람이 되고 싶다면 힘들고 지겨운 길을 견뎌내겠다는 각오가 있어야 한다. 안전 지역에서 벗어나려면 힘든 길을 기꺼이 걷겠다는 의지가 필요하고, 그렇게 행동해야 한다. 그 과정을 반드시 어려워할 필요는 없다. 목표를 마음속에 적절히 시각화하면 그 목표에 도달하기 위해 필요한 일을 하는 데 오랜 시간이 걸리지 않는다. 기꺼이 무엇인가를 하려고 결심했다면, 그 결심은 실제로 그것을 실행할 때에야 확인된

# 5= 차근차근 준비 중
# 10= 완벽한 준비 끝!

1. 당신의 진정한 모습이 현재의 모습과 완전히 다르다고 밝혀지더라도 당신의 진정한 모습을 어느 정도나 알고 싶은가?

    1    2    3    4    5    6    7    8    9    10

2. 이 책에서 연습용으로 제시한 과제를 실행할 때 자신에게 어느 정도나 정직한가? 당신의 삶과 마음에서 어둠에 싸인 모든 곳에 밝은 빛을 비출 각오가 되어 있는가?

    1    2    3    4    5    6    7    8    9    10

3. 더 나은 삶을 위해서라면 열린 마음으로 필요한 변화를 시도할 각오가 되어 있는가?

    1    2    3    4    5    6    7    8    9    10

4. 더 나은 삶을 위해서라면 오랜 고난도 기꺼이 견뎌내고, 최고 자아와 일관되게 하나가 되는 노력을 게을리하지 않을 것인가?

    1    2    3    4    5    6    7    8    9    10

5. 이 책에서 연습용으로 제시한 과제를 실행할 때 어느 정도나 집중하는가?

    1    2    3    4    5    6    7    8    9    10

위의 질문에서 10점으로 대답한 항목이 하나도 없다면, '하나라도 10

점을 받으려면 당장 무엇을 해야 할까?'라고 자문하고, 그 답을 여기에
써보라.

_____

_____

_____

완벽한 준비를 위해 무엇을 해야 하는지 확실히 모르겠다면, 이 책을
계속 읽어라. 걱정할 것은 없다. 모든 것이 과정이다. 이 책을 읽다보면
결국 변화를 위한 준비를 끝낼 수 있을 것이다.

## 변화의 단계

당신이 호기심과 정직함, 열린 마음, 의욕, 집중력을 유지하는 데 전
력을 다한다는 전제하에 변화와 개선의 단계를 간략하게 설명해보려
한다.

### 변화와 개선의 단계[1]

- 숙고 전 단계(pre-contemplation stage): 기존의 행동을 바꿀 의도가 전혀 없는 단
  계. 문제가 존재한다는 사실을 의식조차 하지 못할 가능성도 있다.
- 숙고 단계(contemplation stage): 삶의 일부 영역에서 변화를 시도할 필요성을 자
  각하지만, 아직 변화를 실행할 생각이 없는 단계
- 준비 단계(preparation stage): 문제를 교정하기 위한 조치를 취하는 단계. 삶의
  일부 혹은 모든 영역을 개선하기 위해 어떤 변화를 시도해야 한다고 확신한다.

또 변화를 위해 필요하면 무엇이든 할 수 있을 것이라고 믿는다.

- 실행 단계(action stage): 삶의 개선을 위해 행동을 적극적으로 수정하는 단계
- 유지 단계(maintenance stage): 과거의 행동을 새로운 행동으로 대체하고, 변화로 얻은 새로운 행동을 유지하는 단계

많은 사람이 변화의 결과를 두려워하기 때문에 변화를 악착같이 거부하며 살아간다. 나는 그런 사람들을 도우며 오랜 시간을 보냈다. 그 결과, 많은 사람이 결국 삶의 방향을 완전히 바꾸었고, 그중 일부는 지금 나와 함께 일하고 있다.

삶의 과정에서 변화가 필요하면 경고 신호를 받기 마련이다. 하지만 대부분은 그런 신호를 간과하거나 무시한다. 내가 이 책을 쓴 이유는 당신이 삶의 여러 영역에서 울리는 경종을 정확히 파악하도록 돕기 위해서다. 그래야 당신이 행동을 올바른 방향으로 수정해서 더 큰 문제가 발생하는 것을 예방할 수 있기 때문이다. 위기에 직면한 후에야 변화의 필요성을 인정한다면, 그때는 위기를 극복하더라도 큰 대가를 치러야 할 것이다.

중재자로 일할 때 나는 다 큰 자식을 둔 부모들로부터 자주 전화를 받았다. 그들은 자식이 변하기를 절실히 바랐다. 마티의 사례를 소개한다. 신디와 존은 당시 19세이던 아들 마티에 대한 안타까운 마음을 나에게 하소연했다. 마티는 학교를 그만두고, 자신의 지하 방에서 거의 움직이지 않았다. 마티는 비디오 게임으로 밤을 하얗게 새우고는 정오에야 잠자리에 들었다. 또 신디가 식사를 차려줘야 배를 채웠고, 집 안을 쓸데없이 빈둥대며 돌아다녔다. 변하려는 의지는 전혀 없었다. 하기야 변해야 할 이유가 없었다. 마티는 그런 삶이 더할 나위 없이 좋았다. 학

교는 그의 취향에 맞지 않았다. 그래서 학교를 기약도 없이 그만두고, 나름의 재밋거리를 찾아 집으로 돌아온 것이다.

존은 마티에게 삶의 의욕을 북돋워주는 최선의 방법은 그를 자신의 회사—식당 프랜차이즈 기업—에 고용하는 것이라고 생각했다. 마티는 본사에서 매일 아침 9시부터 오후 5시까지 일해야 했고, 존은 아들을 시시때때로 지켜볼 수 있었다. 하지만 마티는 정식 직원으로 월급을 받으면서도 일주일에 사흘 정도 출근했고, 출근해서도 몇 시간만 얼굴을 비추고는 바람처럼 사라졌다. 사무실에 앉아 있어도 아무 일도 하지 않았다. 직원들은 마티가 팀원답게 행동하지 않고, 걸핏하면 지각하고, 휴대폰으로 끊임없이 문자 메시지를 주고받는 등 모두가 지키는 근무 규범을 지키지 않는다고 불평을 쏟아냈다.

나는 존과 신디와 마주 보고 앉아 그런 상황에 대해 대화를 나누었다. 그동안에도 지하 방에서는 마티가 음량을 최대한 올린 채 비디오 게임에 열중하는 소리가 귀를 때렸다. 중요한 것을 먼저 처리해야 하는 법! 먼저 존과 신디가 한마음이 되어 협력하도록 해야 했다. 요컨대 마티가 변화를 선택하지 않으면 실질적인 고통을 받도록 해야 했고, 하루도 견디지 못할 정도로 격심한 심리적이고 신체적인 고통 혹은 정신적인 고통에 시달리게 만들어야 했다. 존과 신디는 그렇게 해야만 마티가 정신을 차리고 변화를 시도할 가능성이 있다는 사실을 한마음으로 인정해야 했다. 마티가 너무나 편한 삶을 살고 있다는 것을 모두가 알고 있었다. 따라서 마티에게는 충격이 필요했다. 그것도 급히!

존이 말했다.

"그러니깐 마티를 집에서 쫓아내라는 겁니까? 바깥세상이 얼마나 냉혹한지 맛보게 하라는 겁니까?"

신디가 겁에 질린 표정으로 끼어들었다.

"여보, 우리 마티에게 그럴 수는 없어요! 난 절대 허락할 수 없어요! 물론 나도 마티의 손발 노릇을 하는 데 지쳤어요. 하지만 우리라도 마티를 도와야 해요. 마티는 지금 방황하고 있을 뿐이라고요."

내가 말했다.

"오히려 마티가 자신을 위해서라도 스스로 그런 선택을 해야 합니다. 이 세상에서 살려면 마티도 반드시 지켜야 할 규칙이 있습니다. 예컨대 매일 정시에 출근하지 않으면 그에 따른 벌이 있어야 합니다. 그렇지 않으면 잘못된 행위에 상을 주는 셈입니다. 존, 다른 직원에게도 그렇게 합니까?"

존이 고개를 세차게 저으며 대답했다.

"전혀!"

나는 존과 신디에게 다시 질문했다.

"그럼 두 분은 이 상황을 어떻게 하면 좋겠습니까?"

신디가 먼저 대답했다.

"마티에게 우리와 함께 살려면 가족의 일원으로 책임을 다하게 하겠어요. 식료품도 구입하고 요리도 해야겠죠. 여하튼 자립하게 하겠어요. 마티도 이제 성인이니까 성인답게 행동해야겠죠."

존이 고개를 끄덕이며 덧붙여 말했다.

"우리는 마티에게 책임감을 심어주려고 온갖 방법을 시도해봤습니다. 하지만 일관성을 유지하지 못했죠, 결국 우리가 마티의 잘못된 행동을 방조한 것이라 생각합니다."

이 사례와 유사한 거의 모든 경우 부모들은 자신들이 자식의 행동을 방조하고 있다는 사실을 잘 알고 있다. 따라서 부모에게 다른 접근법을 취하고 부모로서의 권위를 되찾기 위해서는 다른 사람의 조언이 필요하다. 내 역할이 바로 그것이었다.

다음 단계는 셋 모두와 마주 보고 앉는 것이었다. 우리는 지하 계단으로 내려가 마티의 방으로 향했다. 존과 신디가 먼저 들어갔고, 나는 그 뒤를 따랐다. 마티의 방은 내 예상과 크게 다르지 않았다. 지저분하고 어두컴컴했으며, 음식 포장지와 음료수 캔이 사방에 흩어져 있었다. 후줄근한 운동복을 입은 홀쭉한 녀석이 큼직한 안락의자에 편히 앉아 있었다. 마티는 부모를 보고는 냉담한 눈빛을 보냈지만 나를 보자 자세를 똑바로 고쳐 앉았고 눈도 약간 커졌다. 자동차 불빛에 놀라 꼼짝하지 못하는 사슴처럼 불안과 두려움에 온몸이 마비된 전형적인 모습이었다. 많은 사람이 처음에는 내 거대한 몸집에 겁을 먹곤 한다. 이때도 내 거구가 제 역할을 한 듯했다.

존이 말했다.

"마티, 엄마와 아빠가 너에게 전에는 말로만 변하라고 했지만 오늘은 정말 달라졌으면 좋겠구나. 이분은 코치 마이크이시다. 우리가 이분에게 오늘 우리 집에 와 달라고 특별히 부탁했다."

"안녕, 마티. 만나서 반갑다."

내가 말했다.

"으음… 안녕하세요?"

마티는 어리둥절한 표정으로 엉거주춤 일어섰다.

"너도 알겠지만 엄마와 아빠는 너를 많이 사랑한다. 하지만 우리가 너를 방조하고 실제로는 아무런 도움을 주지 못했다. 네가 하루하루 더 나아지도록 가르쳤다면 지금과 많이 달랐을 텐데."

신디가 차분하게 말했다. 신디의 차분한 목소리에도 마티는 깜짝 놀

베스트 셀프

란 표정을 지었다. 그때부터 우리는 마주 보고 앉아 마티가 부모의 집에서 살려면 반드시 지켜야 할 구체적인 계획에 대해 이야기를 나누었다. 우리는 단계별로 그 문제를 해결하기로 했다. 첫 단계에서 나는 매주 한 번씩 그들을 방문해 모두가 원래의 기대에 부응하고 있는지를 확인하기로 했다. 마티는 규칙을 지켜야 했고, 부모는 마티의 잘못된 행동을 방조하지 않아야 했다. 그로 인해 약간의 성과가 있고 조금씩 변하면, 그 다음에는 격주로 한 번씩 방문해 점검하기로 했다. 마티는 반발하거나 거부할 여지가 없었다.

숙고 전 단계와 숙고 단계, 준비 단계를 혼자 힘으로 해내지 못하는 경우가 적지 않다. 더구나 이번 사례에서 마티는 이런 변화 단계들을 시도할 동기가 없었다. 마티는 변화를 욕심낼 이유가 없었다. 그러나 그의 부모는 협력해 공동 전선을 형성하고 명확한 전략을 세운 후에 마티가 규칙대로 행동하고 실천하도록 도왔다. 마티가 새로운 규칙을 따르지 않을 경우의 결과는 명확했다. 그것만으로도 마티에게 변화의 동기를 주기에 충분했다.

부모는 마티에게 개선된 삶을 살거나 집을 나가라고 요구했고, 마티는 둘 중 하나를 선택해야 했다. 어느 쪽을 선택하든 궁극적으로 마티 자신의 선택이었다. 자신의 선택에 따라 행동하자 마티는 자긍심을 느끼기 시작했다. 물론 과도기도 있었다. 무분별하게 행동하던 과거로 되돌아가는 순간도 있었지만, 전반적으로 마티는 자신의 삶의 방관자가 아니라 적극적인 참여자로 변해갔다. 마침내 마티가 독립하고, 가족 기업이 아닌 곳에서 일자리를 구하는 게 최선이라는 데 가족 모두가 합의하기에 이르렀다. 마티는 여러 기업의 면접을 보았고, 한 보험회사에 신입 영업 직원으로 입사했다. 그 후로도 우리는 꾸준히 만나 변화 과정을 점검했고, 향후 전략을 세웠다. 마티는 자립도가 향상됨에 따라 자존감이 커졌고, 부모에 대한 의존은 줄어들었다. 그렇게 마티는 반항적인 10대 소년에서 가족과 사회를 중요시하는 적극적인 구성원으로 변해갔다.

처음 면담을 하고 1년 정도 지났을 무렵, 신디가 전화를 걸어 반가운 소식을 알려주었다.

"마이크, 마티가 변한 걸 보면 아직도 믿기지 않아요. 마티는 얼마 전에 작은 아파트로 옮겼어요. 마티가 떠난 날, 마티가 남겨놓은 게 있는지 보려고 지하 방을 둘러봤어요. 텔레비전 옆에 비디오 게임기가 있더군요. 그래서 마티에게 그 이야기를 했더니, 이제 비디오 게임을 끊었다고 대답하더군요. 비디오 게임을 하면 시간을 너무 낭비하게 된다고요! 게다가 놀라운 게 또 있어요. 마티에게 여자 친구가 생겼어요. 정말 예뻐요! 마이크, 정말 고마웠어요!"

"정말 다행입니다. 자랑스럽게 생각하셔도 됩니다! 당신과 존이 원칙에서 벗어나지 않으려고 애쓰시는 걸 제가 옆에서 지켜봤으니까요. 정말 인내하며 잘 해내셨습니다."

가능하면 신속하게 행동하고 실천해야 충분한 보상이 따른다. 행동하면 우리 자신을 새로운 관점에서 보게 되기 때문이다. 우리에게 요구되는 것을 실제로 실행하기 시작하면 무엇이든 해낼 수 있다는 것을 직접 확인할 수 있다. 우리가 삶에서 변화를 모색하고 무언가를 시작한다고 해서 잃는 것은 아무것도 없지만, 변화를 차일피일 미루면 잃는 것이 매우 많다. 하루가 일주일이 되고, 일주일이 한 달이 된다. 그렇게 미루다가 어느 날 갑자기 낡디 낡은 방식으로 오랜 시간을 허비했고, 삶을 긍정적인 방향으로 바꾸고 개선하는 데 그 소중한 시간을 활용할 수 있었다는 사실을 깨닫게 된다.

## 당신의 길을 준비하라

레이디 가가(Lady GaGa)는 이렇게 말했다.

"세상의 누구도 당신에게 진정한 자아가 될 수 없을 거라고 말하지 못하게 하라!"

정확한 지적이다. 진정한 자아로 향하는 길을 방해하는 주역이 '자신'인 경우가 적지 않다. 다음 장에서는 최고의 자아로서 매일 살아가려는 우리의 바람을 위협할 수 있는 장애물을 찾아내 해소하는 방법을 살펴보려 한다. 더 나은 삶을 향한 우리의 바람을 방해하는 것은 하나도 남겨두어서는 안 된다.

### 3단계: 당신의 두려움을 시험대에 올려라

　당신은 지금 대단한 일을 해내고 있는 것이다. 짧은 시간에 스스로에 대해 얼마나 많은 것을 알아냈는가. 두려움에 대한 질문을 진실로 시작하는 순간, 우리는 우리 자신과 두려움의 원인을 완전히 새로운 차원에서 이해하게 된다. 이번에는 지금까지 이루어낸 성과를 좀 더 확대해보자.

　우리 뇌가 근육이라고 생각해보자. 그럼 체육관에서 훈련하며 이두박근을 키우듯 뇌도 훈련시킬 수 있다. 의도적이든 그렇지 않든 우리는 뇌가 특정한 방향으로 생각하도록 끊임없이 훈련시킨다. 이런 개념을 확대해서 해석하면, 우리는 굳이 두려워할 필요가 없는 것을 두려워하도록 뇌를 무심코 훈련시켰을 수도 있다. 실재하지도 않는 것을 두려워하며 매일 이런저런 결정을 내리는 것일 수도 있다.

　예를 들어 더 명확하게 설명해보자. 당신이 직장에서 발표를 앞두고 있다고 가정해보자. 논란거리에 대해 면밀한 조사를 끝냈기 때문에 무엇을 말해야 하는지 잘 알고 있다. 그러나 회의실에서 발표할 때마다 두려움에 온몸이 얼어붙고 마비된다. 회의실 탁자 앞에 서면 동료들이 낄낄대며 자신을 비웃는다는 상상에 빠진다. 발가벗은 채 서 있는 기분이다. 머릿속으로는 무언가를 강조해서 말하고 싶지만, 막상 말하려고 하면 긴장해서 혀가 굳어버린다. 현실적으로 주어진 시간은 2분에 불과해서 능력과 경험에 근거하면 충분히 해낼 수 있다. 그러나 미친 듯이 날뛰는 두려움에 완전히 사로잡혀 제대로 발표할 수 없다. 결국 두려움이 당신에게 속삭이는 거짓말을 믿는다면, 발표 실패는 그에 따른 실질적인 형벌일 수 있다.

　당신은 일상에서 실재하지도 않고 실질적인 위협도 가하지 않는 것을 두려워하며 시간과 에너지를 허비하고 있지는 않은가? 두려움에 사로잡혀 중대한 결정을 내리고 있지는 않은가? 두려움에서 비롯된 상상이 당신을 짓누르고 있지는 않은가?

2단계 대답, 즉 당신이 변화를 두려워하는 이유에 대한 대답을 기초로 그 두려움을 검증해보자.

1. 그 두려움은 사실에 기반한 것인가?
2. 그 두려움은 당신의 이익에 부합하는가?
3. 그 두려움은 건강한 목표의 추진에 도움이 되는가?

위의 질문은 당신의 두려움이 합리적인 것인지, 그렇지 않은지 판단하는 데 도움이 될 수 있다. 예컨대 당신은 창업을 꿈꾸고 있지만 먹고 살 만큼 벌기는커녕 모든 것을 잃을까 두려워 취업한 것은 아닌가? 무척 합리적인 두려움일 수 있지만, 해결할 방법이 얼마든지 있다. 창업에 대한 두려움을 극복하는 데 무엇이 도움을 줄 수 있을까? 그 답은 재정적 안전망이다. 이런 경우 당신은 재정적 파탄에 대한 두려움을 미리 파악하고, 그 두려움이 현실화되는 것을 예방하기 위해 현 직장을 퇴직하고도 ___개월 동안 생존하기에 충분한 돈을 저축한다(___에는 당신에게 적합한 숫자를 적어라). 이렇게 함으로써 당신은 위험을 줄이고, 두려움을 효과적으로 해소한다. 두려움이라는 장애물을 이렇게 해결하면 당신은 자신이 주인이 되는 여정을 자신 있게 걸어 나갈 수 있다.

지금부터 합리적이고 정당한 두려움, 즉 당신의 삶에서 당신의 행동을 방해하는 것을 정직하게 써보기를 바란다. 그리고 그 두려움이 현실화되는 것을 예방하기 위해 실행할 수 있는 계획을 치밀하게 세워보기 바란다.

내가 두려워하는 것은 _____

_____

_____

그 두려움 때문에 나는 _____

_____

_____ 하는 것이 꺼려진다.

그 두려움이 현실화되는 것을 예방하기 위한 내 계획은

_____

_____


**예를 들어보면,**

내가 두려워하는 것은 '거절당하는 것'이다.

그 두려움 때문에 나는 '새로운 것을 시도하고 새로운 사람을 만나며 삶을 자연스레 풀어가는 것'이 꺼려진다. 그 두려움 때문에 새로운 사람을 만나야 할 때 불안감이 샘솟고, 동료들과 함께 일할 때는 그들에게 사랑받기 원하기 때문에 '가식적인 나'가 된 듯한 기분이다. 어떤 식으로든 내가 모든 것을 통제해야 한다는 욕망에 시달린다.

그 두려움이 현실화되는 것을 예방하기 위한 내 계획은 '거절당한다는 기분에 사로잡힐 때마다 삶이 새롭고 더 나은 것을 찾아가는 과정이라 다짐하며 그런 믿음에서 행복을 찾는 것'이다.

많은 두려움이 방해하면 필요한 만큼 몇 번이고 이 단계를 되풀이하라. 개개의 두려움을 해소하기 위한 계획이 수립되면, 그 두려움은 힘을 빼앗겨 무력화된 것이나 다를 바가 없다.

### 4단계: 믿음은 두려움에 백전백승

두려움의 반대편에는 믿음이 있다. '두려움이 문을 두드렸다. 믿음이 대답하며 문을 열었더니, 문밖에는 아무도 없었다'라는 영국 속담이 있다. 오래전에 나는 이 속담을 열쇠고리에 새겨두었다. 더 나은 삶을 살 수 있다는 믿음이 있다면, 우리에게 요구되는 과제는 무엇이든 해낼 수 있다는 믿음이 있다면, 그 믿음으로 두려움을 무력하게 만들 수 있다. 힘이 빠진 두려움은 결국 사라지기 마련이다. 두려움에서 벗어난다는 것은 두려움을 떨쳐내고 믿음으로 교체한다는 뜻이다.

어떤 두려움이 몰래 우리 마음속에 기어들어와 긍정적인 변화를 방해하고 있다는 것을 인정한 후에는 다음의 시각화 기법을 시도해보라.

1. 눈을 감고 두려움을 상상해보라. 두려움에 수반되는 모든 시각적 이미지만이 아니라, 두려움이 야기하는 부정적인 감정도 마음속에 그려보라.
2. 그 모든 것을 당신의 마음속에 있는 커다란 상자에 넣어라.
3. 그 상자를 점점 작게 줄여 당신의 손바닥에 올려놓을 수 있을 정도까

지 압축하라.

4. 이번에는 바닥이 보이지 않을 정도로 깊고 거대한 협곡의 가장자리에서 있다고 상상해보라.
5. 그 상자를 협곡에 내던지고, 보이지 않을 때까지 지켜보라.
6. 이번에는 뒤로 돌아서라. 조금 떨어진 곳에 야외 샤워장이 보인다.
7. 온수 꼭지를 틀어라. 따뜻하고 포근한 감각이 온몸을 휘감는다.
8. 눈을 뜨고, 믿음에 의해 되살아난 상쾌한 느낌을 받아들여라.

필요할 때마다 이 시각화 기법을 되풀이하라. 그럼 활력을 되찾고, 두려움에서 벗어나 자유를 만끽할 수 있을 것이다.

## 에고 대 최고의 자아: 결국 당신의 선택

에고는 우리가 최고의 자아로 기능할 가능성을 위협하는 가장 큰 장애물이다. 물론 나는 정신분석 전문가가 아니다. 따라서 프로이트적 관점에서 에고에 접근하지는 않는다. 내가 말하는 에고는 우리 내면에 깊이 잠재된 두려움을 뜻한다. 그것은 거미와 도사견에 대한 두려움처럼 구체적이고 명확한 두려움이 아니라, 우리가 자신에 대해 어떻게 생각하고, 세상이 우리를 어떻게 인식하는가에 대한 두려움이다. 두려움이 우리 내면에 실제로 뿌리내리면, 그 두려움은 우리의 일부가 될 수 있다. 달리 말하면, 성격을 결정하는 DNA에 쓰인 것과 크게 다르지 않다. 섬뜩하게 들리겠지만 이런 끔찍한 사태는 쉽게 일어날 수 있다.

우리는 진정한 '우리'가 아닌 것을 때때로 생각하고, 행하고, 말한다. 에고의 영향 때문이다. 우리가 누군가를 물어뜯거나 맹렬히 비난한다면, 우리가 더는 통제할 수 없는 지경에 떨어졌다는 좌절감에 격한 언쟁을 벌인다면, 그것도 에고의 영향이다. 우리가 무엇인가를 지금보다 더 잘할 수 있다고 주장하며 난처한 상황을 피하려고 한다면, 선의의 거짓말이더라도 과장되게 약속하고는 실망스러운 결과를 내놓는다면 그것 역시 에고의 표현이다. 이런 예는 얼마든지 생각해낼 수 있다. 우리 모두가 시시때때로 에고의 노예가 되기 때문이다. 그러나 최고의 자아로 향해 다가가는 우리의 여정에 에고가 방해할 기회를 주어서는 안 된다.

그래도 반가운 소식이 있다. 에고가 당신을 방해한다고 걱정한다면 아직 희망이 있다. 에고의 존재를 인식하는 방법과 에고를 침묵시키는 방법을 차례로 살펴보자. 당신의 에고를 생각보다 쉽게 물리칠 수 있을 것이다.

### 1단계: 에고의 존재를 인식하라

에고가 우리 삶의 일부 영역에서 운전석을 차지하고 앉아 있는 이유를 정확히 이해하려면, 생각과 감정의 유형을 먼저 이해해야 하고, 우리 행동이 그런 생각과 감정에 영향을 받는다는 사실도 이해해야 한다. 하지만 에고가 항상 극단적인 형태로 나타나지는 않는다는 사실을 기억해야 한다. 대중 문화계와 프로 스포츠 세계 혹은 정치계에는 '병적으로 자기중심적인 사람(egomaniac)'이나 적어도 '이기주의자(egoist)'로 평가받을 만한 사람이 적지 않다. 그들을 비난하려는 의도는 없기 때문에 이름을 거론하지는 않겠다.

여하튼 에고가 미친 듯이 날뛰는 극단적인 사례는 우리 세계에 넘치도록 많다. 하지만 에고는 감지하기 힘들게 나타날 수 있다. 에고가 우리를 지배하면 불쾌하게 반응하기 십상이고, 그런 반응은 자신과 주변 사람 모두에게 달갑지 않다. 따라서 언제 에고에 사로잡혀 행동하는지 알아내면, 많은 시간을 절약하고 쓸데없는 가슴앓이에서 벗어날 수 있다.

에고가 우리 삶에 그 추악한 얼굴을 드러내는 방법에도 몇몇 공통점이 있다. 첫째로는 자만심이 강해 뚜렷이 드러나는 에고가 있고, 둘째로는 에고로 인해 유발되지만 뚜렷하게 드러나지 않기 때문에 인지하기가 상대적으로 힘든 두려움이 있다. 따라서 에고의 사례는 크게 두 부류로 나뉜다. 다음의 분류는 에고가 드러나는 방법을 완벽하게 나열한 것은 아니지만, 우리 삶에서 에고가 어떤 모습을 띠는지에 대한 전반적인 모습을 보여주기에 충분하리라 생각한다.


[에고가 명확히 드러나는 사례]

• 방어적인 자세

당신이 누군가를 비난했을 때 그가 크게 반발한 경우가 있었는가? 그때 당신이 "변명하시는 건가요?"라고 지적할 때 그가 그 지적을 인정하지 않고 부인한다면, 방어적인 에고가 드러난 것이다. 또한 건설적인 비판을 받아들일 능력이 부족하다는 것을 보여주는 증거이기도 하다.

• 언쟁을 해서라도 승리하려는 욕구

자신의 발언이 사실이라는 것을 입증하지 못할 경우에 드러나는 에고. 에고가 강한 사람은 자신이 옳다는 것을 입증하기 위해 언쟁을 하는 데 몇 시간을 쏟아붓기도 한다.

• 자존심과 과시

이기심과 자기 집착에서 비롯되는 사례로, 자신이 굉장한 사람이란 것을 주변 사람들에게 떠올려주려는 욕망의 표현이다. 과거에 명성을 떨쳤던 축구 선수가 기회가 주어질 때마다 20년 전의 전성시대에 대해 계속 떠벌리는 경우를 생각해보라.

- 복수

자신에게 잘못했다고 판단되는 사람을 의도적으로 해치는 행위. 잘못된 논리를 들이밀며 행위를 정당화한다. 복수가 상대를 쓰러뜨리는 데 도움이 된다고 믿는다.

- 소유욕

공유하기를 거부하는 욕심. 인간을 비롯해 자신의 '소유'라고 생각되는 모든 것을 다른 사람들의 눈에 띄지 않게 지키려 한다.

- 다른 사람 폄하

온라인에서나 현실에서 다른 사람을 비방함으로써 자신이 더 나아진다고 생각하는 사람들이 있다. 그들은 누군가를 모욕하거나 험담하는 것을 좋아한다.

- 짐 플렉서(gym flexor)

걸핏하면 자신을 거울에 비추어보며 불안감에 시달리는 사람. 체육관 거울, 자동차 뒷거울, 휴대폰 카메라로 끊임없이 자신의 모습을 확인한다. 물론 셀카도 건너뛰지 않는다.

- 부정직

평가, 거부 등을 두려워하며 어떻게든 자신의 진실한 모습을 감추려는 사람은 현실보다 더 낫게 느껴지는 거짓된 세계를 꾸미려고 자신과 다른 사람에 대해 끝없이 거짓말한다. 체면을 지키기 위해 자신의 삶에서 중요한 부분을 생략하거나 무시함으로써 거짓말하는 사람도 있다.

- 따돌림

  집단적으로 상대를 위협하고 협박하려는 행위도 미친 듯이 날뛰는 에고가 궁극적으로 드러난 사례다. 따돌림은 현대 사회의 중대한 문제이고, 에고의 직접적인 결과다.

- 피해 의식

  어떤 문제에서 자신의 책임을 부정하는 사람들에게서 나타나는 현상. 피해 의식은 현 사회에 만연된 현상이지만 결코 바람직한 현상이 아니기 때문이 뒤에서 더 자세히 살펴보기로 하자. 물론 끔찍한 상황의 실질적인 피해자들이 있지만, 그들은 내가 여기에서 말하는 사람이 아니다. 범죄 피해자는 피해 의식에 사로잡힌 사람과 전혀 다르다. 모욕을 받았다고 실질적인 피해자가 되는 것은 아니다. 그렇게 생각한다면, 실제 피해자에게 무례를 범하고 상처를 주는 짓이다.

[에고가 모호하게 드러나는 사례]

- 인정과 보상을 바라는 마음

  자신에 대한 다른 사람의 의견에서만 자존감을 얻는 사람이 있다.

- 혼자 지내지 못하는 사람

  혼자 있으면 존재감을 느끼기 위한 관심과 인정을 받지 못하기 때문에 외로움을 두려워하는 사람은 혼자 있으려 하지 않는다.

- 인지부조화

  자신과 같은 세계관에 동의하지 않는다는 이유로 다른 사람을 괴롭히는 사람이 있다. 오늘날 우리 사회에 이런 인지부조화자들이 넘쳐흐른다. 예컨대 온라인에서 자신을 정신 건강의 옹호자로 선전하지만, 자신과 다른 생각을 가진 사람을 괴롭히는 사람을 생각해보라.

- 비판을 모욕으로 받아들이는 에고

자신에게는 어떤 성격 결함도 없어 굳이 바꾸거나 성장해야 할 필요가 없다고 생각하는 사람이 의외로 많다. 그들은 비판을 받아들여 자신의 삶에 어떻게 적용할지 고민하지 않고, 자존심에 대한 공격이라 생각하며 비판한 상대를 격렬히 몰아세운다.

- 과거 집착

중요한 존재로서 한때 누렸던 긍정적인 감정과 대우를 현재의 삶에서 얻지 못할 때 과거에 매달리는 사람이 적지 않다. 상대에게 죄책감과 고통을 가하는 방법으로 과거의 부정적인 경험을 떠올려주는 사람도 이런 에고의 노예가 된 것이라 할 수 있다.

- 불안과 자기회의

열등감에 사로잡힌 사람은 자신의 부족함을 만회할 방법으로 상대를 불안하게 만들거나, 자기 스스로를 격려하는 방법을 택한다.

- 위선이라는 인상을 줄 정도로 반복되는 사과

"죄송합니다"라는 말을 입에 달고 사는 사람은 자신에게는 인정받지 못하더라도 다른 사람에게는 사랑받고 인정받으려는 깊은 욕망에서 그렇게 행동하는 것이다.

- 다른 사람은 어떻게 생각할까

외모와 능력, 지위와 지능 등 자신에 대한 끝없는 걱정에 괴로워하며, 자신의 능력과 가치에 대한 평가를 다른 사람에게 의존하는 사람이 많다.

때로는 이런 행동 특징이 우리 자신에게 있다는 것을 인정하기가 무척 어렵다. 따라서 믿을 만한 친구나 사랑하는 사람에게 당신이 에고에

베스트 셀프

사로잡혀 행동하는 것을 본 적이 있는지 묻는 것도 진실에 접근하는 좋은 방법이다. 그들에게 정직한 대답을 듣기가 쉽지는 않겠지만, 그래도 당신은 그들의 건설적인 피드백에 항상 마음의 문을 열어두어야 한다.

당신의 생각이나 행동이 에고에서 비롯된 것인지 판단하는 또 하나의 확실한 방법은 당신의 최고 자아에게 어떻게 생각하는지 묻는 것이다. 이때 당신과 최고 자아의 진실한 대화가 시작된다. '내가 이렇게 행동하는 게 내면에 깊이 심겨진 두려움 때문일까, 최고 자아를 대신해서 행동하는 것일까?'라고 물어보라. 물론 '이 행동이 내 최고 자아의 표현일까, 아니면 에고에서 비롯된 것일까?'라고 물어도 상관없다. 이렇게 질문할 때 당신은 현재 습관적으로 행하는 생각과 행동 양식에 대한 진실한 대답에 쉽게 다가갈 수 있다. 또 당신이 최근에 크게 좌절하며 걱정에 사로잡혔던 때, 즉 모든 것이 전반적으로 마음에 들지 않았던 때를 떠올려보라. 그때 당신의 최고 자아라면 무엇을 했고, 어떻게 반응했겠는가? 이 질문에 대답할 때 그때를 진실하게 구체화하는 데 도움이 된다.

지금까지 에고가 어떤 모습으로 나타나는지 살펴보았다. 그런 모습 중 어떤 하나라도 당신이 말하고 행동하는 것을 떠올려주거나, 그 모습이 2장에서 나열한 반자아의 특징과 유사하더라도 당신을 병적인 환자로 생각하고 싶지는 않다. 당신에게 잘못된 것은 없다. 앞서 이야기했듯 우리는 누구나 때때로 에고에 사로잡힌다. 우리 목표는 우리 삶에 관계하는 에고의 존재를 인정하는 것이다. 그래야 우리가 에고의 노예가 되지 않고, 에고를 지배할 수 있기 때문이다.

# 남 탓을 하지 마라

오늘날의 문화에 만연된 사고방식 중 가장 위험한 것을 꼽으라고 한다면 나는 주저하지 않고 '피해 의식'을 꼽을 것이다. 피해자 역할을 한다는 것은 당신의 삶에서 잘못되고 있는 것에 대한 책임을 당신 자신이 아닌 다른 사람이나 다른 것에 돌린다는 뜻이다. 이런 책임 회피는 흔히 '통제 소재(locus of control)'라 일컬어지는 것과 관계가 있다.

내적 통제 소재를 지닌 사람은 자신이 사건과 그 결과에 영향을 미칠 수 있다고 생각하지만, 외적 통제 소재를 지닌 사람은 모든 것을 외부의 탓으로 돌린다. 그에게 외적인 요인은 사람이든 상황이든 상관없다. 심지어 운명도 외적인 요인이 된다.

오늘날의 사회에서는 어디로 눈을 돌리더라도 외적 통제 소재를 지닌 사람이 점점 증가하는 듯하다. 예컨대 직장을 구하지 못하는 사람이 현재의 정치 · 경제적인 환경을 탓한다면, 외적 통제 소재에 사로잡힌 사람이라는 증거다. 또 감기에 걸릴 때마다 함께 일하는 동료나 세균으로 가득한 작업 환경을 탓하는 것도 외적 통제 소재에 지배되는 사고방식의 전형이다. 항상 빚에 시달리는 사람이 자신의 잘못된 재무 계획에 대한 책임을 통감하지 않고, 인플레이션이나 높은 생활비를 탓하는 것도 마찬가지다. 이혼이나 파경을 겪고 5년 후에도 여전히 가슴앓이하며 전처나 전남편을 탓하는 것도 외적 통제 소재의 전형적인 사례다. 요컨대 우리가 삶에서 잘못되는 것에 대한 개인적인 책임을 받아들이지 않고 남을 탓할 때마다 외적 통제 소재의 지배를 받는 것이 된다.

이런 유형의 사고방식이 지닌 문제가 무엇일까? 이런 피해 의식은 오히려 우리 자신의 힘을 죽이는 악영향을 미친다. 남을 탓한다는 것은 실질적으로 자포자기에 빠져 "내가 피해자야. 나는 할 수 있는 것이 없어!"라고 소리치는 것이다. 당신이 지금 느끼는 기분이나 지금 경험하는 상황을 두고 다른 사람을 탓하는 순간은, 당신이 스스로의 힘을 포기하는 순간이다. 자신의 힘을 포기한다는 것은 결국 자신의 삶에 대한 결정권을 내던지고, 자신의 삶을 책임지지 않겠다는 것이다. 충분히 추론할 수 있겠지만, 자신의 삶을 책임지지 않고 포기하는 것은 자기파괴적 행위가 될 수 있다. 우리가 최고 자아와 하나가 되기 위해서는 우리 삶에서 일어나는 모든 것을 항상 책임져야 할 필요가 있다. 세상이 우리에게 일부러 못된 짓을 하는 것처럼 보이는 순간에도 통제력을 잃지 않아야 한다.

물론 우리가 전혀 통제할 수 없는 고약한 사건이 일어날 수도 있다. 그러나 그 사건에 어떻게 반응하느냐는 전적으로 우리의 선택에 달려 있다. 예컨대 우울과 불안, 분노, 원망, 좌절에 빠져들고 이불을 머리끝까지 뒤집어쓰는 쪽을 선택할 수도 있지만, 반대로 자신과 주변 사람들에게 유익한 방향으로 반응하는 쪽을 선택할 수도 있다. 또 시험에서 떨어지면, 틀린 것을 분석하고 더 효율적으로 공부해서 다음에는 실패하지 않겠다고 다짐할 수도 있다. 계속 감기에 걸리면, 면역력을 키우고 전반적인 건강을 향상시키는 방법을 배울 수도 있다.

이런 예를 얼마든지 나열할 수 있지만, 중요한 것은 우리에게 선택권이 있다는 것이다. 우리가 통제할 수 없는 사람이나 상황을 탓할 것인가, 아니면 책임을 통감하며 현재의 생각과 행동을 바꿔가는 방법을 찾을 것인가? 어느 쪽을 선택하느냐에 따라 결과도 달라진다.

우리가 삶의 여러 영역에서 책임을 회피하며 외적 요인을 탓하지 않는가를 판단하는 데 도움을 주는 몇 가지 질문을 예로 들어보겠다.

- 상관이 당신을 좋아하지 않기 때문에 승진의 사다리를 올라가지 못한다고 생각하는가?
- 운이 좋은 사람이 많은데, 당신은 그렇지 못하다고 생각하는가?
- 당신이 인간관계에서 문제가 있는 이유가 부모와 가정 교육 탓이라고 생각하는가?
- 학교 성적이 나빴을 때 선생님을 탓한 적이 있는가?
- 돈 문제로 허덕일 때 막대한 재산을 물려받은 사람들을 원망하는가?
- 유전적으로 비만적 성향을 갖고 있기 때문에 체중을 줄이지 못하는 것이라 생각하고, 시도조차 하지 않는 것인가?

위의 구체적인 질문이 당신에게 적용되는지는 모르겠지만, 분명 피해의식이 어떤 것인지 짐작하는 데 도움이 될 것이다. 이런 질문을 통해서라도 당신이 불행과 실패 혹은 힘든 상황에 대한 책임을 외부적 요인에 돌릴 가능성이 있는 삶의 영역에서 경계심을 늦추지 않기를 바란다.

또 하나 명심해야 할 것은, 통제 소재가 우리의 삶에서 좋은 쪽과 나쁜 쪽 모두에 적용된다는 것이다. 예컨대 상을 받거나 상당한 돈을 저축한 긍정적인 결과를 이루어냈을 때, 심지어 멋진 하루를 보냈을 때도 자화자찬하지 않고 외부 요인으로 돌리는 경우가 많다. 이런 겸양도 외적 통제 소재의 대표적인 예다. 물론 모든 공적을 독차지하지 않으려는 겸양의 표현이지만, 우리 삶의 모든 면에서 우리가 행하는 역할을 인정하는 것도 무척 중요하다.

당신을 의도적으로 해치려고 행동하고 모욕하는 사람이 있을 수 있지만, 그런 행동과 말에서 어떤 영향을 받느냐는 전적으로 당신의 결정에 달려 있다. 모든 외부적 요인은 '허튼소리'에 불과하다. 그 음량을 조절하는 권한은 당신에게 있다. 그 소리를 꺼버려라! 당신의 감정은 당신의 것이다. 당신의 감정이 다른 사람에게 영향을 받아서야 되겠는가.

2단계: 에고의 허튼소리를 꺼버려라

"나는 이 일을 해낼 수 있을 만큼 똑똑하지 않아", "이 분야에서 내 능력을 입증해보여야 해", "(해고를 당할까, 주목받지 못할까, 따돌림을 당할까, 실패할까 등) 두려워"는 모두 '허튼소리'이고, 에고에서 비롯된 생각이다. 이런 생각은 모두 두려움과 관련된 것이며, 두려움은 자신감의 결여다. 다른 사람에게 인정받고 싶은 욕망은 곧 두려움이다. 우리가 무엇인가를 두려워한다고 생각하며, 그 두려움이 현실화되는 것을 피하기 위해 무엇인가를 해야 할 때 우리는 예외 없이 두려움으로 대응한다.

다행히 두려움에 기반한 생각들을 해소하는 강력한 해독제가 있다. 그 해독제는 '자기가치 확인(self-affirmation)'이라 일컬어지며, 자신에 대한 진실로 이루어진다. 1장에서 당신은 자신의 최고 자아가 지닌 특징들을 나열했다. 그 특징들은 당신의 가치이고 당신은 이미 자신의 가치를 확인했다. 또한 당신은 그 특징들을 사용할 준비가 된 상태다. 당신도 인정하겠지만, 그 특징들이 당신의 진정한 본질을 이룬다. 따라서 그 특징들에 적절한 이름을 붙이며 더 깊이 알게 되면, 그 특징들은 두려움을 밀어내는 에너지가 된다.

한때 나와 함께 일한 한 여성은 자신의 가치를 너그럽고 자애롭게 확신하는 말을 매일 반복함으로써 엄청난 성공을 이루어냈다. 그녀는 이혼한 여배우로, 4명의 자녀를 키웠다. 나는 그녀가 현실에 기반을 두기 위해서라도 자기가치 확인이 필요하다고 생각했다. 자기가치 확인은 영혼을 위한 양식과 같다. 자기가치 확인은 우리의 활력을 되살려준다. 나는 자기가치 확인을 실질적으로 실행해본 적 없는 사람이 의외로 많다는 사실을 확인할 때마다 놀라곤 한다. 그 많은 사람이 자기가치 확인도 없이 어떻게 살아왔는지 궁금할 지경이다. 물론 자기가치 확인이 항상 쉬운 것은 아니지만, 그 효과는 실로 엄청나다.

자기가치 확인을 훈련하고 연습하기에 적합하거나 완벽한 방법은 없다. 이 책에서 훈련법으로 소개한 연습 과제도 마찬가지다. 당신에게 편안하게 느껴지는 것이 무엇인지 찾아보라. 또 여기에서 제시한 방법을 기초로 삼아 당신만의 고유한 훈련법을 고안해보라.

## 연습: 당신 자신의 가치를 확인하라

거울이나 휴대폰을 들여다보라. 우리가 거울을 들여다보는 이유는 대체로 미적인 면, 예컨대 옷매무새와 머리 모양 등을 확인하기 위해서다. 심지어 점 하나에 신경을 곤두세우기도 한다. 하지만 이 책의 목적을 위해서는 미적인 면에 머물러서는 안 된다. 그 너머를 봐야 한다. 최근에 당신의 눈을 똑바로 본 적이 있는가? 문자 그대로 마지막으로 당신의 눈을 똑바로 바라본 적이 언제인가?

당신의 눈에 무엇이 보이는가? 당신은 누구인가? 당신의 어떤 면을 진정으로 사랑하는가? 당신은 강인한가? 당신은 친절한가? 당신은 너그러운가? 당신은 다정한가? 당신은 재미있는가? 당신은 차분한가? 세상의 평가가 아니라, 당신 스스로의 평가가 어떠한지 생각해보라. 모든 영역에서 당신의 진정한 모습을 긍정적으로 평가하는 단어를 생각

　　　　　　　베스트 셀프

해보라.

우리는 내면에 존재하는 에고 때문에 긍정적인 속성을 외면하고 부정적인 속성에 눈을 돌리는 경향이 있다. 이런 이유에서 긍정적인 모습과 관련된 단어를 떠올리기가 쉽지 않을 수 있다. 물론 '나는 원래 다정한 사람이다'처럼 긍정적인 표현을 생각해낼 수 있지만, 곧바로 에고의 목소리가 뛰쳐나와 '맞아. 하지만 사람들이 너를 진짜로 알게 되면 네가 그렇게 다정하지만은 않다는 것도 알게 되겠지!'라고 말할 것이다. 이런 목소리를 경계해야 한다.

다음 빈칸에 당신의 긍정적인 면을 써보도록 하자.

1. 나는 _____이다.
2. 나는 _____이다.
3. 나는 _____이다.
4. 나는 _____이다.
5. 나는 _____이다.
6. 나는 _____이다.
7. 나는 _____이다.
8. 나는 _____이다.
9. 나는 _____이다.
10. 나는 _____이다.

이번에는 거울 속 당신을 똑바로 쳐다보며 앞서 작성한 문장을 크게 소리 내어 읽어보라. 자기가치를 확인하는 연습을 처음 시도하는 사람은 그 연습 과정이 겁나고, 자신이 바보처럼 느껴질 수도 있다. 하지만 시간이 지나면서 조금씩 편해질 것이다. 자기가치 확인은 우리 내면에 존재하는 최고 자아에 접근해 연결된 관계를 유지하는 데 도움을 주기 때문에 더 나은 삶을 살려는 우리 노력의 주춧돌이 된다.

## 허튼소리에 흔들리지 마라

오늘날 우리에게는 개인적으로 처리할 수 있는 정보량보다 더 많은 정보가 밀려든다. 그 많은 '허튼소리' 때문에 우리는 진정으로 원하는 것을 얻지 못하고, 마음을 맑게 유지하지 못하는 경우가 비일비재하다. 이런 이유에서 나는 내 삶을 받아들이는 정보 내용을 신중하게 선택한다. 균형 있게 영양분을 섭취하기 위해 음식을 신중하게 선택하듯 정보를 선택할 때도 까다로워야 한다는 것이 내 지론이다. 정신에도 적절히 양식을 공급해야 한다. 아무 도움도 되지 않는 쓸모없는 정보로 머릿속을 괴롭힐 필요는 없다.

하지만 우리가 선택하지 않은 정보가 무차별적으로 끝없이 쏟아진다. 듣고 싶지 않은 장르의 음악을 어쩔 수 없이 들어야 하는 상황과 다를 바 없다. 광고판과 선전용 노래, 소셜미디어 광고, 웹 사이트 팝업 광고 등을 생각해보라. 나열하자면 끝도 없다. 이 모든 것이 더해지면 그때부터 허튼소리가 모든 것을 압도한다. 그로 인해 우리는 정확한 이유도 알지 못한 채 민감하게 반응하고, 걸핏하면 화를 낸다. 과거에는 정보의 흐름을 그럭저럭 통제하며 소비할 수 있었지만, 지금은 정보가 사방에서 때를 가리지 않고 쏟아지고 있다.

우리는 신문에서 읽은 어떠한 기사에 감정적으로 반발하는 경우가 적지 않다. 그 이유가 무엇일까? 그 기사가 그날의 뉴스에 대해 토론하는 전문가 집단의 의견이라지만, 그들이 개인적으로 알지 못하는 당신의 삶을 훤히 알고 있는 것처럼 논의한다고 상상해보라. 등골이 오싹하지 않은가? 분명히 말하지만, 믿을 만한 출처에서 정보를 얻어야 한다. 사실에 기반하고 편견에 사로잡히지 않은 방향으로 정보를 전달하는 매체로부터 정보를 수집해야 한다. 그래야 편향된 매체의 에고에 휘말려들지 않는다. 편향된 소식을 끊으면, 분위기에 휩쓸리지 않고 더욱더 지식과 경험을 중요시하게 된다.

그래도 의문이 남는다. 이런 반발이 최고 자아의 목소리를 높이는 것일까, 아니면 또 다른 허튼소리를 만들어내는 것일까? 허튼소리의 방해를 이겨내고, 나아가 허튼소리를 유익하게 활용하는 방법이 있다. 예컨대 당신이 소셜미디어를 사용한다면, 유익한 정보를 얻기 위해 평소 관심 있는 사람의 글을 유심히 살펴볼 것이다. 하지만 소셜미디어에서 그런 사람들이 내게 부정적인 생각을 심어주면, 나는 그들을 팔로우하지 않고 과감하게 끊는다. 나는 온라인에서 허튼소리를 함부로 내뱉지 않는 사람을 좋아한다. 그렇다고 현실 세계에서도 그들과 친구를 맺지 않는다는 뜻은 아니다. 허튼소리를 듣고 싶지 않다는 뜻일 뿐이다.

한때 나는 슈퍼스타로 성장할 모든 조건을 갖춘 컨트리 음악인을 도와준 적이 있다. 그는 재능도, 외모도 훌륭했지만 허튼소리의 방해에 잠재력을 온전히 발휘하지 못했다. 그의 경우, 허튼소리가 소셜미디어에서 끊임없이 자신을 괴롭히는 인터넷 트롤(internet troll) 형태로 찾아왔다. 요즈음 한 줌의 명성이라도 누리는 사람이라면 그 정도 괴롭힘은 당연한 것이라 말하겠지만, 그는 인터넷 트롤들과 말다툼을 하는 치명적인 실수를 저질렀고, 결국 돌아올 수 없는 지경에 이르고 말았다. 트롤과는 어떤 형태로도 얽히지 않는 것이 좋다. 정신을 차리고 고개를 들었을 때 음악인으로서 그의 경력은 연기가 모락모락 피어오르는 잿더미로 변한 뒤였다. 허튼소리를 낮추지 못한 대가를 호되게 치르고 말았다. 이 문제를 두고 필 맥그로 박사와 상의했다. 그는 이렇게 조언했다.

"돼지와 함께 뒹굴면 진흙투성이가 될 수밖에 없고, 돼지는 그렇게 지저분한 것을 좋아한다!"

수년 전부터 나는 그럭저럭 명성을 얻었다. 그 덕분에 온라인에서 나에 대해 언급하는 사람도 점점 증가하는 추세다. 얼마 전까지만 하더라도 나는 무대 뒤에서 일하는 무명인에 불과했기에 대중의 주목을 받는 것은 새로운 경험이었다. 물론 나에 대한 대중의 평가에도 허튼소리가 많았다. 일과 삶이 널리 알려지면 허튼소리도 더욱더 커진다. 당신을 개인적으로 알지 못하는 사람이 당신을 겨냥해 허튼소리를 쏟아내더라도 당신은 그들에게 빚진 것이 하나도 없다는 것을 기억해야 한다. 달리 말하면, 그들이 무엇이라 말하는지 굳이 신경 쓸 필요가 없다는 것이다. 응답할 필요는 더더욱 없다. 허튼소리에 흔들리지 말고 당신의 목표에 집중하라.

## 습관이 발전적 변화를 방해할까

습관적으로 반복하는 행위, 특히 아침에 습관적으로 반복하는 행위는 우리가 최고의 자아와 하나가 되려는 목표를 도와줄 수도 있고, 방해할 수도 있다. 어떤 경우이든 약간만 조정하면 목표를 훨씬 더 쉽게 성취하도록 도움을 주는 일상적인 습관을 형성할 수 있다.

하루를 무의식적으로 시작하는 것보다 적극적으로 받아들이며 시작하는 것이 중요하다. 달리 말하면, 잠들기 전에 '다음날에 일어나서는 하루를 긍정적이고 능동적인 자세로 맞이하겠다'라고 다짐하라는 뜻이다. 예컨대 당신이 삶에서 감사해야 할 모든 것에 잠시 집중한 뒤 하루를 시작하는 것도 좋은 방법이다. 감사할 것을 머릿속에 떠올리며 일종의 목록을 작성할 때 뭐라고 명확히 말할 수 없는 무형의 것에 대해서도 생각해보라. 이를테면 물리적인 형태를 띠지는 않아 구체적으로 말할 수 없지만, 삶에서 당신에게 가장 의미 있고 중요한 재능에 대해 생각해보라. 이렇게 작성하는 내적인 감사 목록은 당신의 하루를 올바른 방향으로 인도해줄 수 있다. 이 행위는 아침만이 아니라 하루 중 언제라도 할 수 있다. 나는 집에서 아침을 맞이하는 경우, 내가 좋아하는 의자에 앉아 아주 편안한 자세로 명상을 시도한다.

당신에게는 어떤 습관적 행위가 있는지 생각해보라. 또 그 행위가 합리적이고, 진정한 당신에게 다가가는 데 도움이 되는지 생각해보라. 예컨대 매일 아침 아이들이 달려와 귀에 대고 소리를 질러야 겨우 잠에서 깨고, 숨 돌릴 틈도 없이 하루를 시작한다면, 그런 습관적 행위는 당신의 발전에 방해가 되기 십상이다. 롤러코스터 같은 삶을 살며 자신을 점검하는 시간을 갖지 않는다면, 최고 자아와 하나가 되는 것은 거의 불가능하다. 출근하는 동안 감사할 것들을 생각할 수도 있고, 아침에 일어나 주변을 산책하며 감사할 것들에 집중할 수도 있다. 감사할 것이 제대로 정리되어 있지 않더라도 이런 시간을 차일피일 미룰 필요는 없다.

물론 다른 좋은 방법도 있다. 책상에 차분히 앉아 그날 할 일들을 작성하는 것도 좋고, 요가나 체조를 해도 좋다. 명상용 음악을 듣는 것도, 활력을 주는 건강식을 먹는 것도, 샤워를 한 후에 거울 속 자신을 바라보며 가치를 확인하는 것도 하루를 시작하는 좋은 방법이다. 현재 어떤 상황에 있든 새로운 습관들을 다양하게 실험하며 당신에게 가장 효과 있는 방법을 찾아내보라.

## 당신만의 고유한 여정을 즐겨라

때때로 우리는 자신을 다른 사람과 비교하는 덫에 빠진다. 요즘음처럼 소셜미디어에 사로잡힌 사회에서는 누군가의 삶과 자신의 삶을 비교할 방법과 기회가 많다. 예컨대 나는 언제라도 온라인에서 다른 라이프 코치들은 어떻게 활동하는지 살펴보며 나 자신과 비교할 수 있다. 나보다 많은 팔로워를 보유하고 있으면서 전국적으로 강연하는 라이프 코치가 비교 대상이다. 내가 그렇게 비교하는 목적은 그들에 비해 내가 어떤 점이 낮고 부족한가를 알아내기 위함이다. 하지만 에고에서 비롯된 목적에 불과하기 때문에 칭찬받을 만한 행위도 아니고, 최고 자아와 관련된 행위도 아니다. 물론 더 나은 방법을 배우고 연구하기 위한 노력의 일환이라고 변명하며 나 자신까지 속일 수 있다. 그러나 우리가 조금씩 나아지는 방향을 선택하고 다른 사람을 돕는 좋은 일을 하려면, 우리에게 영감을 주는 사람을 목표로 삼아야지, 자신과 비교되는 사람을 바라보며 만족해서는 안 된다. 누구나 어떤 면에서는 부족하다고 느끼기 마련이다. 때로는 사랑받지 못하고, 때로는 부족하다고 느낀다. 이런 기분은 삶의 여정에서 피할 수 없는 부분이기 때문에 부정적인 시기를 어떻게든 이겨내야 한다. 나는 세계 전역에서 많은 가족에게 도움을 주었다. 부유한 가정도 있었고, 가난한 가정도 있었고, 중산층 가정도 있었다. 경험을 근거로 말하면, 모든 갈등의 원인은 내면에 있다. 이제부터라도 부정적인 느낌이 슬그머니 끼어들면 적절한 해결책을 찾아야 한다. 필요할 때마다 쉽게 시행할 수 있는 해결책을 고안해내면 더욱더 좋을 것이다.


## 의식의 힘을 활용하라

최고 자아와 하나가 되려는 목표를 방해하는 많은 요인을 척결하려는 당신에게 도움을 주고 싶은 마음에 나에게 놀라운 효과가 있었던 방법을 소개해보려 한다. 관례적으로 행하는 '의식의 힘'을 활용하라는 것이다. 내가 서문에서 소개한 의식을 기억하는가? 의식을 통해 나는 최고 자아와 하나가 된다. 나는 중요한 모임을 갖기 전에 의식을 습관적으로 행한다. 이 책을 쓰기 위해 책상 앞에 앉을 때마다 의식을 끊임없이 행했다. 지금 이 순간에도 의식은 내 몸의 일부와 같다. 이번에는 당신 차례다.

## 연습: 당신의 만트라는 무엇인가

- 거울 속의 당신 모습을 들여다보면 어떤 말이 머릿속에 떠오르고, 어떤 말로 그 존재에게 활력을 더해주고 싶은가? 또 당신을 개인적인 핵심 가치와 이어주고, 당신이 에고로 행동하거나 능력을 과시하려고 행동하지 않도록 겸손하라고 질책하는 말이 있는가?
- 당신의 만트라가 평생 똑같아야 할 필요는 없다. 당신이 성장하고 변하듯 만트라도 변해야 한다. 나는 지금까지 만트라를 수차례 바꾸었다. 일부만 소개하면 '지금의 당신으로 충분합니다', '당신 자신이 되십시오', '하느님의 계획이다', '당신은 생각보다 더 나은 사람입니다' 등이 있었다.

이렇게 만트라를 찾아낸 후에는 그 만트라를 당신 자신에게 어떻게 말할 것인지 일종의 의식을 만들어내라. 서문에서 이야기했듯 나는 거울 앞에서 내 눈을 똑바로 바라보며, 상징적인 몸짓으로 무릎을 꿇고 앉아 만트라를 읊조린다. 무조건 내 방식을 따라할 필요는 없다. 시행착오를 겪더라도 당신에게 효과가 있는 의식을 찾아내는 것이 좋다. 나에게 도움을 받은 의뢰인 중에는 무대에 올라가기 전에 3~4분 정도 할애하여 분장실을 깨끗이 청소하는 사람도 있고, 단전호흡을 시행하는 사람도 있다. 또 어떤 의뢰인은 감사해야 할 사항들을 매일 적은 후에 그날의 만트라로 삼았다. 심지어 아침에 일어나 모든 일을 제쳐두고 반려견과 산책하는 것도 괜찮은 만트라가 될 수 있다.

당신만의 특별한 만트라를 고안해냈다면 이제 사용해야 한다. 직장에서 발표를 하기 전에, 데이트를 하기 전에, 부담스러운 대화나 가족 행사에 참여하기 전에 만트라를 실행해보라. 요컨대 최고 자아와 하나가 되어야 하는 중요한 사건을 앞두고 일종의 의식으로 만트라를 실행해보라. 그럼 당신만이 아니라 주변 사람들도 긍정적인 에너지를 향유할 수 있을 것이다.

## 한 걸음 더 앞으로!

이 장에서 우리는 여러 분야를 다루며, 최고 자아와 하나가 되겠다는 중요한 목표를 향해 큰 걸음을 내디뎠다. 삶의 여정에서 어떤 이유로든 방해받는다는 기분이 들거나, 무엇인가가 걱정스럽고 두려우면 언제라도 이 장을 펼쳐 가르침과 훈련법을 참조하기 바란다. 거듭 말하지만, 당신이 무엇을 해야 하는지 당신의 최고 자아에게 언제든지 물을 수 있다.

지금부터는 최고 자아와 진정으로 하나가 되는 이상적인 삶을 살기 위해 필요한 조건들을 하나씩 구체적으로 살펴보자. 우리는 삶의 일곱 가지 영역(SPHERES)을 통해 그 목표를 성취해보려 한다. 이쯤에서 당신도 최고 자아와 하나가 되는 여정을 위한 마음의 준비가 끝났을 것이다.

베스트 셀프

그 여정을 진지하게 받아들이며 한 걸음씩 전진하면, 당신의 삶이 더 나은 방향으로 변할 것이라 확신할 수 있을 것이다.

2단계: 경청

|  | 항상 | 가끔 | 전혀 |
|---|---|---|---|
| 11. 대화할 때 상대보다 더 많이 말하는 편인가? | | | |
| 12. 대화할 때 상대의 말을 이해하지 못하면 다시 묻는가? | | | |
| 13. 대화할 때 상대가 발언을 끝내기 전에 상대가 말하려는 것을 짐작해보려 하는가? | | | |
| 14. 대화하는 동안 상대에게 집중하지 않는 경우가 있는가? | | | |
| 15. 대화할 때 상대가 자신의 감정을 감추고 말하면 그 차이를 쉽게 구분할 수 있는가? | | | |
| 16. 상대가 발언을 끝내면 대꾸하기 전에 그의 발언을 머릿속에서 명확히 정리하는가? | | | |
| 17. 대화할 때 상대를 대신해서 상대의 말을 끝맺거나, 상대에게 적절한 어휘를 알려주는가? | | | |
| 18. 대화할 때 사실과 세부적인 것에 집중하느라 상대의 목소리에 담긴 감정을 자주 놓치는가? | | | |
| 19. 대화할 때 상대가 발언을 끝내기도 전에 상대의 발언에 반응하고 반발하는가? | | | |
| 20. 상대의 관점에서 세상을 보는 것이 어려운가? | | | |

|  | 항상 | 가끔 | 전혀 |
|---|---|---|---|

21. 상대의 건설적인 비판을 듣거나 받아들이는 것이 힘이 드는가?

22. 상대를 속상하게 만들거나 상황을 악화시킬 만한 발언을 자제하는가?

23. 상대가 당신의 감정을 상하게 하면 그 문제를 두고 그와 논의하는가?

24. 대화할 때 상대의 입장을 이해하려고 노력하는가?

25. 상대가 당신을 칭찬하면 불안해지는가?

26. 상대가 화를 낼까 두려워 상대의 발언에 반박하는 것을 자제하는가?

27. 상대를 칭찬하고 높이 평가하는 것이 어려운가?

28. 상대가 당신에게 자신이 항상 옳다고 생각하는 듯하다고 지적하는가?

29. 당신이 상대의 관점에 동의하지 않으면 상대가 방어적인 태도를 취하는 게 눈에 보이는가?

30. 당신의 생각을 밝힘으로써 상대가 당신을 이해하는 데 도움을 주는가?

|  | 항상 | 가끔 | 전혀 |
|---|---|---|---|
| 31. 상대가 감정적으로 대응하면 당신은 주제를 바꾸곤 하는가? | | | |
| 32. 상대가 당신의 의견에 동의하지 않으면 마음이 심란해지는가? | | | |
| 33. 상대에게 화가 나면 냉철하게 생각하는 것이 힘이 드는가? | | | |
| 34. 당신과 상대 사이에 문제가 발생하면 화를 내지 않고 그 문제를 논의할 수 있는가? | | | |
| 35. 당신은 상대와의 차이를 다루는 자신의 방법에 만족하는가? | | | |
| 36. 상대의 발언에 감정이 상하면 불만스러운 상태가 오랫동안 지속되는가? | | | |
| 37. 상대가 당신의 발언에 상처를 입으면 사과하는가? | | | |
| 38. 당신이 잘못한 경우 흔쾌히 인정하는가? | | | |
| 39. 대화할 때 상대가 겉으로 기분을 드러내면 화제를 바꾸는가? | | | |
| 40. 상대가 언짢은 반응을 보이면 대화를 계속 끌어가는 것이 거북한가? | | | |

사회적 능력과 관련된 항목을 거의 완벽하게 정리했다. 당신이 현재 다른 사람들과 얼마나 명확히 의사소통하는지 살펴보는 것도 무척 유용하다. 이제 뒤로 돌아가 당신이 어떻게 대답했는지 살펴보자. 그리고 다음의 평가 기준을 바탕으로 각 질문 앞에 합당한 점수를 써보라. 예컨대 당신이 질문 1에 '항상'이라고 대답했다면 질문 1 앞에 0이라 쓰고, 질문 2에 '전혀'라고 대답했다면 질문 2 앞에 3이라 쓰면 된다. 각 단계마다 10개의 질문이 있다. 10개의 질문에 점수를 매긴 뒤 그 점수들을 더한 결과를 아래에 적어보도록 하라.

1단계: 명확한 메시지 전달          총점: _____

2단계: 경청                              총점: _____

3단계: 피드백 주고받기           총점: _____

4단계: 감성의 상호작용           총점: _____

## 평가용 답

| 질문 | 항상 | 가끔 | 전혀 | 질문 | 항상 | 가끔 | 전혀 |
|------|------|------|------|------|------|------|------|
| 1 | 0 | 1 | 3 | 21 | 0 | 1 | 3 |
| 2 | 0 | 1 | 3 | 22 | 3 | 1 | 0 |
| 3 | 3 | 1 | 0 | 23 | 3 | 1 | 0 |
| 4 | 0 | 1 | 3 | 24 | 3 | 1 | 0 |
| 5 | 0 | 1 | 3 | 25 | 0 | 1 | 3 |
| 6 | 3 | 1 | 0 | 26 | 0 | 1 | 3 |
| 7 | 3 | 1 | 0 | 27 | 0 | 1 | 3 |

| 질문 | 항상 | 가끔 | 전혀 | 질문 | 항상 | 가끔 | 전혀 |
|:---:|:---:|:---:|:---:|:---:|:---:|:---:|:---:|
| 8 | 3 | 1 | 0 | 28 | 0 | 1 | 3 |
| 9 | 3 | 1 | 0 | 29 | 0 | 1 | 3 |
| 10 | 3 | 1 | 0 | 30 | 3 | 1 | 0 |
| 11 | 0 | 1 | 3 | 31 | 0 | 1 | 3 |
| 12 | 3 | 1 | 0 | 32 | 0 | 1 | 3 |
| 13 | 0 | 1 | 3 | 33 | 0 | 1 | 3 |
| 14 | 0 | 1 | 3 | 34 | 3 | 1 | 0 |
| 15 | 3 | 1 | 0 | 35 | 3 | 1 | 0 |
| 16 | 3 | 1 | 0 | 36 | 0 | 1 | 3 |
| 17 | 0 | 1 | 3 | 37 | 3 | 1 | 0 |
| 18 | 0 | 1 | 3 | 38 | 3 | 1 | 0 |
| 19 | 3 | 1 | 0 | 39 | 0 | 1 | 3 |
| 20 | 0 | 1 | 3 | 40 | 0 | 1 | 3 |

## 당신의 사회적 능력에 대한 평가

당신이 얻은 점수를 해석해보자.

- 1~15점이면 개선이 필요한 영역을 가리킨다.

- 16~21점이면 일관된 집중력이 필요한 영역을 가리킨다.

- 22~30이면 강점에 속한 영역을 가리킨다.


당신의 강점에 속한 영역과 꾸준한 관심이나 개선이 필요한 영역을 써보라.

강점 영역:

일관된 집중력이 필요한 영역: _____

_____

개선이 필요한 영역: _____

_____

## 다음 단계로 해야 할 것

### 명확한 메시지 전달

명확한 메시지 전달과 관련된 영역에서 더 많은 집중력이 필요하거나 개선의 필요성이 있다는 것이 당신 점수에서 확인되면, 그런 약점이 당신에게 제기된 이유가 무엇인지 생각해보라. 혹시 다른 사람들과 의사소통하는 능력에 대한 당신의 믿음이 확고하지 못한 탓에 야기된 약점은 아닌가? 당신이 과거에 겪은 사건이 지금까지 다른 사람과 대화하는 방식에 영향을 미친 것은 아닌가? 어떤 이유로든 두려움이나 에고로 인해 그런 약점을 보이는 것은 아닌가?

많은 사람이 두려움에 사로잡혀 누구도 자신의 말을 귀담아듣지 않을 것이라는 자기 충족적 예언(self-fulfilling prophecy)을 창작해내는 경우가 적지 않다. 주목받지 못하고 중요하게 대해지지 않을 것이란 두려움이 있을 때 모르는 게 없는 만물박사인 척해야 한다는 덫에 걸리기 십상이다. 당신이 전달하려는 메시지에 지나치게 집중하느라 상대의 말을 귀담아듣지 않고 호혜적 관심을 보이지 않는다면, 당신의 메시지도 방향을 상실할 가능성이 크다.

많은 사람이 효과적으로 대화하려고 발버둥질하지만, 두려움과 불안이 그들의 발목을 잡는 경우가 많다. 한편 자신이 다른 사람과 어떻게 의사소통하는지 모르기 때문에 효과적으로 대화하지 못하는 사람도 의외로 많다. 이런 경우라면 1단계로 돌아가 그 질문들을 면밀히 검토해보라. 그 후에 다른 사람들과 명확히 의사소통하는 능력을 개선하기 위한 구체적 목표를 어떻게 설정할 것인지 생각해보라.

### 경청

경청하는 능력이 부족하다는 결과를 얻었다면, 그 이유가 무엇인지 곰곰이 자문해보기 바란다. 훌륭한 경청자가 된다는 것은 당신이 말하려는 것을 의도적으로 중단하고 상대의 생각에 마음의 문을 연다는 뜻이다. 당신은 상대가 어떤 말을 할지 두려운가? 당신은 회의실에서 유일하게 좋은 아이디어를 가진 사람이 되고 싶은가? 에고에 사로잡혀 경청 능력을 상실한 것은 아닌가? 그렇다면 당신을 위한 좋은 소식이 있다. 경청은 조금만 연습하면 크게 향상하는 능력이라는 것이다.

누군가와 대화할 기회가 있으면, 그가 말하는 것을 귀담아듣고 나서

"그러니까 내가 제대로 들었다면"이라고 운을 뗀 후 그가 말한 것을 되풀이해보라. 그렇게 하면 당신이 상대의 말을 경청했고 올바르게 이해했다는 확신을 상대에게 전할 수 있다. 또한 상대의 의도와 상관없이 상대의 말투가 당신에게 어떻게 느껴졌는지 알려주는 효과를 기대할 수 있다.

이런 경청 연습법은 양쪽 모두에게 이익이다. 훌륭한 경청자라면 에고보다 최고 자아로서 행동하기 마련이다. 경청자는 이기적으로 행동하지 않고 상대에게 진심으로 최선을 다할 것이기 때문이다. 상대의 생각과 욕구, 아이디어와 바람, 즉 상대의 모든 것에 집중하라. 커뮤니케이션은 쌍방향 관계다. 따라서 말하는 능력만이 아니라 듣는 능력도 함께 갈고닦아야 한다.

## 피드백 주고받기

더 열린 마음으로 피드백을 주고받아야 한다는 결과를 얻었다면, 누군가로부터 긍정적이든 부정적이든 간에 피드백을 받는 것이 거북하게 여겨졌던 때가 언제인지 되짚어보라. 과거에 따돌림을 당한 적이 있고, 그때의 아픔이 지금까지도 영향을 미치고 있는가? 당신 자신이 칭찬받을 만한 가치가 없는 존재라고 생각하는가? 당신이 누군가에게 피드백을 주었을 때 부정적인 반발을 받은 적이 있는가? 상대와 진정성 있게 교감하려면, 이 모든 경험을 기꺼이 과거사로 돌리고 현재의 순간에 충실해야 한다.

피드백을 주고받으면 서로 발전을 도모하고 성장을 지속할 수 있기 때문에 무척 중요하다. 상대가 당신에게 정직하게 피드백하면, 그 순수한 마음을 기꺼이 받아들일 수 있어야 한다. 예컨대 누군가 당신을 칭찬하면, 그 칭찬을 진실한 선물이라 생각하며 고맙게 받아들여라. 말하는 방식도 중요하다. 가령 당신이 누군가에게 피드백을 한다면 그가 당신의 말을 경청하도록 해야 한다. 달리 말해서, 피드백이라는 명목으로 상대에게 부정적인 평가를 퍼붓고, 상대가 잘못하고 있다고만 지적한다면 상대는 당신의 피드백을 귀담아듣지 않을 것이다. 누구도 공격받고 싶어 하지 않는다. 그러나 부드럽고 배려하는 말투로 해결점을 지향하며 피드백한다면, 또 상대가 열린 마음으로 그 피드백을 받아들인다면 당신의 피드백은 상대에게 큰 도움이 될 것이다.

## 감성의 상호작용

감성의 상호작용에 집중할 필요가 있다는 결과를 얻었다면, 당신이 현재의 순간을 어떻게 다루는지 살펴봐야 한다. 누구나 감정적으로 격앙된 상황을 경험했을 것이다. 그런 상황은 우리를 거북하고 불편하게 만들 수 있다. 그러나 쾌감대(comfort zone)를 벗어나면 당신의 진정한 모습이나 다른 사람과 더 깊이 교감하는 기회를 얻을 수 있다. 감정이 격해지더라도 감정에 휩쓸리거나 에고의 포로가 되지 않고, 상대의 관점에서 생각할 수 있어야 한다.

또한 상대만이 아니라 자신까지 동정하는 마음으로 행동할 수 있어야 한다. 예컨대 누군가가 당신에게 감정을 드러내더라도 당신이 어떻게든 그를 구해내야 한다고 생각할 필요가 없다. 더 구체적으로 말해보자. 누군가가 눈물을 흘리며 운다면, 당신은 그가 울음을 멈추도록 어떤 조치를 취할 필요가 있다고 생각할지도 모른다. 그러나 그가 슬픈 감정을 토해내도록 내버려둔다면 당신이 아무 반응을 보이지 않고 결국 그는 감정을 모두 비워내고 눈물을 멈출 것이다. 우는 사람에게 휴지 한

장을 건네는 친절까지 나무랄 생각은 없다. 그러나 휴지를 넘어 그에게 필요한 것을 요구하도록 허락하면 그는 당신이 무엇을 해줄 수 있는지 당신에게 물을 것이다. 분명히 말하지만, 당신이 다른 사람의 감정까지 책임져야 할 이유는 없다. 당신은 자신의 감정을 책임지는 것으로 충분하다. 예컨대 누군가가 당신에게 화를 낸다면, 그가 화를 내지 않도록 다독이는 것은 당신의 책임이 아니다. 또 누군가가 당신을 질책하지만 당신은 그런 질책을 받을 만한 잘못을 저질렀다고 생각하지 않는다면, 바로잡아야 할 대상은 당신이 아니라 그 사람이다. 물론 당신이 누군가에게 은혜를 입은 까닭에 보답할 때, 그 보답을 받아들이느냐 받아들이지 않으냐는 전적으로 상대의 몫이다.

감정이 고조되면 때로는 대화가 방향을 상실하고, 분위기가 혼란에 빠진다. 나라면 이때 그 혼란에 참견하지 않을 것이다. 혼란에 참견하지 않으면 혼란을 피할 수 있기 때문이다. 허물없는 모임에서 우리는 두더지 잡기 게임을 하듯 감정을 불쑥불쑥 드러낸다. 하지만 자신의 집에서는 신중하게 행동할 필요가 있다. 감정 표출이 가정생활에 부정적인 영향을 미칠 수도 있기 때문이다. 그렇다고 가정을 바로잡으려고 발버둥질할 필요는 없다. 당신 가정이라고 해서 당신이 바로잡을 수 있는 것은 아니다. 당신은 오로지 당신의 감정만 책임지면 된다.

삶이 늘 평탄하지만은 않다. 때로는 감성적이기도 하고, 때로는 롤러코스터처럼 느껴지기도 한다. 감정은 우리 삶에서 중대한 부분이고, 우리가 성장하고 다른 사람들과 관계할 때 빠지지 않는 부분이기도 하다. 당신의 감정을 외면하거나 다른 사람의 감정을 도외시하지 말고, 그런 감정을 열린 마음으로 받아들여 주변 사람들과의 관계를 심화하는 데 사용하기 바란다.

사회를 천에 비유하면 우리는 천을 직조하는 실이다. 우리는 흥미롭고 아름답게 직조된다. 따라서 우리 모두가 인간으로서 경험하는 감정을 포용할 때 우리의 사회적 삶이 풍요로워진다.

## 진정한 사회화를 위한 도구

사회적 능력을 타고난 사람은 손가락에 꼽을 수 있다. 사회적 능력은 우리가 배울 수 있는 것이고, 꾸준히 연습하면 하루하루 더 나아지는 능력이기도 하다. 당신이 모임에 참석해서 다른 사람들과 교제할 때 긍정적인 결과를 얻기 위한 몇 가지 비결을 소개할까 한다.

- **공유하고 싶은 것을 항상 염두에 두어라**

  최근에 알게 된 정보 혹은 최근에 겪은 경험을 생각하며 모임에 대비하라. 그러면 모임에서 무엇을 말할지 고민하지 않고도 대화의 원만한 진행에 기여할 수 있다. 당신이 함께하는 모임에 그 정보나 경험이 적합한지 확인하기만 하면 된다.

- **현재에 충실하라**

  사회화할 때 현재의 순간에 충실하기 위한 조치를 취하라. 정신을 현재에 집중하려고 노력하라. 현재의 환경, 현재의 대화, 주변 사람들에 전념하라. 그래야만 당신이 사회적 교제에서 얻는 즐거움이 커지고, 다른 사람들도 당신과 함께하는 것을 더욱더 즐겁게 생각할 것이다. 나는 행사에 참가하기 전에 한 시간 남짓 명상하고, 직전에는 예외 없이 의식과 만트라를 시행한다. 그 결과, 나는 진정한 자아와 하나가 되고, 그런 진정성을 주변 사람들에게 투영할 수 있다.

• 질문하라

대체로 사람들은 자신에 대해 말하는 것을 좋아한다. 상대에게 관심사, 일과 취미, 가족 등에 대해 질문하라. 이때 그들의 대답에 관심이 있는 것처럼 행동하는 데 그치지 말고, 실제로 진실한 관심을 가져라.

• 훌륭한 경청자가 되어라

최고의 대화자는 최고의 경청자다. 신중하게 듣고 상대의 대답을 재정리하는 방식으로 대화를 끌어가라. 또한 상대가 말하고 있을 때는 결코 중간에 끊지 않는다는 확신을 상대에게 주어야 한다.[3] 머릿속에 어떤 생각이 떠오르면 당장 쏟아내려고 안달하는 습관이 있을 수 있겠지만 입을 꼭 다물고, 상대가 발언을 끝낼 때까지 기다렸다가 당신 생각을 피력하는 것이 바람직하다.

• 몸짓언어를 적극적으로 활용하라

때로는 몸으로 보내는 메시지가 무척 효과적이다. 몇몇 연구에 따르면, 비언어적 요소가 일반적인 커뮤니케이션에서 70퍼센트를 차지한다. 어깨를 펴고 똑바로 서서 자신감 있는 모습을 유지하라. 팔짱을 끼면 방어적이고 자신이 없어 보인다. 항상 미소를 짓되 진정성이 담겨 있어야 한다. 펜실베니아 주립대학교에서 실시한 한 연구에 따르면, 사람들은 거짓 미소를 어렵지 않게 간파한다. 그러나 진실한 미소는 사람들에게 당신이 점잖고 정중하며 유능한 사람이라는 인식을 심어 준다. 입술만이 아니라 얼굴 전체로 빚어낸 미소를 생각해보라.

텔레비전에 출연하기 시작한 후에야 나는 상대의 말을 경청하면 걱정과 분노, 따분함과 피로감이 복합된 표정이 된다는 것을 알게 되었다. 녹화 테이프를 되돌려보며 나는 나 자신을 향해 "뭐하는 거야, 마이크? 맥 빠진 표정이잖아!"라고 소리쳤다. 그러나 나는 상대의 비언어적 요소, 즉 몸짓언어를 유심히 관찰하고, 그의 말과 말투를 귀담아들으며 그와 교감하려고 애썼다. 달리 말하면, 표정만으로 상대가 어떤 생각을 하는지 항상 추정할 수는 없다는 뜻이다. 여하튼 카메라 덕분에 나의 독특한 얼굴 표정이 상대에게 위협적으로 느껴질 수도 있다는 것을 알게 되었다. 그래서 미소 짓는 법을 연습하고 또 연습했다. 미소 짓는 법을 알게 되자 자연스럽게 더 나은 결과를 얻을 수 있었고, 덩달아 기분도 나아졌다. 나는 예전과 다름없이 진지하고 진실하지만, 마음은 한결 가볍고 편안하다.

### • 말투에 유의하라

말투와 성량은 상대에게 많은 의미를 전달한다. 상황에 따라 말투가 달라지는 것은 당연하다. 따라서 상대와 환경을 이해하는 것이 무엇보다 중요하다. 격식에 얽매이지 않은 말투보다 정중한 말투, 진지한 말투보다 흥겨운 말투가 필요한 때가 있다. 그 밖에도 공손한 말투와 열정적인 말투, 무심한 말투와 사무적인 말투가 필요한 때가 있다. 상황에 따라 현명하게 선택하라. 말투는 내용만큼이나 중요하다.

### • 설교하듯 말하지 마라. 담소하듯 편하게 말하라

누구에게나 고유한 의견이 있다. 그러나 요구받지도 않았는데 좌중을 헤집고 다니며 목청을 높여서는 안 된다. 어떤 주제에서나, 특히 뜨거운 쟁점에서 사람들이 당신의 의견을 듣고 싶어 할 것이라고 앞질러 추정하지 마라. 섣불리 발언했다가 따돌림을 당하거나, 누군가의 기분을 상하게 할 수도 있다. 그렇다고 당신의 느낌이나 의견을 감추라는 말이 아니다. 당신의 느낌과 의견을 피력할 적절한 때를 찾으라는 뜻이다.

### • 눈 맞춤을 피하지 마라

무엇인가를 찾아 두리번거리는 사람에게 말을 거는 것만큼 쓸데없는 짓은 없다. 상대와 눈 맞춤을 유지하면 상대의 마음을 그럭저럭 읽어낼 수 있다. 누군가와 대화할 때는 어떤 경우에도 당신의 휴대폰에 눈길을 주지 마라. 요즈음에는 휴대폰을 내려다보며 대화하는 사람이 상당히 많다. 그런 태도는 상대에게 불쾌감을 자아낼 뿐이다. 누군가와 함께할 때 휴대폰 알림 소리가 울릴 때마다 힐끗 내려다보는 습관부터 버려라. 상대가 말할 때는 미소 띤 얼굴로 상대를 바라보아라. 그럼 당신이 상대의 말에 집중하고 있음을 자연스럽게 전달할 수 있다.

### • 긍정적인 피드백을 주어라

회의장에 들어가서는 당신이 긍정적이고 진실하게 언급할 수 있는 세부 항목들을 기록해두고 아낌없이 칭찬하라. 진심 어린 칭찬보다 상대를 편안하게 해주며 당신에게 끌어들이는 더 좋은 방법은 없다.

### • 낯선 사람에게도 인사하라

전에 만난 적이 없다고 해도 먼저 다가가 악수를 청하고 당신이 누구인지 소개하라. 그 사람이 평생 친구가 될지 누가 알겠는가.

## 소셜미디어

우리의 사회적 삶은 그 어느 때보다 소셜미디어와 밀접하게 뒤얽혀 있다. 소셜미디어가 현시대에 필수 도구가 된 것은 의심할 여지가 없다. 세계 어디에서나 가족이나 친구와 관계를 유지하는 도구일 뿐만 아니라 기업의 상표와 이미지를 구축하는 도구로도 쓰인다. 세상의 모든 것이 그렇듯 우리는 소셜미디어를 건강하고 유익하게 사용할 수도 있지만 파괴적인 방식으로 사용할 수도 있다. 우리가 소셜미디어에 올리는 신상 명세가 세상에 남기는 '첫인상'이 되고, 우리 정체의 일부가 된다.

문제는 '당신은 소셜미디어에서 최고의 자아로서 활동하는가? 반자아가 당신의 소셜미디어를 지배하고 있는 것은 아닌가?'다. 다양한 소셜미디어에 올린 자신의 신상 명세와 다른 사람들의 신상 명세에 대한 당신의 평가를 살펴보며 다음 질문에 답해보라. 당신의 소셜미디어 생활을 더 깊이 분석할 수 있을 것이다.

- 당신은 온라인 대화를 긍정적이고 희망적인 방향으로 끌고 가는가? 달리 말하면, 친구와 지인이 당신의 포스팅을 읽고 빙그레 웃는가, 아니면 움찔하며 인상을 찌푸리는가?
- 당신의 소셜미디어 신상 명세는 당신의 실제 모습과 일치하는가? 실제보다 멋지게 편집한 인물 사진에 대해서만 묻는 것이 아니다. 당신이 온라인에서 친구와 낯선 사람에게 구분 없이 말하는 내용이 당신의 최고 자아를 충실히 반영하고 있는지를 묻는 것이다.
- 다양한 뉴스피드(newsfeed)를 읽는 데 얼마나 많은 시간을 사용하는가? 소셜미디어에서 하루 2시간씩 1년을 보내면 완전히 한 달을 소셜

미디어에서 지낸 꼴이 된다. 당신의 소중한 시간을 정말 그렇게 사용하고 싶은가?

- 소셜미디어에서 부정적인 포스팅을 보면 기분이 나빠지고 우울해지며, 화가 나고 분노가 치미는가? 혹시 은근히 기분이 좋아지는 것은 아닌가?
- 당신의 원칙에 어긋나는 사회적 쟁점에 대해 포스팅하거나 논평하지만 실질적인 행동으로 옮긴 적은 없는가?
- 당신이 현실에서 맞닥뜨릴까 두려워하는 문제를 해결하기 위해 소셜미디어를 사용한 적이 있는가?
- 지인과 직접 만나 논쟁하지 않고, 소셜미디어에서 그를 공격하고 비판한 적이 있는가?

위의 질문에 대한 대답에 근거할 때 당신이 소셜미디어를 대하는 태도에서 어떤 조정이 필요하다고 생각하는가? 그 대답들을 기억하며 당신의 사회적 삶을 평가해보라.

## 당신의 사회적 삶에 대한 평가

1단계: 당신의 사회적 삶에 1~10 중 적절한 점수를 매겨보라. 점수 1은 당신의 사회적 삶이 끔찍한 상황에 있어 즉각적인 개선이 필요하다고 느낀다는 뜻이다. 한편 점수 10은 당신의 사회적 삶이 환상적으로 멋진 상태여서 별다른 개선이 필요하지 않다고 느낀다는 뜻이다. 당신의 사회적 삶을 점수로 평가할 때 고려해야 할 부분은 다음과 같다.

- 의사소통 능력(상대의 말을 귀담아듣고 피드백을 주고받는 능력)

- 사회적 상호작용의 질과 양
- 소셜미디어 생활

가장 중요한 것은 어떤 사회적 상황에서도 최고의 자아를 드러내는 것이다.

사회적 삶에 대한 평점: _____ 날짜:

2단계: 이번에는 당신의 사회적 삶에 실제로 도움이 되는 행동들을 써보라. 아울러 그 행동들이 도움이 되는 이유도 써보라.

(예)

- 나는 사회화할 때 자신감과 진정성을 느낀다.
- 나는 건강한 사회적 삶을 위해 시간을 할애한다.

내 사회적 삶에 실제로 도움이 되는 행동들은

_____ . 그 이유는 _____

_____ . 그 이유는 _____

_____ . 그 이유는 _____

3단계: 당신이 원하는 사회적 삶을 방해하는 행동은 무엇인가?

(예)

- 내가 사회적으로 좋은 상황에 있다고 생각하지 않는다. 그래서 그런 상황을 피하기 위해 온갖 노력을 다한다.

• 나는 사회적 모임이나 소셜미디어에서 다른 사람들과 교제할 때 진실하지 않다.

내 사회적 삶에 실제로 도움이 되지 않는 행동들은

_____ . 그 이유는 _____

_____ . 그 이유는 _____

_____ . 그 이유는 _____

**4단계:** 당신이 지금까지 작성한 모든 것에 근거하여 당신의 사회적 삶에 대한 현재의 평점을 10점으로 올리려면 무엇을 해야 하는지 생각해보라. 당신에게 실제로 도움이 되기 때문에 꾸준히 계속해야 할 행동, 당신이 원하는 것을 방해하기 때문에 당장 중단해야 할 행동, 새롭게 시작해야 할 행동을 찾아내야 한다.

내 사회적 삶을 10점으로 올리기 위해서

나는 _____ 을 계속해야 한다.

나는 _____ 을 중단해야 한다.

나는 _____ 을 새롭게 시작해야 한다.

삶의 일곱 가지 영역을 모두 살펴본 후에는 각 영역에서 새로운 목표를 설정하고 달성하는 방법을 집중적으로 다루었다. 이때 당신이 사회적 삶에서 행한 흥미로운 모험을 다시 언급할 것이고, 삶을 살아가며 삶의 질을 개선하기 위해 당신이 찾아낸 유익한 정보를 활용할 것이다.

다음 장에서는 당신의 개인적 삶을 철저히 탐구하며, 당신에게 가장 중요한 관계, 즉 당신 자신과의 관계에 대한 새로운 정보를 찾아내 보자.

# 6장

## 개인적 삶(Personal Life)

앞 장에서 우리는 사회적 상황에서 우리의 진정성을 세상 사람들에게 외부적으로 투영하는 방법에 대해 다루었다. 이번에는 시선을 안쪽으로 돌려 우리 삶에서 가장 중요한 관계, 즉 우리 자신과의 관계를 살펴보려 한다.

이 장의 주된 목표는 당신 자신에 대한 존중심과 연민을 갖게 만드는 것이다. 당연한 말을 되풀이하는 것 같은가? 하지만 어떤 사람에게는 이 목표를 성취하는 게 무척 어렵다는 사실을 알면 놀라지 않을 수 없을 것이다. 물론 당신이 현재의 자신을 좋아하지 않고, 그런 현실에 괴로워하고 있다면 조금도 놀랍지 않을 것이다. 그러나 당신이 자신을 보살피고, 긍정적이고 진실한 자아를 키워내기 위해 투자하는 시간은 바람직한 시간이다. 그 이점은 소용돌이처럼 당신 삶의 모든 영역에 확산될 것이다.

이 장에서는 당신이 개인적 삶의 핵심적인 영역—내적 대화와 자기 배려 및 취미와 놀이에서 표출되는 열정—에서 어떻게 존재하는지 평가하고, 그 수준을 향상시키는 방법을 살펴보려 한다. 내가 많은 고객과 친구를 통해 확인한 바에 따르면, 개인적 삶이라는 영역은 경쟁이 치열한 일상의 삶에서 쉽게 방향을 잃는다. SPHERES의 다른 영역들도 짙은 그림자를 던진다. 그런 그림자를 허용하면 풍요로운 내적인 삶이 완전히 사라질 수 있다. 이런 이유에서 나는 필 맥그로 박사의 부인 로빈 맥그로(Robin McGraw)의 말을 자주 인용한다. 내 생각에는 더할 나위 없이 훌륭하고, 반드시 기억해야 할 유의미하고 중요한 메시지다.

"당신 자신을 먼저 생각하는 것이 결코 이기적인 짓은 아니다!"

무척 기본적인 개념이지만, 자신을 먼저 생각하고 돌보는 게 쉽지는 않다. 로빈은 나에게 많은 영감을 주는 사람답게 우리 삶에서 이런 개념들을 찾아내고 설득력 있게 설명했다. 그녀는 특히 부모가 이 개념을 쉽게 받아들이지 못한다면서 대부분의 부모가 자식에게 가장 좋은 것을 해주기 위해 자신을 우선순위에서 배제하는 경향이 짙기 때문이라고 설명했다. 로빈은 자신의 어머니에게서 이런 경향을 직접 목격했다며 《건강하고 행복한 삶을 살고 싶다면》에서 이렇게 이야기했다.

어머니에 대한 내 기억은 식구들을 위해 헌신하던 모습이 대부분을 차지한다. 어머니는 우리 일곱 식구를 위해 매일 식사를 준비했고, 누군가의 생일이면 우리가 좋아하는 케이크를 어김없이 구웠으며, 아버지의 셔츠를 다림질했고, 재봉틀에 매달려 우리 모두의 옷을 지었다. 오랜 시간이 지난 후에는 손자들을 맹목적으로 사랑하며 보살폈다. 이 땅에서의 마지막 순간에도 어머니는 자신보다 다른 사람을 걱정했다. 어머니가 어떻게 살았는지 정확히 보여준 상징적인 사건도 있었다. 당시 나는 서른두 살이었고, 필립과 새 집으로 막 이사했을 때다. 이사는 계획대로 매끄럽게 진행되지 않았다. 이삿짐센터 직원들이 자정이 넘어서야 도착했고, 집 안에 가득하던 상자들은 폭우로 인해 악취를 풍기는 질척한 판지로 변했다. 내가 물을 잔뜩 머금은 상자들을 뒤적거리고 있는 동안, 어머니는 나를 위로하겠다며 호박 파이를 굽기 시작했다. 어머니가 세상을 떠나기 전에 나에게 베풀어준 마지막 친절이었다. 상상해보라. 어머니는 심근경색으로 죽어가면서도 파이용 반죽을 만들었다. 그로부터 20년이 훌쩍 지난 지금, 그때를 생각할 때마다 목이 메고 눈물이 난다. 나는 어머니의 한없는 장점을 동경하며 본받으려 애쓴다. 독실한 믿음, 가족을 향한 뜨거운 사랑, 힘든 시기에도 꺾이지 않았던 강인함 등 어머니의 강점을 나열하자면 끝도 없지만, 내 생각에 자신을 낮춘 자세는 결코 어머니의 장점이 아니었다. 어머니가 세상을 떠난 이후 나는 자신을 낮추는 유산은 물려받지 않겠다고 다짐했다.

부모, 역할 모델, 친구, 자식, 형제자매로서 최고의 자아를 보여주려면, 먼저 자신을 위하는 모습을 보여주어야 한다. 우리 자신을 위하고 돌보지 않는다면, 우리가 사랑하는 사람을 원하는 방식으로 보살필 만한 감정적이고 신체적인 에너지를 갖지 못한다. 따라서 이 진실이 당신의 머릿속에 완전히 심어질 때까지 하루에도 몇 번씩 마음속에 되새기기 바란다.

이 진실을 기억하며 개인적 삶에 대해 본격적으로 살펴보자.

## 내적 대화(Internal Dialogue)

당신이 자신에게 던지는 메시지를 귀담아들은 적이 있는가? 몇몇 주
목할 만한 연구에 따르면, 우리는 자신에게 말하는 방법을 바꾸면 뇌 구
조까지 바꿀 수 있다.[1] 무척 흥미로운 결론이다. 많은 사람이 우리 뇌는
어떤 식으로든 고정화되어 결코 바꿀 수 없다고 생각한다. 그러나 신경
학자들의 결론에 따르면, 우리 뇌는 융통성 있게 변한다. 신경가소성
(neuroplasticity)이라 알려진 개념으로, '신경계가 구조와 기능 및 연결 관
계를 재조직하며 내부와 외부의 자극에 반응하는 능력'이라 정의된다.[2]
기본적으로 우리가 살아가는 동안 뇌와 신경계가 체내의 사건과 외부
적 사건에 반응하며 변한다는 뜻이다. 뇌의 가소성은 '신경계의 구조와
기능이 변함에 따라 그에 적응하는 능력'이라고도 생각할 수 있다.[3] 신
경가소성의 최근 연구에서 특히 흥미로운 것은 '우리가 현재의 뇌에 사
로잡혀 꼼짝하지 못하는 게 아니다. 현재의 뇌 구조를 바꿀 수 있다'라
는 것이다. 게다가 다양한 방법으로 뇌 구조를 바꿀 수 있다.

이제부터 '내적 대화'를 통해 우리 뇌 구조의 기능을 바꾸는 방법에
대해 살펴보자. 내적 대화는 우리 정신이 뇌에 보내는 메시지라고 생각
하면 된다. 요컨대 자신에게 유능하고 강하며 영리하다고 말하면 뇌는
그에 따라 행동하지만, 반대로 자신에게 무능하고 약하며 똑똑하지 않
다고 말하면 뇌는 문자 그대로 그에 적합한 수단을 취한다. 결국 자신
에게 어떻게 말하느냐에 따라 그에 맞추어 살아간다는 뜻이다.

킹스 칼리지 런던의 정신의학과 심리학과 신경과학 연구소가 실시
한 연구에서 부정적인 생각을 반복하면 알츠하이머에 걸릴 위험이 높
다는 것이 밝혀졌다.[4] 또 다른 연구에서는 자제력을 훈련하면 자제력을

관할하는 뇌 능력이 향상되는 것이 확인되었다.[5] 예부터 풍문으로 들었던 '정신이 뇌를 변하게 할 수 있다'라는 말이 과학적으로 입증된 셈이다.

삶의 여정에서 운전석의 주인은 우리 자신이다. 우리가 뇌에게 어떻게 하라고 지시하면 뇌는 그 지시를 따른다. 따라서 내적 대화에 주파수를 맞추고 귀를 기울이며 새롭게 시작해보라. 이제부터라도 당신이 어떤 사람인지, 어떤 사람이 되고 싶은지 당신의 뇌에 말해보라. 그럼 그 소명이 현실 세계에서 펼쳐질 것이다.

다음 연습법은 우리가 정형화된 습관을 파악한 후에 부정적인 내적 대화에서 해방되는 데 도움을 준다.

## 연습 1: 평상시에 당신은 자신에게 무엇이라 말하는가

당신은 모든 것을 중단하고, 자신에게 건네는 말을 얼마나 자주 경청하는가? 대부분은 내적 대화에 거의 신경 쓰지 않거나 전혀 분석하지 않는다. 그러나 내적 대화를 귀담아듣는 것은 무척 중요하다. 그 이유는 생각에서 감정이 비롯되기 때문이다. 그 후에는 감정이 생각에 영향을 주고, 상황에 따라 감정이 부정적인 감정으로 변할 수 있다. 따라서 우리는 내면에서 어떤 일이 벌어지고 있는지 인지하여 부정적인 감정으로 변하기 전에 급브레이크를 밟고 방향을 전환해야 한다.

우리에게 가장 매몰찬 비평가가 양쪽 귀 사이에서 살아간다. 그 비평가가 누구인지 아는가? 한편 당신을 끊임없이 격려하는 최고의 친구도 양쪽 귀 사이에 존재한다. 이 순간부터 당신이 하루 종일 스스로에게 속삭이는 것에 익숙해지기 바란다. 그 내적 대화를 일기장이나 휴대폰에 써보라. 물론 이 책의 여백에 써도 상관없다. 이 연습을 하루라도 해보라. 일주일 동안 계속해도 괜찮다. 전적으로 당신이 결정할 몫이다. 어떤 경우이든 이는 당신이 자신에게 속삭이는 메시지에 귀 기울이고 알아내는 최적의 방법이다.

지금 당장 시작해보라. 2시간마다 모든 것을 멈추고 딱 2분만 할애하여 당신의 내면과 교감하며 다음 질문들에 대답해보라.

• 지난 2시간 동안 무엇을 했는가?

_____

_____

_____

• 자신의 지능에 대해 지금까지 자신에게 무엇이라 말했는가?

_____

_____

_____

• 자신의 능력에 대해 지금까지 자신에게 무엇이라 말했는가?

_____

_____

_____

베스트 셀프

• 자신의 기량에 대해 지금까지 자신에게 무엇이라 말했는가?

_____

_____

_____

• 자신의 가치에 대해 지금까지 자신에게 무엇이라 말했는가?

_____

_____

_____

• 자신의 외모에 대해 지금까지 자신에게 무엇이라 말했는가?

_____

_____

_____

2시간마다가 아닌, 내면의 목소리가 들릴 때마다 쓰는 편이 낫다면 그렇게 해도 상관없다. 이 연습의 목적은 내적 대화를 명확히 이해하는 능력을 키우는 데 있다. 그러나 일과표를 망가뜨리지 않는 범위 내에서 시행되어야 한다.

## 연습 2: 압박감을 받을 때 당신은 자신에게 무엇이라 말하는가

이번에는 당신이 내일 회사에서 중요한 발표를 해야 한다고 상상해 보라. 서너 명의 핵심 고객과 서너 명의 동료 및 직속상관까지 참석해 당신을 지켜볼 예정이다. 당신은 침대에 누워 어둠 속에서 발표에 대해 생각한다. 이때 당신은 자신에게 무엇이라 말하겠는가?

시간을 내 당신 머릿속에 스쳐지나가는 온갖 메시지를 정직하고 철두철미하게 생각해보라. 이때 당신 자신과 대화를 나눈다면 무엇이라 말하겠는가? 그런 대화를 최대한 자세히 써보라. 그런 대화가 실제로 진행되는 것처럼 상상하고 깊이 생각해보라.

---

---

---

---

## 연습 3: 당신의 내적 대화에서 공통된 주제는 무엇인가

연습 1과 연습 2에서 무엇이라 썼는지 되돌아보라. 두 대답에서 발견되는 공통된 주제, 즉 공통점이 있는가? 그렇다면 공통점이 무엇인지 자세히 써보라.

---

---

---

---

## 연습 4: 당신의 내적 대화에서 말투는 어떠한가

연습 1과 연습 2에서 무엇이라 썼는지 되돌아보라. 당신의 내적 대화에서 전반적인 말투 혹은 분위기는 어떠한가.

- 전반적으로 긍정적이고 낙관적인가?
- 긍정적이라면 합리적인가? 달리 말하면, 당신이 자신에게 보낸 긍정적인 메시지가 현실적인가?
- 비관적이고 패배주의적인가?
- 당신의 내적 대화가 유난히 가혹하고 비판적으로 들리는 영역이 있는가?
- 당신의 내적 대화가 극도로 낙관적으로 들리거나 칭찬하는 것으로 들리는 영역이 있는가?
- 긍정적인 내적 대화나 부정적인 내적 대화와 관련된 부분에 표시해보라.

## 연습 5: 당신의 통제 소재는 무엇인가

연습 1과 연습 2에서 무엇이라 썼는지 되돌아보며, '당신이 쓴 대답은 당신의 통제 소재에 대해 무엇이라 말하고 있는가?'라고 자문해보라. 통제 소재는 개인이 자신의 삶에서 일어난 사건을 통제할 수 있다고 믿는 정도를 뜻한다.

- 당신은 자신의 삶을 통제하고 있다고 생각하는가(내적인 통제 소재)? 혹은 당신의 삶이 외적인 힘이나 외부 사람에 의해 좌우된다고 자신에게 말하고 있지는 않은가(외적인 통제 소재)? 혹시 모든 것이 우연에 달려

있다고, 달리 말하면 모든 것이 운수소관이라고 생각하지는 않는가?

• 당신의 답을 써보라.

---

---

---

---

## 연습 6: 당신은 자신에게 어떤 유형의 코치인가

당신의 내적 대화에 대해 수집한 소중한 자료를 활용해 마지막으로 해야 할 일이 있다. 내가 항상 당신 옆에 있을 수 없기 때문에 이 연습의 목적은 당신의 내적인 라이프 코치를 키워내는 것이다. 따라서 내면에서 라이프 코치의 능력을 함양하고, 그 코치의 말을 경청하기 바란다. 당신의 내적인 라이프 코치는 당신이 궤도를 벗어날 때 당신을 두들겨 패는 존재인가, 아니면 당신에게 힘을 북돋워주는 존재인가? 당신이 앞의 연습에서 어떻게 답했는지 되짚어보며 다음 질문에 대답해보라.

당신은 자신에게 어떤 유형의 코치인가? 연습 1과 연습 2에서 무엇이라 썼는지 되돌아보면, 당신에게 용기와 힘을 북돋워주는 믿을 만한 유형의 라이프 코치인가? 아니면 반대로 당신을 비판하고, 당신에게 최악의 두려움을 심어주는 존재인가? 매일, 하루 종일 당신에게 말하는 존재는 당신 자신밖에 없다. 당신은 자신에게 건강하지 않은 내적인 환경을 적극적으로 조성하며, 세상에 대한 경험에도 부정적인 영향을 주고 있는가? 반대로 당신이 자신에게 속삭이는 메시지는 합리적이고 생산적인 낙관성을 띠는가? 예컨대 당신이 밤늦게 피자와 아이스크림을 먹으려고 한다면 스스로에게 "뭐하는 거야. 먹지 않아야 할 것을 먹으려고 하잖아. 의지력도 없는 놈! 너는 패배자야!"라고 말하는가, 아니면 "저런, 자책할 것 없어. 맛있잖아. 요즈음에는 피자와 아이스크림을 자주 먹지 않았잖아. 그러니까 내일 아침에 일어나도 살이 2킬로그램이나 찌지는 않을 거야"라고 말하는가? 혹은 "벌써 자제력을 잃었군. 피자 한 판을 더 주문하지 그래? 아주 실컷 먹어봐!"라고 말하지는 않는가? 물론 '다음에는 피자와 아이스크림을 잔뜩 준비해서 친구들을 초대하겠어!'라고 생각할 수도 있다.

이쯤에서 당신은 이 연습의 요점을 이해했을 것이다. 어떤 특정한 활동이나 결정에 대해 자신에게 말하는 방법은 무수히 많다. 그중 무엇을 선택하느냐는 당신의 몫이다. 그 목소리는 내적인 라이프 코치이고, 그 라이프 코치의 목표는 당신이 최고의 자아와 하나가 되도록 도와주는 것이다.

당신은 자신에게 어떤 유형의 코치인가? 구체적으로 써보라.

_____

_____

_____

_____


이제 당신은 내적 대화와 관련된 모든 연습을 끝냈다. 덕분에 자신에게 말하는 방법에 대해 유용한 통찰을 얻었을 것이다. 우리는 머릿속에서 자신과 끊임없이 대화한다. 이런 사실을 인정하고 자신에게 속삭이는 내면의 목소리에 귀를 기울이면, 그 대화를 그대로 옮겨 쓸 수 있다. 또 당신이 어떤 영역에서 자신에게 가혹하고 비관적인 메시지를 전하는지도 알아냈다. 따라서 그런 생각을 근절하고, 새로운 자기긍정(self-affirmation)이나 만트라로 교체할 수 있다. 자신에 대한 부정적인 생각이 꿈틀대기 시작하면 비상벨이 머릿속에 울린다고 상상해보라. 비상벨 소리가 들리면 즉시 모든 것을 멈추고, 현재의 부정적인 생각을 떨쳐낸 후에 새로운 메시지를 선택하라.

당신이 인적 네트워크를 확대할 좋은 기회인 사교 모임에 참석할 예정이라고 가정해보자. 당신은 깔끔하게 차려입고 현관으로 향한다. 거울에 비친 자신의 모습을 보고 '처음 만나는 사람에게 뭐라고 말을 걸어야 할지 모르겠어. 정말 거북하고 불편해'라고 생각할 수도 있고, '아우, 늙고 지쳐 보이네. 허리에 군살도 많고!'라고 생각할 수도 있다. 이제부터 그런 생각이 머릿속을 채운다면 짜증스러운 경고음이 귓속에 울린다고 상상해보라. 거울에 비친 자신에게 "내 사교력을 믿어! 처음 보는 사람에게도 미소 지으며 다정하게 말을 건넬 거야. 이번 기회에 새로운 인맥과 친구를 만들 거야"라고 크게 말해보라. 긍정적이고 생산적인 생각이 당신 마음속에서 자연스럽게 꼬리를 물고 이어질 때까지 이 훈련을 반복하고 또 반복하라. 이렇게 하면 당신의 뇌에 새로운 신경 회로가 형성되고, 마음속에 그리던 새로운 세계가 완벽하게 실현된다.

앞서 말했듯 나는 최고의 자아로 존재하고 싶을 때마다 거울 앞에 서서 나 자신에게 그렇게 말한다. 이 방법이 어색하게 느껴진다면 당신에게 적합한 다른 방법을 찾아내도 상관없다. 당신의 머릿속에서 부정적인 생각을 몰아낼 수 있다면 그것으로 충분하다. 당신에게 진정으로 효과가 있는 방법을 찾아내기를 진심으로 바란다.

# 자기 배려(Self-Care)

삶은 때때로 미친 듯이 빠른 속도로, 예컨대 엄청난 폭우 후의 격렬한 강물처럼 흘러가기도 한다. 이때 우리는 일에 완전히 파묻혀 지내게 된다. 정확히 이런 이유에서 나는 당신이 '자기 배려'에 집중하는 시간을 할애하기를 바란다.

자기 배려는 결국 자신에게 동정적이 된다는 뜻이다. 많은 사람이 자신보다 다른 사람을 동정하는 것을 더 쉽게 생각한다. 그러나 우리가 자신을 동정할수록 다른 사람을 더 깊이 동정하게 된다. 당신의 그릇이 가득 채워지고 넘쳐흘러야 주변에 나눠줄 수 있는 것도 많아지지 않겠는가.

당신이 자신에게 더욱 동정적이 될 수 있는 실질적인 방법이 있다. 무엇보다 스트레스를 적절히 관리하는 것이다. 따라서 스트레스를 받지 않도록 도와주는 실질적인 도구와 시스템을 소개해보려 한다. 일단 그 전에 당신의 현재 스트레스 지수를 측정해보자. 다음 질문에 정직하게 대답하고, 당신이 얻은 점수를 근거로 스트레스 지수에 대해 살펴보도록 하자.

## 스트레스 지수를 측정하기 위한 질문

1. 당신에게 부과되는 요구를 처리하기 힘들다고 얼마나 자주 느끼는가?

　　○ 항상　　　　　　○ 대부분　　　　　　○ 드물게

2. 문제를 생각하며 잠자리에 드는가? 고민거리 때문에 수면 중에도 뒤척이는가?

　　○ 항상　　　　　　○ 대부분　　　　　　○ 드물게

3. 친구와 가족, 동료가 부담스러운 존재로 느껴지면 그들과 함께하는 시간을 줄이고, 심지어 그들과 함께하는 계획을 취소하거나 그들의 전화까지 무시하는가?

○ 항상          ○ 대부분          ○ 드물게

4. 예전보다 열심히 일한다고 생각하지만 성과는 더 적은가?

○ 항상          ○ 대부분          ○ 드물게

5. 결정을 내리는 것이 두렵게 느껴지는가?

○ 항상          ○ 대부분          ○ 드물게

6. 가슴이 조마조마하고 불안한가? 심장이 빨리 뛰고, 손바닥에 땀이 나는가?

○ 항상          ○ 대부분          ○ 드물게

7. 신경에 날카로워지고 긴장되는가? 예컨대 근육이 굳어지고 어깨가 경직되고 뒷목이 뻣뻣해지는가?

○ 항상          ○ 대부분          ○ 드물게

8. 걱정되고 초조한가?

○ 항상          ○ 대부분          ○ 드물게

9. 가슴이 두근대며 진정되지 않는가? 조용히 앉아 심호흡하더라도 그 일을 걱정하지 않으면 나쁜 일이 생길 것만 같은가?

○ 항상          ○ 대부분          ○ 드물게

10. 사소한 것에도 반대하며 화를 내는가?

○ 항상          ○ 대부분          ○ 드물게

11. 일이 잘못되면 다른 사람을 비난하고 탓하는가?

○ 항상          ○ 대부분          ○ 드물게

12. 다른 사람의 노력에 비판적인가?

○ 항상          ○ 대부분          ○ 드물게

13. 가족이 어떤 문제로든 스트레스를 받으면 당신이 그에 대한 책임이 있다고 생각하는가?

○ 항상          ○ 대부분          ○ 드물게

14. 스트레스를 줄 만한 주제로는 누군가와 대화하는 것을 피하는가?

○ 항상          ○ 대부분          ○ 드물게

15. 배우자와 직계 가족 등 사랑하는 사람과 시시콜콜한 문제로 다투는가?

○ 항상          ○ 대부분          ○ 드물게

16. 가족이나 친구에게 얻는 만족감이 점점 줄어드는가?

○ 항상          ○ 대부분          ○ 드물게

17. 당신이 스트레스를 받고 있으며, 스트레스가 당신의 삶에 악영향을 미치고 있다는 것을 알고 있는가?

○ 항상          ○ 대부분          ○ 드물게

18. 고혈압과 경직된 근육, 피로감 등 스트레스가 육체적 징후로 나타나는가?

○ 항상          ○ 대부분          ○ 드물게

19. 스트레스를 받은 후에 심신의 회복을 위한 시간을 갖지 않는가? 예컨대 스트레스가 많은 사건이 있은 후에 운동과 명상, 원기 회복을 위한 숙면, 충분한 수분 섭취 등 자신을 위한 행위를 등한시하는가?

○ 항상          ○ 대부분          ○ 드물게

20. 아무런 이유 없이 서글프고 우울한가?

○ 항상          ○ 대부분          ○ 드물게

### 스트레스 질문 점수

당신이 위의 질문 중 적어도 1개에 '항상'이나 '대부분'이라 대답했다면, 스트레스를 관리하기에 적합한 시스템을 갖고 있지 못하다는 뜻이

다. 스트레스를 방치한 채 내버려두면 눈덩이처럼 커져 심각한 문제로 발전한다. 따라서 스트레스 관리를 위한 조치를 취해야 한다.

당신이 위의 질문 중 5개 이상에 '항상'이나 '대부분'이라 대답했다면, 스트레스 관리를 위한 전략을 세우는 것이 화급하다는 뜻이다. 이렇게 스트레스를 받아가며 살아갈 필요가 없다. 당신이 자기 배려를 우선시하며, 자신을 중시하는 행위가 '이기적'이지 않다는 것을 깨닫는다면 스트레스를 통제할 수 있다. 이제부터라도 자기 배려를 시작하라. 지금도 늦지 않았다.

## 스트레스 관리 시스템

당신이 지독한 스트레스에 짓눌린 상태에서 벗어나기 위한 해결책을 고안하는 것보다 스트레스가 밀려올 때 스트레스를 처리하는 시스템을 구축하는 것이 목표다. 예방과 치료는 완전히 다르다. 육체적 질병이 그렇듯 스트레스를 없애는 것보다 스트레스를 예방하는 것이 훨씬 쉽다.

### 1. 마음 챙김 호흡 연습

스트레스를 주는 생각이 머릿속에 떠오르면 혹은 당신의 균형을 깨뜨리는 사건이 일어나면, 그에 따른 거북한 감정을 떨쳐내는 방법을 찾아내라. 예컨대 호흡법을 바꿔보자. 호흡에 신경 쓰며 3~4번 숨을 깊이 들이마시고 길게 내쉬면 스트레스가 자리 잡는 것을 막을 수 있다. 스트레스가 쌓인 마음은 기본적으로 신경증적 폭풍과 같고, 스트레스를 해결하는 강력한 즉효약은 마음 챙김 호흡이다.

조화로운 마음 챙김 호흡은 새로운 기법이 아니다. 마음 챙김 호흡이 세계 전역에서 오래전부터 스트레스를 억제하기 위한 도구로 사용된 이유는 효과가 있기 때문이다. 호흡 연습을 습관화하고 삶의 일부로 삼아라. 호흡 연습을 자주 하면, 뇌 기능이 한층 차분해진다. 요컨대 마음 챙김 호흡에 충실하면, 스트레스가 많은 사건이 닥치더라도 당신을 광분에 몰아넣는 최후의 결정타가 되지는 않는다. 기초가 튼튼하면 삶의 태풍에도 당신은 결코 흔들리지 않을 것이다.

마음 챙김 호흡을 어떻게 실천하느냐는 전적으로 당신의 책임이다. 아침에 일어나 2분 동안 심호흡한 후에 하루 일과를 시작하고, 정오에 다시 한 번, 잠자리에 들기 전에 다시 한 번 해보라. 물론 이보다 더 효과적인 일과표를 갖고 있다면 그 일과표를 지켜도 상관없다. 그래도 하루에 한 번 이상은 마음 챙김 호흡법을 스트레스 관리 시스템의 일부로 실행해야 한다.


## 2. 운동

당신이 일주일에 닷새씩 하루에 20~30분이라도 육체 운동을 하면, 뇌를 화학적으로 재설정하고 스트레스 관리 시스템에 강점을 더할 수 있다. 건강에 대해 다룬 7장에서 운동이 뇌를 비롯한 신체 기관에 제공하는 모든 이점을 철저하게 살펴볼 것이다. 여기에서는 운동이 자기 배려를 위한 전반적인 계획에서 필수적인 부분이라는 것만 알아두자. 조깅, 산책, 자전거 타기, 체육관에서의 심장 강화 운동, 역기 들기, 거실에서의 가벼운 체조 등 어떤 종류의 운동을 하느냐는 중요하지 않다. 어떤 운동에서나 훌륭한 효과를 기대할 수 있다. 재미있게 즐기고, 기분을 좋게 해주는 운동을 찾아보라. 움직이는 활동을 두려워하면 운동의 즐거움을 누릴 수 없다.

### 3. 당신의 삶을 기념하라

당신의 삶을 기념하겠다고 생일까지 기다릴 필요는 없다. 이 땅에서 살아가는 하루하루가 당신에게는 진정한 선물이다. 매일 약간의 시간을 내 당신의 삶에 유익한 것들을 받아들이며 웃고 즐거워한다면, 당신의 뇌에게 스트레스를 떨쳐내고 즐거움을 선택하라고 말하는 것과 같다. 즐거움의 향유는 치료 효과가 있다. 즐거움은 내부에서 시작될 수 있고, 내부에서 시작되어야 마땅하다.

어떤 형태로든 매일 당신 자신을 위한 작은 파티를 열어보라. 나는 거실에서 음악을 크게 틀어놓고 춤추는 것을 좋아한다. 내 반려견도 옆에서 깡충거리며 함께 춤춘다. 때로는 야외에서 자연을 즐기며 자연의 아름다움과 복잡함을 인정하는 시간을 갖는 것도 좋다. 공원 벤치에 앉아 공기 냄새를 맡고, 꽃잎을 연구하거나 발밑의 폭신한 풀을 느껴보라. 이때 당신에게 밀려오는 즐거움을 만끽하며 미소를 지어보라. 잠시라도 혼자만의 시간을 갖고, 당신이 가진 모든 것에 깊이 감사하며 당신의 삶과 주변 세계에서 긍정적인 부분들을 되짚어보라. 친구나 가족을 저녁 식사에 초대해 즐거운 시간을 가져보라.

곤경에 빠진 사람을 위해 당신의 소중한 시간을 투자하는 것도 당신의 삶을 기념하는 좋은 방법이다. 어떤 형태로든 다른 사람을 위해 최선을 다하는 것도 당신의 삶에서 즐거움을 누리는 확실한 방법이다. 이런 활동은 쉽게 무시되지만, 우리 삶에서 긍정적인 면을 강조하고 영감을 주는 순간이 될 수 있다.

### 4. 수면 습관을 정리하라

의사들이 자주 거론하는 수면 위생(sleep hygiene)은 숙면을 취함으로써 깨어 있는 시간에 맑은 정신을 유지하기 위한 습관과 행동을 뜻한다. 뇌에 스트레스를 주지 않으려면 수면은 무척 중요하다. 규칙적으로 숙면을 취한다면, 자기 배려에 필요한 여러 요소 중 하나를 충족한 것이다. 그러나 숙면을 취하지 못하면, 그 파급효과는 파괴적일 수 있다. 수면 부족은 인지력과 반응력, 심지어 감정 상태에 부정적인 영향을 미친다는 사실이 입증되었다. 수면 장애를 겪고 있는 사람은 최고의 자아가 되는 것이 거의 불가능하다. 결국 수면은 이분법적 결정과 다를 바 없다. 따라서 당신의 몸과 정신이 요구하는 적정한 수면을 규칙적으로 취할 수 있는 방법을 알아내는 것이 급선무다.

다음 날 최상의 상태로 일하려면 몇 시간의 수면이 필요한지 알아내기 위해 3일 동안 작은 실험을 해보자. 첫날 밤에는 졸리면 곧바로 잠자리에 들고 자명종도 맞추지 않는다. 잠에서 깨면 몇 시간이나 잤는지 기록한다. 또한 그날 하루 내내 어떤 기분이었는지도 기록한다. 예컨대 집중력을 유지하기 위해 많은 커피나 각성제가 필요했는가? 머리가 맑고 집중력이 좋았는가? 둘째 날 밤에는 전날보다 30분 일찍 잠자리에 든다. 자연스레 깨어난 후에 몇 시간을 잤고, 그날 하루를 어떤 상태로 지냈는지 기록한다. 마지막 날 밤에는 피로감을 심하게 느끼기 시작한 때부터 1시간을 버티고, 전날 깨어난 시간보다 1시간 이른 시간에 자명종을 맞춘다. 몇 시간을 잤고, 그날의 상태는 어땠는가? 이 실험에서 무엇을 배웠는가? 다음 날 맑은 정신 상태로 기분 좋게 일하려면 당신에게 몇 시간의 수면이 필요한지 정확히 알아낼 수 있었는가?

7시간 이상 수면을 취하면 다음 날 오히려 더 피로하고 정신도 몽롱하다고 말하는 사람이 적지 않다. 반면 8시간에서 1분이라도 덜 자면 온몸이 찌뿌둥하다고 푸념하는 사람도 많다. 당신에게 최적인 수면 시간을 알아내고, 매일 밤 일정한 시간에 잠자리에 들고 상쾌한 기분으로 일어날 수 있는 현실적인 수면 습관을 기르도록 하라. 수면의 질을 개선하기 위해 베갯잇에 라벤더 오일을 뿌리거나 머리맡에 백색 소음 기계를 놓는 등 다양한 기법을 시도해 어떤 기법이 당신에게 가장 안락한 수면 환경을 제공해주는지 냉정하게 찾아보라.

나에게는 적어도 8시간의 수면이 필요하다. 그 시간만큼 수면을 취하지 않으면 하루 종일 졸리고 자꾸 낮잠을 자고 싶은 생각이 든다. 게다가 평소보다 불안하고, 집중력도 떨어진다. 기분도 우울하고 인내력도 떨어진다. 한마디로 나의 최고 자아가 아니다. 또한 하루 종일 카페인 같은 각성제에 의존하는 경향을 띠며, 결국에는 탈진 상태에 빠진다. 심지어 피부까지 아프다.

나의 밤 시간 습관을 이야기하면, 잠자리에 들기 2시간 전부터는 아무것도 먹지 않는다. 내 몸이 음식물을 소화하고 있는 동안에는 규칙적인 수면 형태가 흐트러진다는 것을 알고 있기 때문이다. 잠자리에 들기 전까지 긴장을 풀고 휴식을 취하며 반려견과 놀고, 10분 동안 온라인 게임을 즐긴 후에 그날 하루를 되짚어보며 누구에게 신세를 졌는지 생각한다. 그러고는 불을 끄고 눈을 감는다.

## 5. 전자기기의 전원을 꺼라

우리는 전자기기가 지배하는 세상에 살고 있어 스트레스를 관리하는 능력이 하루하루 떨어진다. 휴대폰과 태블릿 등의 알람에 끊임없이 시달리면, 스트레스를 주는 사건을 적절히 다루는 우리 능력이 위험에 빠진다. 뇌는 전자기기에서 비롯되는 끝없는 방해를 견디도록 설계되지 않았기 때문이다. 집중력이 중요하다. 따라서 업무와 전자기기 사이에서 집중력이 분산되면 뇌는 차분해질 기회를 얻지 못한다.

매일 약간의 시간이라도 전자기기를 완전히 끊어보라. 그냥 존재하라. 그 시간 동안 마음 챙김 호흡법을 시행해도 좋다. 처음에는 힘들겠지만, 얼마 지나지 않아 전자기기의 전원을 끄는 시간이 기다려질 것이고, 당신의 뇌가 고마워할 것이다.

## 6. 긴장을 푸는 시간을 가져라

언제 마음이 느긋해지는가? 그 대답은 사람마다 다를 수 있다. 긴장을 풀면 어떤 기분이 되고, 무엇이 당신의 긴장을 풀어주는지 알아내는 것이 중요하다. 예컨대 마사지 테이블만 봐도 심장 박동과 혈압이 떨어지는 것을 느끼는 사람도 있고, 수영을 하거나 따뜻한 욕조에 몸을 담글 때 편안함을 느끼는 사람도 있다. 야외에서 햇살을 받으며 자전거를 타거나 산책하는 시간을 가장 편안하게 받아들이는 사람도 있다. 내 경우에는 비디오 게임을 하는 게 가장 편안한 휴식 시간이다.

나는 사람들에게 명상을 권하지만 많은 사람이 명상하는 법을 모르고, 때로는 명상이라는 개념이 무섭게 느껴진다고 말한다. 간단히 말하면, 명상은 마음의 긴장을 풀고 호흡에 맞추며 자신의 몸속에 존재하려는 것이다. 명상은 편안히 긴장을 풀고 최고의 자아에 신속하게 다가가는 매우 간단한 방법이다.

당신이 편안한 휴식 상태에 들어가는 방법을 확실히 모른다면 혹은 새로운 무엇인가를 시도하고 싶다면 '유도 시각화(guided visualization)'라는 기법을 시도해보라. 유도 시각화도 일종의 명상이다. 언제라도 활용할 수 있는 유도 시각화 애플리케이션들이 있으니 잘 활용해보기 바란다.

유도 시각화 기법

1. 아늑하고 조용한 곳에 앉아 당신 바로 앞에 존재하며 당신에게 편안한 기분을 안겨주는 것을 똑바로 바라보라.

2. 머릿속에 들어오는 모든 생각을 최대한 지워내고, 그것을 집중적으로 바라보라.

3. 심장 박동이 느려지고 차분해지면 시선을 돌리고 눈을 천천히 감아라.

4. 당신이 좋아하는 것 혹은 당신에게 편안함을 주는 것을 행한다고 상상하라. 예컨대 따가운 햇살이 내리쬐는 하얀 모래사장에서 산들바람을 맞으며 산책하는 모습이나 당신의 발을 적시는 잔잔한 물결 소리를 상상해보라. 산 꼭대기에 앉아 사방에 펼쳐진 아름다운 전경을 내려다보는 모습, 야생화 밭이 눈앞에 드넓게 펼쳐진 목조주택의 현관에 설치된 해먹에 느긋하게 누운 모습을 상상해보라. 당신의 가슴을 따뜻하게 해주고 당신의 영혼을 달래주는 이미지를 머릿속에 그려보라.

5. 차분함을 유지하며, 현재의 순간에 충실하라. 이런저런 생각이 머릿속의 편안한 이미지에 끼어들려고 하면, 손등으로 그 생각들을 부드럽게 밀어낸다고 상상하라.

6. 이렇게 준비가 끝나면 천천히 눈을 뜨며 세 차례 심호흡하라. 그리고 개인적인 만트라를 크게 말하라.(개인적인 만트라를 고안해내는 방법에 대해서는 4장에서 다루었다.)

어떤 이유로 스트레스를 받더라도 매일 습관적으로 긴장을 푸는 시간을 가져라. 한 달에 한두 번쯤은 느긋한 상태에 깊이 들어가 한두 시간 할애하는 방법도 권하고 싶다. 때때로 휴대폰을 두고 자연으로 나가라. 해변이든 산이든 아름다운 공원이든 상관없다. 이렇게만 해도 스트레스가 줄어들고, 스트레스로 인한 자제력 상실을 예방할 수 있다. 거듭 말하지만 긴장 해소는 기본적인 스트레스 지수를 낮추기 위한 수단이다. 산책이라는 작은 행위로도 스트레스 지수를 크게 낮출 수 있다. 우리가 스트레스 척도에서 끊임없이 0~2의 범위에 있다면, 어떤 스트레스에도 훌륭히 맞설 수 있다.

## 열정

개인적 삶을 구성하는 세 번째 요소는 열정이다. 당신이 삶의 흐름에 충실하고, 전력을 다해 열심히 살고 있다고 느끼게 해주는 것은 무엇인가? 이 질문에 확실히 대답하지 못하겠다면, 나아가 오랫동안 이런 의문을 품어본 적도 없다면, 지금이야말로 내면을 들여다보며 당신의 열정을 다시 찾을 때다. 열정을 되찾은 후에는 그 열정을 표현할 방법을 찾아내야 한다. 취미, 자원봉사, 놀이 등 어떤 형태로 표현되어도 상관없다. 어쩌면 당신의 열정은 상당히 폭이 넓어 다양한 방법으로 표현될 수도 있다. 그 모든 방법을 시도해보라.

어디에서 시작해야 할지 모르겠다면 전에는 해본 적 없는 새로운 것을 시도하며 작은 재미를 느껴보라. 도전하고, 안전지대에 머물지 마라. 예컨대 요가를 배우고, 노숙자나 유기견과 유기묘를 돌보는 쉼터에서 봉사하라. 미술 용품을 사서 그림을 그려보라. 지역 극장에서 공연하는 연극이나 뮤지컬을 관람하라. 출퇴근하는 동안 외국어를 공부하라. 이런 활동의 목록 길이는 당신의 상상력에 달려 있다. 중요한 것은 당신이 실감나게 무엇인가를 했던 때를 생각하며, 당신의 기분을 주기적으로 되살리는 것이다.

나는 데보라라는 여성에게 도움을 준 적이 있다. 맨하탄에 거주하는 데보라는 막대한 유산을 물려받았고, 이혼한 후에 아이들을 키웠지만 삶에 대한 의욕이 전혀 없었다. 결국 그녀는 아파트에서 두문불출하는 지경에 이르렀다. 그녀는 집 안에 작은 바를 설치했고, 가정부와 쇼핑 대리인까지 두었다. 그야말로 집 밖으로 한 걸음도 나갈 필요가 없게 만들었다. 데보라는 외부 세계와 단절된 채 살아갔다. 나는 그녀를 처음 만났을 때 윽박지르다시피 밖으로 나가라고 말했다. 휴대폰과 지갑을 집에 두고 맨하탄에서 가보지 않은 곳을 둘러보며 서너 시간을 보내라고 권했다.

나는 그녀의 첫 외출에 동행하며 세계에서 가장 흥미로운 도시인 맨하탄에서 살아가는 즐거움을 만끽하는 방법만이 아니라 주변 사람들에게 호기심을 품는 방법까지 구체적으로 알려주었다. 그녀가 현실과 단절된 삶을 살았다는 것을 깨닫는 데는 그리 오랜 시간이 걸리지 않았다. 처음에 그녀는 당황해 어쩔 줄 몰라 했지만, 낯선 사람과 대화를 나누고 다양한 장면과 감각을 경험하는 단순한 행위만으로 그날이 끝날 무렵에는 활력을 되찾았다.

세상과 단절된 상태에서는 어떤 것에도 열정을 느끼는 것이 불가능하다. 과거 데보라는 점점 위축되는 삶을 선택했고, 열정 결여로 그녀의 삶은 계속해서 쪼그라들었다. 누구나 똑같은 행위를 반복하는 패턴에 쉽게 빠져든다. 이런 무의미한 반복에서는 열정이 생겨날 수 없다. 그러나 당신에게는 고리타분한 습관이나 버릇을 떨쳐내고 혁신을 도모하며, 새롭고 흥미진진한 길로 들어서는 능력이 있다.

당신은 열정적인 삶을 살 자격이 있다. 그런 삶을 선택하면 더욱더 다재다능한 사람으로 성장하고, 가늠할 수 없을 정도로 최고 자아와의 결속력이 강해질 것이다. 내 경험에 따르면, 자신의 열정을 적극적으로 탐구하는 순간 그 열정을 활용해 소득을 창출하는 방법을 찾아낸 사람도 적지 않았다. 그렇다고 열정을 이용한 소득 창출을 주된 목표로 삼으라는 말이 아니다. 내면에서부터 당신을 반복해서 자극하는 것을 중심으로 성공을 이루어낼 가능성이 얼마든지 있다는 뜻이다. 분명한 것은 우리가 삶의 과정에서 다양한 분야에 열정을 가질 수 있다는 것이다.

CAST 센터의 몇몇 직원은 고객을 반갑게 맞이하는 역할을 한다. 회사의 첫인상을 좌우하기 때문에 그들의 역할은 매우 중요하다. 따라서 나는 그들에게 다른 사람과 열정적으로 교감하라고 강조한다. 또 그들이 다른 사람들과 어울리는 것을 좋아하는 사람이 되기를 바란다. 그런 성품이 손님을 맞는 업무에 도움이 되고 그 역할을 잘해낼 수 있기 때문이 아니라, 그런 성품이어야 그 업무를 즐기며 할 수 있다는 사실을 잘 알고 있기 때문이다.

우리는 일하며 생활비를 버는 데 삶의 절반가량을 보낸다. 그런데 활력을 주지 않는 일을 하며 살아가는 이유가 도대체 무엇인가? 당신의 성격이 어떻고, 당신이 좋아하는 것을 알기만 해도 당신에게 보람을 주는 일의 유형이 어떤 것인지 찾아낼 수 있다. 당신의 SPHERES를 이런 관점(개인적 삶+직장)에 맞추면 모든 것이 달라진다. 당신의 최고 자아를 실현하는 방법에 대해 생각해보라.

당신이 이 글을 읽고 '좋아! 당장 시작하겠어. 빨래, 식사 준비, 돈벌이, 수면을 하는 사이사이에 내가 좋아하는 일을 하겠어!'라고 생각했다면, 3장으로 돌아가 당신의 일정표를 살펴보기 바란다. 장담하지만, 30일이라는 기간 내에서 당신이 좋아하는 것을 탐구하기에 충분한 시간을 찾아낼 수 있을 것이다. 나는 세계에서 가장 바쁜 사람들과도 일해 보았다. 그들은 새벽 5시부터 밤 10시까지 열심히 일하지만, 아주 잠시라도 짬을 내 개인적인 열정을 쏟아내는 시간을 보냈다. 당신도 그들처럼 할수 있다.

최고의 자아로 산다는 것은 개인적인 열정을 표현할 시간을 갖는다는 뜻이다. 대부분의 경우 열정은 능력과 재능의 발현이기 때문이다. 누구도 자신의 열정을 추구하는 시간을 가진 것을 후회하지 않는다. 열정을 추구한다고 잘못될 것은 없다. 오늘부터 열정을 품고, 열정에 따라 행동하지 않고는 단 하루도 보내지 마라. 오늘을 즐겨라.

## 고통받는 당신을 위하여

개인적 삶에 대해 다룬 이 장을 끝맺기 전에 깊은 감정적인 고통에 대해 말해두고 싶다. 내 경험에 따르면, 두 유형의 고통이 있다. 하나는 배제의 고통이고, 또 하나는 상실의 고통이다. 우리가 가까운 사람에게 따돌림을 당할 때 고통을 느끼는 이유는 당신의 고통을 치유해줄 것 같은 사람이 당신이 없더라도 외견상으로는 활기차고 행복하게 살아가는 듯하기 때문이다. 사랑하는 사람이 죽으면 상실의 고통이 뒤따른다. 그 죽음이 예견된 것이어서 준비할 시간이 있었든 그렇지 않든 다를 바가 없다.

이쯤에서 나는 두 형태의 감정적 고통에 대해 잠시 언급하고 싶다. 당신이 지금 고통을 겪고 있다면, 혼자 동떨어진 듯한 외로움을 느끼고, 그 고통이 영원히 사라지지 않을 것이라고 생각하기 때문이다. 하지만 당신은 혼자가 아니다. 당신이 지금 느끼는 고통은 곧 가라앉을 것이다.

우리는 종종 어떻게 해야 할지 모를 정도로 지독한 심적 고통에 시달린다. 필사적으로 고통을 마음속 깊은 곳에 묻어두고는 열쇠를 바다에 던져버리고 싶을 때도 있다. 시끄럽게 울리는 휴대폰을 받았는데 뜻밖의 소식을 들었다고 상상해보라. 당신과 사랑하는 사람에게 결코 일어나지 않았으면 하는 일이 생겼다는 소식이면 그 충격은 어마어마할 것이다. 또 무수히 질문을 제기했지만 아무 대답을 얻지 못한 경우를 상상해보라. 아무 말도 못하고 숨만 쌕쌕 쉬는 상황, 결코 넘어설 수 없는 상황을 마주한 상황을 상상해보라. 이때 당신은 되감기 버튼을 눌러 과거로 돌아가고 싶다는 생각을 할 것이다. 당신의 세계가 둘로 쪼개지는 소리를 듣고, 한순간에 당신의 삶이 완전히 달라졌다는 것을 깨닫는 날이 닥칠 수도 있다.

내 친구 신디는 무척 감정적이어서 많은 사람에게 '느낌쟁이'라고 불렸다. 신디는 오빠 웨인을 항상 우러러보았다. 겨우 두 살 차이였지만 웨인은 신디의 보호자 역할을 자임했고, 어렸을 때는 모든 모임에 항상 신디를 데리고 다녔다. 그래서 신디는 웨인의 친구들과 어울리며 시간을 보냈다. 한마디로 웨인은 어린아이라면 누구나 바라는 '큰형님' 혹은 '큰오빠' 같은 존재였다.

신디가 고등학교에 입학한 뒤부터 웨인은 매일 직접 자동차를 운전해 신디를 학교에 데려다주었다. 신디는 '괜찮은' 사람들과 어울린 적이 없었지만 웨인 곁에 있을 때 항상 편안함을 느꼈다. 웨인은 신디가 감정적으로 무엇을 원하는지 알았고, 신디는 웨인과 함께할 때 본래의 모습으로 돌아갔다. 웨인은 집에서 멀지 않은 대학교에 입학했고, 주말이면 신디를 보기 위해 집으로 돌아왔다. 신디는 맹목적일 정도로 웨인을 떠받들었고, 웨인의 여동생인 것이 축복이라 생각했다.

신디가 고등학교 3학년 때, 수업 도중 교장실로 오라는 호출을 받았다. 신디는 무엇인가 잘못되었다는 것을 직감적으로 알았지만, 교장이 전해준 말은 짐작조차 할 수 없던 것이었다. 사랑하는 오빠가 그날 아침에 자살을 했다는 소식이었다. 신디는 뼛속까지 시려오는 원초적 비명을 내질렀지만, 그 날카로운 소리마저 자신의 귀에 들리지 않았다. 신디는 주먹을 꼭 쥐고 천장을 바라보며 "왜요!"라고 소리쳤다. 신디는 가슴을 들썩이며 숨조차 제대로 쉬지 못했다. 주변 사람들이 달려들어 신디를 진정시키려고 애썼다.

수개월 후 신디는 당시를 회상하며 웨인의 죽음 이후 자신의 마음속에서 불꽃처럼 타오른 감정에 대해 일기장에 썼던 내용을 언급했다. 그녀는 그럭저럭 그 감정의 불꽃을 억눌러 촛불의 크기로 줄였지만, 그 불꽃은 아무 경고도 없이 폭발하곤 했다. 당시 그녀는 일기에 이렇게 썼다.

그 느낌… 너무나 사실적이었다. 지금도 그 느낌이 내 몸에서 사라지지 않은 듯하다. 하지만 나는 책상에, 지극히 안전한 곳에 앉아 있다. 도무지 앞뒤가 맞지 않는다. 공평하지 않다. 내 몸이 감정의 불길 속에서 활활 타오르는데 어떻게 동네를 산책하며 마주치는 사람들에게 괜찮은 척할 수 있단 말인가? 부담스럽다. 너무 부담스럽다. 하지만 저 아래, 마음속 깊은 곳에 철저히 보호된 곳에는 평화가 있다. 나의 내면에는 어떤 경우에도 흔들리는 않는 부분, 항상 차분하고 조용한 부분이 있다. 불 폭풍의 눈이고, 나의 나머지 부분과 완전히 분리된 신성한 성지와도 같은 부분이며, 지극히 강력한 힘을 지닌 곳이다. 그곳은 조용하지만 어마어마한 힘이 농축되어 있다. 내 믿음을 통해 하느님과 직접 연결되기 때문에 그 힘은 실로 어마어마하다. 우리가 교회에서 항상 암송했듯 내가 사망의 음침한 골짜기로 다닐지라도 주의 지팡이와 막대기가 나를 안전하게 지켜주시나이다. 오빠의 사망 소식을 처음 들었을 때의 기분이 지금도 고스란히 느껴지고, 슬픔의 깊고 깊은 강에서 눈물이 끝없이 쏟아진다. 그러나 하느님이 나를 안전하게 지켜주신다는 것을 알기에 편히 지낼 수 있다.

때때로 우리는 간절히 원하는 대답을 얻지 못한다. 예컨대 자살과 관련된 소식을 들어도 그 이유를 이해할 수 없는 경우가 비일비재하다. 그러나 신디는 오빠의 상실을 편안히 받아들였다. 삶 자체는 예전과 달라졌지만 신디는 혼자서도 미래로 나아갈 수 있다는 것을 깨달았다. 또 하늘에 있는 오빠가 자신이 항상 슬픔에 젖어 지내는 걸 원하지 않을 것이고, 꿋꿋하게 살아가기를 바랄 것이라고 확신했다.

고통은 피할 수 없다. 때로는 고통에 굴복할 수밖에 없다는 기분에 사로잡히기도 한다. 그렇다고 고통이 승리하도록 내버려두어야 한다는 뜻은 아니다. 삶과 고통의 관계는 승패의 문제가 아니다. 삶은 경험의 연속이지만, 고통은 삶의 과정에서 겪는 경험의 일부에 불과하다.

지금 고통받고 있다면 마음을 편하게 가질 수 있도록 노력해보라. 하느님, 가족, 친구, 동료가 주는 편안함을 받아들여라. 심리 치료사 등 당신이 편안해질 수 있도록 도움을 줄 수 있는 사람들에게 손을 내밀어보는 것도 좋은 방법이다.

평안을 향한 욕구는 최고 자아의 보편적인 속성이다. 우리는 서로 위로하며 편안하게 해주기를 바란다. 상대의 연민과 공감, 배려를 받아들이는 것이 거북하게 느껴지더라도 받아들여라. 그래야 당신의 영혼이 위안을 얻을 수 있다.

# 당신의 개인적 삶에 대한 평가

**1단계:** 당신의 개인적 삶에 1~10 중 적절한 점수를 매겨보라. 점수 1은 당신의 개인적 삶이 끔찍한 상황에 놓여 있어 즉각적인 개선이 필요하다고 느낀다는 뜻이다. 한편 점수 10은 당신의 개인적 삶이 환상적으로 멋진 상태여서 별다른 개선이 필요하지 않다고 느낀다는 뜻이다. 당신의 개인적 삶을 점수로 평가할 때 고려해야 할 부분은 다음과 같다.

- 내적 대화: 당신은 매일 자신에게 어떤 메시지를 보내고 있는가?
- 자기 배려: 당신은 몸과 정신을 어떻게 관리하고 있는가?
- 열정: 취미와 놀이

개인적 삶에 대한 평점: _____     날짜: _____

**2단계:** 이번에는 당신의 개인적 삶에 실제로 도움이 되는 행동들을 써보라. 아울러 그 행동들이 도움이 되는 이유도 써보라.

(예)

- 나는 내적 대화를 긍정적이고 현실적인 방향으로 수정하고 있다.
- 나는 자기 배려를 위한 일상적인 활동을 우선적으로 처리한다.
- 나는 재미있게 놀고 삶을 즐기는 시간을 의도적으로 마련한다.

내 개인적 삶에 실제로 도움이 되는 행동들은

_____. 그 이유는 _____

_____ . 그 이유는 _____

_____ . 그 이유는 _____

**3단계:** 당신이 원하는 개인적 삶을 방해하는 행동은 무엇인가?

(예)

- 텔레비전 앞에서 넋놓고 있거나 좋아하지 않는 활동을 하며 보내는 시간
- 나 자신과 내 능력에 대한 부정적인 믿음을 확장하는 내적 대화

내 개인적 삶에 실제로 도움이 되지 않는 행동들은

_____ . 그 이유는 _____

_____ . 그 이유는 _____

_____ . 그 이유는 _____

**4단계:** 당신이 지금까지 작성한 모든 것에 근거하여 당신의 개인적 삶에 대한 현재의 평점을 10점으로 올리려면 무엇을 해야 하는지 생각해보라. 당신에게 실제로 도움이 되기 때문에 꾸준히 계속해야 할 행동, 당신이 원하는 것을 방해하기 때문에 당장 중단해야 할 행동, 새롭게 시작해야 할 행동을 찾아내야 한다.

내 개인적 삶의 수준을 10점으로 올리기 위해서

나는 _____ 을 계속해야 한다.

나는 _____ 을 중단해야 한다.

나는 _____ 을 새롭게 시작해야 한다.

이제 당신은 당신 자신과 당신의 감정을 더 깊이 알게 되었고, 개인적 삶에서 개선이 필요한 영역도 능숙하게 다루게 되었다. 다음 장에서는 건강에 대해 살펴보자. 당신의 건강이 비정상이라면, 또 신체의 안녕을 우선시하지 않는다면 삶의 다른 모든 영역이 영향을 받기 마련이다. 당신의 최고 자아가 신체 건강을 지키도록 유념해야 한다. 그래야 하루하루를 충만하게 살아갈 수 있다.

# 7장

## 건강(Health)

최고의 자아는 우리가 신체 건강을 유지하고 보호하고 증진하기 위해 무엇이든 하기를 바란다. 그 이유가 무엇일까? 불행하면 우리가 삶의 모든 영역에서 충분한 능력을 발휘할 수 없기 때문이다. 건강이 가장 기본적인 것이다. 건강이 좋을 때 우리는 건강에 대해 거의 생각하지 않는다. 하지만 건강에 문제가 생기면 그 문제는 우리 삶의 모든 부문에 영향을 미칠 수 있다. 따라서 이 장의 목표는 건강에 관한 한 자신에게 가장 이익이 되는 방향으로 행동해야 한다는 확신을 당신에게 심어주는 것이다. 최상의 상태에 있기 위해서는 최상의 상태를 느껴야 하고, 최상의 상태에 있다고 느끼려면 끊임없이 건강 관리를 해야 한다. 신체 건강이 최상에 있을 때 우리가 이 세상에서 이룰 수 있는 것의 가능성은 무한하다. 당신도 이런 수준의 건강을 누릴 수 있기를 바란다.

　내 절친 제임스의 이야기를 공유하는 것으로 이 장을 시작해보려 한다. 제임스에게는 심각한 건강 문제가 있었다. 어린 시절에 그는 항상 '통통한 아이'였다. 으깬 감자에 버터를 듬뿍 발라 먹고는 더 달라고 졸랐다. 또 가족이 외출해서 패스트푸드점을 지나칠 때마다 햄버거와 감자튀김을 먹고 싶다고 아우성쳤다. 그가 처음 수치심과 당혹함을 느낀 것은 초등학교에 입학하기 전 어머니와 함께 백화점에 갔을 때였다. 어머니가 점원에게 아들이 입을 것이라며 허스키 치수(또래보다 크고 뚱뚱한 아이를 위한 치수−옮긴이) 바지를 달라고 했을 때 제임스는 부끄러워 얼굴을 들 수 없었다.

비만한 아이들은 대체로 학교에서 괴롭힘을 당하지만, 제임스는 몸무게 때문에 괴롭힘을 당한 적이 없었다. 제임스가 유머스럽게 선수를 친 덕분이었다.

"전원, 좌우로 이동! 자 이제 뚱보가 들어간다!"

유머는 그의 방패였고, 놀라운 효과를 발휘했다. 제임스는 친구들에게 인기가 좋았고 사랑받았으며, 심지어 매년 반장으로 선출되기도 했다. 주말이면 많은 친구가 그의 집에 모여들었다.

제임스는 무척 활동적이었다. 그는 스키 타는 것을 매우 좋아했지만 열세 살 때 스키를 타다 심각한 부상을 입었고, 그로 인해 그의 생활 공간이 더욱 제한되었다. 제임스의 몸무게는 나날이 늘어났다. 당시 알코올 의

Sleepy Self-destructive Steve

제임스가 그린 반자아 '스티브'의 모습. 그의 삶은 침대에 누워 텔레비전을 보며 정크푸드를 먹는 게 전부다. 스티브는 자기강박적이고 타인을 배려하지 않으며, 자책에 빠져든다.

베스트 셀프

존중에서 회복 중이던 어머니는 아들에게도 자신처럼 쉽게 중독에 빠지는 성향이 있다고 생각했고, 그가 그 사실을 하루라도 일찍 깨달으면 중독에서 빨리 벗어날 수 있을 것이라 기대했다. 그래서 아들에게 이렇게 말했다.

"너는 강박적 탐식가(compulsive eater)인 것 같아."

제임스가 그린 최고 자아 '제임스'의 모습. 타인을 돕고, 최선을 다하며 이타적으로 행동하는 데서 행복을 느낀다.

어머니는 제임스를 사랑하는 마음에서 그렇게 말한 것이었지만 어머니의 의도와 달리 제임스는 자신의 식습관에 대한 죄책감과 수치심을 느꼈다.

그런 일이 있은 후 제임스는 음식을 감춰두고 몰래 먹었다. 또 한 번에 최대한 많은 칼로리를 섭취하기 위해 베이글에 버터를 두툼하게 발랐고 그 위에 크림치즈를 올렸다. 어머니는 가족 모두, 특히 제임스가 지나치게 많은 칼로리를 섭취한다고 염려하며 디저트를 끊었다. 그러자 제임스는 번질나게 친구 집에 찾아가 어머니가 보지 않는 곳에서 배가 터지도록 디저트를 먹었다. 결국 제임스는 음식을 무기화해서 오히려 자신을 해치는 도구로 사용하기 시작한 것이다.

사춘기가 시작되고 동급생들이 짝을 짓기 시작했지만 제임스에게는 여자 친구가 생기지 않았다. 그 때문에 제임스는 상처를 받았다. 한 친구가 그를 안쓰럽게 생각하며 함께 운동하기 시작했다. 그 친구는 제임스에게 운동선수들이 무엇을 어떻게 먹는지도 알려주었다. 그로 인해 제임스는 건강식을 시작할 수 있었다. 그 결과, 30킬로그램이 빠져 체중이 90킬로그램으로 줄어들었다. 체중 감량 계획은 성공적이었고, 덕분에 제임스는 생전 처음으로 여자 친구를 사귀게 되었다. 그러나 고등학생 시절의 변덕스러운 사랑이 흔히 그렇듯 그들의 사랑도 금세 식어 버렸다. 그 후 제임스는 다시 음식에서 위안을 찾기 시작했다. 체중 뒤에 감추어진 실질적인 문제를 해결하지 못한 결과였다. 그가 체중을 감량하기로 결심한 동기는 순전히 미적인 이유였다.

이런 요요 다이어트(yo-yo dieting, 다이어트 성공 후 다시 살이 찌는 현상)는 수년 동안 계속되었고, 마침내 그의 체중은 저울의 한계인 185킬로그램에 이르렀지만 그 이후에도 체중은 꾸준히 불어났다. 한 번은 전투적인 다이어트와 운동으로 단숨에 80킬로그램까지 감량했지만, 그 후에 뼈가 부러지는 사건이 벌어져 다시 과거로 돌아가 걷잡을 수 없이 뚱보가 되었다. 그의 기억에 따르면, 어느 날 밤에는 주방 싱크대 앞에 서서 8개의 초콜릿 바를 순식간에 입속에 쑤셔 넣은 적도 있었다.

그렇게 20년 이상의 시간을 보낸 제임스는 요요 다이어트의 위험한 순환에 지치고 말았다. 그 과정에서 영양과 운동에 대해 습득한 지식은 많았지만 지속적인 해결책을 찾아낼 수 없었다. 그는 고혈압 약을 복용했고, 지방간 진단까지 받았다. 항상 온몸이 아팠고 일상의 삶에 아무 의욕이 없었다. 그의 생활 방식은 건강과 행복에 큰 타격을 주었고, 목숨마저 위험에 빠졌다. 한때 좋아했던 스포츠, 예컨대 스키도 즐길 수 없었다.(스키 부츠에 억지로 발을 넣다가 크게 상처를 입은 아픈 기억도 있었다.) 게다가 걸핏하면 온몸에 상처를 입어 낙담하고 실의에 빠졌다. 다행히 그의 부인이 헌신적이었지만, 그녀가 할 수 있는 것에는 한계가 있었다. 결국 건강을 되찾겠다는 제임스 자신의 결정이 있어야 했다.

베스트 셀프

제임스는 서른다섯 살 때 자신이 벼랑 끝에 서 있다는 것을 깨달았다. 극적인 조치를 취하든지 아니면 모든 것을 포기해야 했다. 두려움이 밀려왔다. 자신이 실패자라는 생각이 들었다. 그 상황을 극복해낼 수 있을까 의심스러웠다. 하지만 이미 바닥까지 떨어진 뒤였다. 마침내 제임스는 마음을 굳혔고 위절제술을 받았다.

위절제술을 받은 지 1년이 지났고, 많은 것이 변했다. 현재 제임스는 완벽히 건강한 체중을 유지하고 있다. 더욱 중요한 것은 음식과의 유해한 관계를 치유하고 삶에 대한 관점이 완전히 바뀐 것이다. 제임스는 자신이 반자아에 지배된 채 오랜 삶을 살았다는 것을 깨달았고, 그 각성을 계기로 최고 자아와 하나가 되려고 애썼다. 각성이 있기 전까지 그는 자기본위적인 삶을 살았고, 개인적인 이득이 있는 경우에만 누군가를 위해 움직였을 뿐이다. 예컨대 가끔 집을 청소했지만, 그 목적은 아내에게 점수를 따기 위한 것이었다. 여하튼 공동체를 위해 봉사하거나 어떤 식으로든 도움을 주려는 생각은 꿈도 꾸지 않았다. 오직 자신의 이익만을 생각하며 살았다. 하지만 이제 제임스는 타인을 도우며 즐거움을 얻고, 편협하지 않게 폭넓은 관계를 맺으려 애쓴다. 또한 사려 깊고, 인내하는 자상한 사람이 되었다. 이 모든 것이 최고 자아의 특성이다.

제임스가 체육관을 강박적으로 들락거렸기 때문에 경이적으로 건강을 되찾은 것은 아니다. 제임스는 규칙적으로 운동하며, 건강에 좋은 식품을 현명하게 선택해 섭취했다. 그 결과, 그의 간은 건강해졌고 약도 모두 끊었다. 혈액 검사 결과도 모두 정상이었다. 제임스는 외견상 불가능한 상황을 정신력으로 이겨낸 살아 있는 증거다.

내가 제임스의 이야기를 소개한 이유는 자아가 우리 건강의 목을 조를 때 일어나는 참상을 여실히 보여주는 좋은 예이기 때문이다. 내면에서 일어나는 현상이 몸에 나타날 수도 있다. 정신이 몸의 건강에 영향을 미친다는 뜻이다. 제임스처럼 당신도 올바른 방향을 선택해서 건강을 통제할 수 있다. 당신의 도전도 제임스만큼 간절할 수 있지만 그렇지 않을 수도 있다. 어떤 상태에서 시작하든 당신은 자신의 건강을 책임지고, 건강을 삶에서 우선시할 수 있다.

나는 의사가 아니다. 따라서 내가 이 분야에서 모든 답을 알고 있는 척할 수는 없다. 그러나 나는 내 팀을 관리하며 오랜 시간을 보냈고, 팀원 중에 '닥터 호르헤'라 불리는 CAST 센터의 의료 책임자 호르헤 로드리게스가 있다. 닥터 호르헤는 난해한 의료 지식을 비전문가도 쉽게 이해할 수 있도록 설명하는 뛰어난 재능을 가지고 있다. 이 장을 정리한 것도 닥터 호르헤 덕분에 가능했다. 그는 의학적 연구와 조사 결과를 우리가 일상에서 곧바로 적용할 수 있는 기법으로 바꿔놓았다.

우리 모두가 알고 있듯 최적의 건강을 얻고 유지하는 방법을 다룬 책과 논문, 블로그 등은 수백만 건에 달한다. 게다가 과학자들이 새로운 방향으로 연구하며 새로운 결과를 찾아냄으로써 의학 정보도 끊임없이 변한다. 여기에서 우리가 건강에 대해 알아야 할 모든 것을 다룰 수는 없다. 그렇게 하자면 이 책이 한없이 두꺼워질 것이고, 더구나 출간되는 순간 낡은 정보가 될 것이다. 따라서 나는 현실적인 범위를 넘어서지 않을 예정이다.

먼저 당신의 건강 상태를 평가하고, 최고 자아가 당신의 건강을 확실히 책임질 수 있도록 크고 작은 변화를 시도할 수 있는 영역을 찾아내야 한다. 가장 중요한 것은 '자각'이다. 나는 당신이 자각에 이를 수 있도록 돕고 싶다. 또 건강과 관련해서 당신이 최고의 몸 상태를 유지할 수 있도록 도움을 주는 새롭고 흥미로우며 구체적인 주제와 도구를 집

　　　　　　베스트 셀프

중적으로 다루어보려 한다.

- 뇌와 소화 기관의 상호연관성
- 당신이 최고의 자아로서 살아가도록 도움을 주는 영양에 대한 올바른 접근법. 나는 이런 접근법을 '뉴트리션(newtrition)'이라 칭한다.
- 정신과 몸과 영혼을 튼튼하게 해주는 운동
- 질병 예방과 건강한 삶을 위한 대안적 선택

여기에서 언급된 모든 정보는 삶의 질에 직접적이고 유익한 영향을 미치고, 당신이 삶의 모든 영역이 최고의 자아로 존재하는 데 필요한 기능적이고 신체적인 기준을 제공할 수 있다. 부처의 가르침에 따르면 '건강한 몸을 유지하는 것은 의무다. 그렇지 않으면 우리 정신을 강하고 맑

## 건강의 적신호

이야기를 더 진행하기 전에 당신에게 분명히 말해두고 싶은 것이 있다. 당신에게 어떻게든 해결해야 하거나 새로운 방식으로 접근해야 할 특별한 건강 문제가 있다면 오늘부터 당장 시작하라고 권하고 싶다. 많은 사람이 의학적인 문제를 두려워하는 이유는 불확실한 결과를 걱정하기 때문이다. 하지만 아무런 조치도 취하지 않는 것이 건강 문제 자체보다 더 나쁠 수도 있다. 두려움을 잊고, 주도적으로 행동하라. 자신의 주인이 되어라. 의사를 찾아가라. 가능하면 전문의를 찾아가라. 다른 의견도 받아들이고, 당신의 건강 문제를 다른 관점에서 접근해보라. 필요한 모든 조치를 취하고, 꾸물대며 시간을 헛되이 보내지 마라. 어떤 경우든 가장 우선시해야 할 것은 건강 관리다.

게 유지할 수 없을 것이기 때문이다.' 나는 이 가르침을 내 삶에서 직접 경험했다. 내가 내 몸을 소중히 돌보지 않으면 정신이 강하지도, 맑지도 않다. 지금부터 본격적으로 우리가 건강한 몸을 유지할 수 있는 방법을 살펴보자.

## 몸 상태가 어떤가

여기에서는 '몸 살피기(body scan)'라 일컬어지는 기법에 대해 설명하려 한다. 우리는 자신의 몸에 그다지 주의를 기울이지 않는다. 달리 말하면, 일부러 시간을 내 몸 상태를 점검하는 경우가 거의 없다. 눈을 감고 신체 부위들에 순차적으로 주의를 기울여라. 정수리부터 시작해서 발가락까지 내려가며 당신 자신과 교감해보라. 복부에서 팽만감이 느껴지는가? 뒷목이 뻣뻣한가? 두통이 느껴지는가? 우리는 어느 정도의 통증을 당연하게 받아들이도록 조건화되어 있지만, 그 통증은 몸에 근원적인 문제가 있다는 것을 말해주는 신호다. 많은 점에서 몸을 집에 비유할 수 있다. 근원적인 문제를 해결하지 않으면 집이라는 구조물이 붕괴될 수도 있다.

### 몸 살피기 결과

머리에서 느껴지는 기분은 _____

_____

베스트 셀프

등에서 느껴지는 기분은

다리에서 느껴지는 기분은

손에서 느껴지는 기분은

위를 비롯한 소화 기관에서 느껴지는 기분은

호흡에서 느껴지는 기분은

전반적으로 내 건강 상태에 대한 느낌은

건강과 관련된 많은 문제가 결국에는 우리 자신의 일부일 뿐이지만, 적잖은 문제는 습관의 결과다. 건강에 영향을 미칠 수 있는 행동을 개략적으로 살펴보자. 다음 목록에서 당신에게 적용되는 행동에 표시하고, 목록에는 없는 당신만의 고유한 행동을 써보라.

## 건강에 악영향을 미치는 행동들

흡연                          수면 부족

잦은 음주                     스트레스

유흥 약물 복용

## 건강에 악영향을 미치는 음식과 음료

청량음료                      가공식품

과식                          과일과 채소 섭취 부족

야식                          잦은 외식

짠 음식                       부족한 수분 섭취

튀긴 음식

## 신체 건강 문제

만성 통증                     심혈관 질환

약한 체질                     폐 질환

나쁜 알레르기                 호흡기 질환

근육통                        신장 혹은 담낭 질환 등

관절통

## 신체 단련

운동이나 체력 단련을 전혀 하지 않는다.

다칠 염려가 있을 정도로 격렬한 운동을 한다.

엄격하게 시간을 지키며 운동하지는 않는다.


위의 목록에는 없지만 신체 건강과 관련된 문제가 있다면 써보라.

_____

_____

_____


당신이 표시한 항목들을 하나씩 살펴보며 '나는 정말 그것을 바꾸고 싶은가?' 진솔하게 자문해보라. '그렇다!'라고 대답할 수 있다면, '최고 자아라는 목표를 달성하기 위한 단계'를 다룬 장으로 넘어가 정교한 계획을 세워보라.

반면 당신의 대답이 '그렇지 않다'라면, 그것을 바꾸기 위해서는 어떻게 해야 하는지 써보라. 달리 말하면, 당신이 넘지 않으려는 선이 무엇인가? 결국 당신이 언제쯤에나 그것을 바꾸려고 하는지 생각하는 것을 껄끄러워한다면, 그런 저항감을 느끼는 이유가 무엇인지 자문해보라. 혹시 현재는 모든 것을 부인하는 상태에 있는 것인가? 만약 당신이 건강과 관련된 문제에 대해 관심이 없다면 언제쯤에나 그 문제에 변화를 줄 생각인가?

몸 상태를 점검하는 과정은 결국 당신 자신에 대해 궁금증을 품고, 최고의 자아가 되기 위한 변화를 이루어내는 데 정직하고 열린 마음으로 집중하는 것이다. 그렇다고 '완벽한' 건강을 위해 노력하라는 뜻은 아니다. 지금보다 더 나은 건강 상태를 위해 분투하라는 뜻이다. 앞서 소개한 제임스는 다이어트에 성공한 후에 다시 살이 찌는 과정을 반복하며 건강 문제의 근원을 해결하지 않고 피상적인 변화만을 추구한 까닭에 건강 문제와 고통이 더 심화되었고, 회복을 향한 길을 더욱더 어렵게 만들었다. 우리는 바닥을 끌어올려야 한다. 쉽게 말하면, '밑바닥'에 떨어질 때까지 기다릴 필요가 없다. 구체적으로 말하면, 병원에 입원하고 극단적인 조치가 필요할 정도로 건강이 망가질 때까지 기다리지 말고, 실질적인 조치를 취해 적절한 효과를 거둘 수 있는 수준까지 '바닥을 끌어올리는 방법'을 찾아내야 한다.

건강 문제로 인해 변화가 필요할 때 많은 사람이 "변하려고 애쓰고 있다"라고 말한다. 하지만 어떤 변화를 시도하고 있는지 물으면, 실질적인 계획조차 없는 사람이 태반이다. 그들은 머릿속으로 생각만 할 뿐, 어떤 실천도, 행동도 하지 않는다. 나는 당신이 건강하게 살아가기를 진심으로 바란다. 건강하고 싶다면 최고 자아와 하나가 되어 건강 문제를 진지하게 되짚어봐야 한다. 요컨대 건강 문제를 두고 당신 자신과 진지하게 대화해야 한다. 많은 사람이 껄끄러운 문제를 언급하는 것을 회피하는 경향이 있다. 장래에 더 큰 고통을 겪고 싶지 않다면 지금 당장 거북한 문제도 회피하지 말고 직시해야 한다.

## 내장과 뇌의 관계

닥터 호르헤는 내게 뇌와 감정, 소화 기관 간의 관계에 대해 많은 것을 가르쳐주었다. 불안하고 두려우면 위가 꼬인 듯 명치끝이 아픈 적이 있는가? 이처럼 소화 기관이 문자 그대로 두려움이나 불안을 느끼는 데는 이유가 있다. 당신의 소화 기관과 뇌는 흥미롭게 연결되어 있기 때문이다.

수년 전부터 장내 미생물균(gut microbiome)과 뇌의 관계에 대한 흥미로운 연구 결과가 쏟아져 나왔다. 장내 미생물균은 소화관 내의 박테리아를 가리킨다. 우리 장내에는 수조 개의 박테리아가 살고 있고, 현재까지 알려진 바에 따르면 그 박테리아가 건강에 중대한 역할을 한다. 균형 잡힌 건강, 즉 최적의 건강을 유지하려면 그런 박테리아가 필요하다. 요컨대 박테리아가 적절한 비율로 존재해야 건강이 유지된다. 그 민감한 균형이 깨지면, 면역 체계가 영향을 받는다. 당신이 감기나 알레르기 같은 가벼운 질병이나 염증성 질환 혹은 자기면역 질환에 쉽게 걸리는 체질이어서 그로 인해 고통받고 있다면 프로바이오틱스(pobiotics)와 프리바이오틱스(prebiotics)를 통해 장내 박테리아의 균형을 개선하는 것이 최우선적인 과제다.

장내 미생물균과 관련해 발견된 가장 놀라운 연구 결과는 일부 박테리아가 정신을 통제할 수 있다는 것이다. 농담하는 게 아니다. 최근에 사이코바이틱스(psychobiotics)라는 특별한 종류의 박테리아가 소화 기관과 뇌의 축, 즉 뇌와 정신의 커뮤니케이션에서 중대한 역할을 한다는 연구 결과가 발표되었다.[1] 머지않은 미래에 의사들이 우울증과 불안증을 치료하기 위해 뇌와 신경계에 작용하는 '선택적 세로토닌 재흡수 억제제(Selective Serotonin Reuptake Inhibitors, SSRI)' 및 도파민 분비를 자극하는 약물 대신 장내에서 활동하는 특별한 프로바이오틱스와 프리바이오틱스를 처방하는 것이 충분히 가능할 듯하다.[2] 그러나 우울증이나 불안증에서 벗어나기 위해 사이코바이오틱스의 균형을 유지해야 하는 것은 아니다. 이 박테리아의 균형을 유지하면 그것만으로도 기분이 좋아질 수 있다. 소화 기관에서 살아가는 이 작은 박테리아의 힘은 그야말로 어마어마하다. 물론 이 장내 미생물만이 불안증이나 우울증 혹은 알츠하이머에 관여하는 것은 아니지만, 적잖은 역할을 한다는 것이 과학적으로 입증되었다. 결국 이 지식을 적절히 활용하면, 우리가 완전히 새로운 방식으로 건강을 증진할 수 있다는 뜻이다.

《사이코바이오틱 혁명》의 저자들은 이렇게 언급했다.

> 과민성 대장 증후군과 염증성 장 질환 같은 소화 기관의 문제는 우울증, 불안증과 밀접한 관계가 있다. 그러나 그 관계는 흔히 간과된다. 근원적인 소화기 문제를 치료할 때 정신적 문제가 포함되어야 마땅하지만, 소화 기관으로부터 뚜렷한 신호가 없으면 적절한 치료를 받지 않는 사람이 많다. 불안증이나 우울증을 치료하려고 정신과 의사를 찾아갔을 때 의사가 당신에게 소화기 문제에 대해 묻는 경우도 극히 드물다. 그러나 뇌와 장의 관계가 앞으로 더 명확히 밝혀지면 이런 현상도 변할 것이다.

이 모든 것을 뒷받침하는 과학의 숲에 들어가지 않더라도 당신이 당장 알아야 할 것이 있다. 당신이 장에 공급하는 음식과 보충 식품은 머리에도 영양을 공급한다는 것이다. 따라서 당신의 기분, 더 나아가 당신의 행동에도 영양을 공급한다. 결국 당신이 무엇을 먹느냐에 따라 기분과 행동이 영향을 받는다는 뜻이다.

사이코바이오틱스를 연구하는 학자들은 기분을 개선해주는 몇몇 특별한 박테리아 계열을 분리해냈고, 이 분야는 지금도 계속 발전하고 있다. 지금까지의 연구에서도 반가운 소식이 있다. 이런 박테리아와 이 박테리아에 '영양'을 공급하는 프리바이오틱스가 무가당 요구르트, 양젖

발효 음료, 발효 식품에 함유되어 있다는 것이다.

지금부터 당신의 현재 식습관에 대해 분석하고, 생각을 방해하는 안개를 걷어내려면, 또 최고의 자아를 유지하기 위해 당신에게 필요한 모든 에너지를 공급하려면 어떤 변화를 도모해야 하는지 살펴보자.

## 뉴트리션: 무엇을 먹고 있는가

영양과 식습관에 관한 정보는 그야말로 넘쳐흐른다. 따라서 당신의 식습관을 단순화할 수 있도록 한없는 정보를 최대한 단순화해보려 한다. 무엇을 언제 얼마나 먹어야 하는지에 대해 조언하는 정보도 모순되는 경우가 비일비재하다. 따라서 최고의 자아로 살아가기 위해 삶의 일곱 가지 영역 전체를 재점검해야 하듯 당신의 영양에 대한 믿음과 식습관도 자발적으로 재점검하기를 바란다. 당신이 영양과 식습관을 새로운 관점에서, 단순한 관점에서 접근하기를 바라기 때문에 그 접근법을 '뉴트리션'이라 칭하기로 했다. 이제부터 음식을 최고 자아를 위한 연료로 생각해야 한다. 그렇다면 당신은 끼니 때마다 선택해야 한다. 당신은 최고 자아와 반자아 중 누구에게 연료를 주는 식사를 하겠는가?

항상 기억해야 할 것이 있다. 우리가 몸에 섭취하는 것이 그 결과물과 직접적인 상관관계가 있다는 것이다. 달콤한 가공식품을 많이 섭취하면 쉽게 피로감을 느끼고 침울한 기분에 빠져 일상의 활동과 단절된 느낌을 받을 수 있다. 반자아가 당신을 지배하는 상태가 그렇지 않겠는가? 여기에는 과학적인 근거가 있다. 가공식품에는 몸이 자연식품에 존재하는 화합물만큼 쉽게 분해할 수 없는 화학적 첨가물이 포함되는 경우가 많고, 특히 정제 설탕은 혈당치를 높이는 효과가 있다. 혈당치가 상승하면 지방을 저장한 호르몬 인슐린이 분비되고, 그 결과, 피로감과 나른함이 야기된다. 따라서 가공식품이나 가공음료를 자주 섭취하면 몸을 롤러코스터에 태우는 것과 같다.

영양이 풍부한 자연식품을 우선적으로 섭취하면 우리는 모든 영역에서 훨씬 더 나은 성과를 거둘 수 있다. 집중력은 물론이고 생동감과 균형감도 향상된다. 영양이 풍부한 자연식품을 섭취할 때 우리가 최고의 자아를 유지할 수 있는 이유는 첨가제의 지원을 받지 않아도 모든 세포에 적정한 에너지와 수분을 공급할 수 있기 때문이다. 또 그런 자연식품은 상대적으로 느릿하게 흡수되기 때문에 배고픔도 거의 느끼지 않는다.

최고의 자아와 하나가 되는 상태를 유지하려면 섭취해야 하는 음식의 유형을 더 정확히 파악해야 한다. 3대 영양소부터 시작해보자. 3대 영양소는 탄수화물, 지방, 단백질을 말한다. 누구에게나 3대 영양소가 필요하다. 건강하려면 어느 하나도 빠져서는 안 된다. 각 영양소에 대해 자세히 살펴보자.


## 1. 탄수화물

탄수화물은 음식에 함유된 화합물이다. 과당, 녹말, 섬유소가 대표적인 탄수화물이며, 이 영양소를 통해 우리 몸은 신속하게 에너지를 얻는다. 많은 다이어트 방법이 '모든 탄수화물은 몸에 유해하다'라고 말하지만 사실이 아니다. 우리 몸은 탄수화물을 에너지로 전환해서 모든 활동의 근원으로 사용하므로 탄수화물은 반드시 필요하다. 따라서 탄수화물 섭취를 중단하면 우리는 제대로 기능할 수 없고 몸 상태가 편하지도 않다.

흰 밀가루로 만든 빵, 파스타, 디저트용 음식, 감자칩, 프레첼, 팝콘 같은 포장 식품, 사탕 등 자연식품이 아닌 모든 가공식품은 우리 기력을 천천히 빼앗아간다. 특히 나이가 들수록 가공식품의 폐해는 더 커진다. 맛은 있지만 우리 몸에 아무 도움이 되지 않는다. 음료의 경우도 다를 바 없다. 당분이 들어간 음료나 인공 감미료가 더해진 음료는 우리 몸에 필요하지 않다. 우리는 물만 마셔도 충분히 기능할 수 있다. 감귤, 오이, 딸기 등의 농축액을 더하면 물맛에 언제라도 변화를 줄 수 있다.

한편 영양이 풍부한 건강한 탄수화물은 뇌와 몸이 연료를 공급하는 데 도움을 준다. 채소와 과일, 통곡물, 씨앗, 콩 등은 최고급 탄수화물의 보고다. 채소는 고열로 조리하거나 튀기지 않고, 가볍게 데치거나 생으로 먹는 것이 바람직하다. 요컨대 탄수화물을 함유한 채소는 조리를 덜할수록 본래의 영양소를 더 많이 얻을 수 있다.

## 2. 지방

저지방 식단을 습관화하면 체지방을 줄일 수 있다는 과거 이론은 이미 부정확한 것으로 증명되었다. 최근의 연구에서 밝혀졌듯 지방은 적이 아니다.[3] 오히려 오랫동안 우리가 좋은 것이라 생각하던 저지방 식습관은 장점보다 단점이 많은 것으로 증명되었다. 지방은 호르몬에 필요한 영양을 공급함으로써 호르몬 조절에 중대한 역할을 한다. 호르몬이 적절한 영양을 공급받지 못하면, 피로감부터 맑은 정신의 결여, 탈모증, 비타민 결핍증, 피부 건조증, 여성의 경우에는 월경 불순까지 발생할 수 있다. 분명히 기억할 것은 우리 몸과 뇌가 제대로 기능하려면 지방이 필요하다는 것이다.

중요한 것은 당신이 어떤 지방을 섭취하느냐 하는 것이다. 고도로 가공된 지방, 예컨대 식물성 기름, 면실유, 카놀라유, 쇼트닝 등은 우리 체내 곳곳에서 염증을 유발하고, 결국에는 기억력 감퇴와 체중 증가로 이어질 수 있다.[4] 이 말이 무슨 뜻인지 알겠는가? 가공식품은 당신이 최고의 자아와 하나가 되는 데 아무 도움이 되지 않는다는 뜻이다. 아보카도, 야자유, 올리브유, 목초지에서 자란 닭과 젖소 등 자연적으로 형성된 건강한 포화 지방과 불포화 지방을 항상 섭취하도록 하라. 건강한 지방을 섭취하면 영민한 집중력과 만족감, 여유로운 기분을 유지하는 데 큰 도움이 된다.[5]

## 3. 단백질

단백질은 아미노산으로 이루어지며, 신체 기관과 호르몬, 조직이 올바른 기능을 유지하는 데 필수적인 영양소다. 단백질은 뇌와 심장 등의 근육과 세포를 만들어내고, 그 결과, 우리 몸이 최상의 상태를 유지하는 데 주된 역할을 한다. 최상의 단백질은 목초지에서 자란 닭과 젖소에게 얻은 유기농 달걀, 고기를 비롯해 콩과류, 견과류 등에서 얻어진다. 스무디에 단백질 가루를 넣어 먹는 사람들에게는 첨가물이 섞이지 않은 단백질 가루―어떤 감미료도 더해지지 않고 순전한 유기농 단백질원으로 제조된 단백질 가루―를 신중히 선택하라고 권하고 싶다. 스무디에 단맛을 더하고 싶다면 유기농 꿀, 대추, 바나나 등을 사용하는 것이 좋다.

### 최고의 자아를 위해 추천하는 좋은 식품

콤부차(kombucha, 발효 음료)와 사우어크라우트(sauerkraut, 소금에 절인 발효 양배추─옮긴이) 같은 발효 식품을 식단에 포함하는 것도 장내 미생물균을 건강하게 유지하기 위한 좋은 방법이다. 이런 발효 식품과 음료에는 체내 염증을 줄이고 붓기를 가라앉히며 소화와 체중 감소에 도움을 주는 엄청난 양의 프로바이오틱스가 함유되어 있다. 따라서 고품질의 좋은 프로바이오틱스 보조 식품을 매일 섭취하라고 권하고 싶다. 감미료를 더하지 않은 요구르트와 케피르를 매일 섭취하는 것도 좋은 방법이다. 이런 식품에는 감정의 균형을 유지하는 데 도움을 주는 박테리아가 다량 함유되어 있다.

끝으로, 섬유질도 장 건강에 무척 중요한 영양소다. 처방전 없이 약국에서 구입할 수 있는 섬유질 혼합물보다 자연식품에서 섬유소를 얻는 것이 좋다. 블루베리와 라즈베리, 모든 종류의 콩과류에 섬유질이 많이 함유되어 있으므로 이런 식품을 즐겨 섭취하기 바란다. 또 섬유질은 당분이 서서히 흡수되도록 억제하며, 건강한 체중을 유지하는 것을 도와준다는 점에서도 중요한 영양소다. 섬유질이 많은 식품은 큰창자를 깨끗이 청소함으로써 대장암의 위험을 낮추는 데도 효과가 있다. 이쯤 되면 '사과 하나를 매일 먹으면 의사가 필요 없다'라는 속담이 무슨 뜻 인지 짐작할 수 있을 것이다. 이 속담이 과학적으로 맞느냐, 맞지 않느 냐 논란의 여지가 있지만, 유기농법으로 재배한 사과 하나를 매일 먹는 다고 해서 손해 볼 것은 없다.

## 간헐적 단식

뉴트리션은 영양이 풍부하고 가공되지 않은 자연식품을 섭취하는 동 시에 언제 먹고, 언제 먹지 않는가를 선택하는 방법이기도 하다. 간헐 적 단식이 '자가포식(autophagy, 세포 내에서 생겨난 노폐물을 재활용함으로써 세포 재생에 도움을 주는 새로운 물질을 형성하는 현상)'이라 불리는 현상을 유 도할 수 있다고 주장하는 새로운 과학적 증거가 적지 않다.[6] 가장 흥미 로운 발견은 자가포식 현상으로 새로운 뇌세포와 신경세포의 성장이 촉 진되고, 그 결과, 인지 능력이 향상된다는 것이다.[7] 또한 우리 기분이 나아지는 효과가 있다는 것도 증명되었다.[8]

단식이라는 개념이 섬뜩하게 들리겠지만, 당신은 이미 매일 밤 수면 하는 동안 오랜 시간을 단식하고 있다. '아침 식사'를 뜻하는 'breakfast' 는 '단식을 깨다(break the fast)'에서 만들어진 단어다. 매일 저녁 8시 이 후에 아무것도 먹지 않고 이튿날 아침 10시에 무엇인가를 먹기 시작하 면, 무려 14시간이나 단식한 것이 된다. 당신도 해볼 만하다고 생각되 지 않는가? 단식은 세포를 청소하는 데 에너지를 투입할 시간을 당신 몸에게 허용한다. 게다가 단식을 하면 밤늦게 음식을 먹는 것을 자제하 게 된다. 따라서 야식에서 비롯되는 숙면 방해와 체중 증가를 예방하는 효과도 기대할 수 있다.

베스트 셀프

영양이 풍부한 건전한 음식으로 당신의 접시를 채우면, 그 음식에 적응하며 그 안에 함유된 영양소를 활용한 결과에 놀라지 않을 수 없을 것이다.

## 연습

규칙적인 운동이 인간의 몸과 정신, 심지어 영혼에 긍정적인 영향을 미칠 수 있다는 것을 보여주는 연구 결과는 헤아릴 수 없이 많다. 하지만 지나친 운동은 금물이다. 최고의 운동은 당신이 재미있게 해낼 수 있는 운동이다. 요컨대 땀을 흘릴 정도로 심장 박동이 빨라지고(당신이 새로운 식이요법을 시작하기 전, 특히 기존의 건강 문제가 있는 경우 의사가 입버릇처럼 말하는 운동 방식), 매일 혹은 그에 버금갈 정도로 자주 재미있게 해낼 수 있는 운동을 찾아내라.

나는 체육관을 자주 찾고, 운동하는 과정에서 자주 영감을 얻는다. 피가 힘차게 순환하고, 산소를 공급받은 피가 뇌에 영양을 공급하기 때문이다. 침울하고 답답할 때 운동을 하면 기분이 상쾌해지는 것을 실제로 확인할 수 있을 것이다.

업무 특성상 오랫동안 앉아 일해야 하는 사람은 고관절과 허리에서 통증을 겪을 가능성이 크다. 그런 사람에게는 하루에 10분씩이라도 역동적인 스트레칭을 해보라고 권하고 싶다. 플랭크(plank, 바닥에 팔과 발을 대고 복부를 단련시키는 등척성 운동-옮긴이), 토 터치(toe touch, 다리를 쭉 펴고 앉은 뒤 허리를 숙이며 두 팔을 발가락 쪽으로 쭉 뻗는 운동-옮긴이), 힙 힌지(hip hinge), 스쿼트(squat) 등과 같은 간단한 운동으로도 요통과 고관절통을 예방하는 큰 효과를 기대할 수 있다. 유튜브에서 운동 이름을 검색하면, 각 운동에 적합한 몸의 움직임을 보여주는 동영상을 찾아볼 수 있다.

운동에 투자하는 시간에 비례해서 가장 큰 효과를 얻고 싶다면, 고강도 인터벌 운동(high-intensity interval training, 고강도로 짧게 반복하는 운동─옮긴이)과 고강도 저항력 운동(high-intensity resistance training)에 눈을 돌려보기 바란다. 고강도 인터벌 운동과 고강도 저항력 운동은 요즈음의 운동에서 황금 기준이 되었다. 이 원리는 달리기, 자전거 타기, 수영, 역기, 근력 운동을 위한 저항 밴드 등 다양한 운동에 예외 없이 똑같이 적용된다.

운동은 최고의 자아가 되기 위한 핵심적인 요소다. 이런 이유에서 당신에게 적합한 운동을 습관화하는 방법을 찾아내라고 권하고 싶다. 목표에 대해 다룬 13장에서 당신이 시간을 어떻게 사용하는지 면밀히 살펴보고, 그 결과를 바탕으로 규칙적인 운동을 하루 일정표에 적절히 끼워 넣는 방법에 대해 생각해보기로 하자.

## 예방과 건강한 삶

예방 건강이라는 관점에서 지금 당신은 무엇을 하고 있는가? 달리 말하면, 현재의 좋은 건강을 유지하고, 실질적인 문제로 발전하기 전에 잠재적인 문제를 인지하기 위해 어떤 조치를 취하고 있는가?

개인적 삶에 대해 다룬 6장에서 말했듯 자신을 우선적으로 배려하고 관리하는 것이 이기적인 행동은 아니다. 이 생각은 특히 건강에 완전히 적용된다. 그러나 많은 사람이 의사의 도움을 받지 않으면 건강 문제를 해결할 수 없다고 생각한다. 하지만 어떤 의사도 당신의 삶 전체를 알

베스트 셀프

지 못한다. 오직 당신만이 알고 있을 뿐이다. 직관의 목소리에 귀를 기울여야 한다. 의사가 찾아낸 진단 이상의 문제가 있다는 생각이 들면, 어떤 수단을 써서라도 제2의 의견, 즉 대안적 관점이나 치료법을 찾아내야 한다. 의사를 찾아가는 아픔을 예방하고 싶다면 건강을 직접 관리하며 상황에 앞서 주도적으로 행동해야 한다. 가능하면 당신의 건강을 늘 우선순위에 두어라.

건강에 관한 한 자신을 배려하는 구원군이 되어야 한다. 요즈음에는 질병 예방과 건강한 삶을 위한 많은 의견과 대안적 수단이 존재한다. 당신이 온라인에서 찾아낸 의사를 무작정 찾아가지 말고, 그 사람의 자

## 바이오해킹(biohacking)

건강을 관리함으로써 더 고차원적으로 기능하는 방법들을 깊이 탐구하려는 사람에게는 바이오해킹이라는 새로운 추세를 소개하고 싶다. 이 개념에 맞아떨어지는 팟캐스트와 책이 많지만, 기본적인 개념은 몸의 생산성과 효율성을 높이기 위한 지름길을 찾는 것, 즉 '해킹'하는 것이다. 요즈음에는 자신을 전문적인 바이오해커라 생각하는 사람이 적지 않다. 그들은 기본적으로 인간 기니피그를 자처하며 새로운 제품과 보조식품 및 다이어트 방법 등을 앞장서서 시험한다. 위험성이 높은 것을 직접 시험하는 무모함을 버리고, 그들이 당신을 대신해 시험하도록 내버려두는 편이 낫다. 영리하게 행동하라.
그러나 바이오해킹은 흥미진진한 토끼 굴일 수 있다. 그 굴에 들어가면, 뇌 기능을 극적으로 활성화할 수 있는 온갖 다양한 방법—피로감을 유발하는 푸른 빛을 억제하는 안경부터 정신을 맑게 해주는 중간사슬 중성지방유, 체내의 독성을 제거해주는 진동판, 감각 차단 탱크 등—을 배울 수 있기 때문이다. 온라인을 검색해서 당신의 호기심을 자극하는 방법을 찾아내라.

격증과 면허증을 직접 확인하는 수고를 외면해서는 안 된다. 당연한 말이겠지만, 실제 치료를 받기 전에 상담을 받아야 한다. 전통적인 한의학, 자가혈치료술(platelet-rich plasma, 개인적으로 어깨에 시술해 상당한 효과를 보았다. 자신의 혈액을 채취해 원심분리기에 넣어 분리한 혈소판을 문제 부위에 주사하는 방법으로, 치유 과정을 앞당기는 효과가 있다), 침술 요법, 약초 요법, 기치료, 기능 의학(functional medicine, 다양한 건강 문제와 질병의 근원을 찾아내서 해결하려는 생물학에 기반한 의학적 접근법), 냉레이저 치료(cold laser therapy, 문제 부위를 치유하는 속도를 높이기 위해 특정한 빛 파장을 사용하는 방법), 한랭요법(cryotherapy), 적외선 사우나(infrared sauna, 적외선으로 열을 발생시켜 체내의 독성을 제거하는 방법) 등 많은 대체 의학의 경우도 마찬가지다.

앞서 이야기했듯 최고의 자아를 찾아가는 여정에서는 열린 마음이 필수다. 건강에 관련해 더할 나위 없이 좋은 상태를 즐기려면 열린 마음을 유지할 필요가 있다. 건강을 효과적으로 관리하는 많은 방법이 있겠지만, 다음에 소개하는 기법을 활용하면 효과를 발휘하며 최상의 몸 상태를 느끼게 해주는 방법을 찾아낼 수 있을 것이다.

## 당신의 건강에 대한 평가

당신이 신체 건강이라는 영역에서 달성하려는 수준에 대해 살펴보자. 다음 질문들에 차근차근 대답하면 그 답을 구할 수 있을 것이다.

1단계: 당신의 현재 건강 상태에 1~10 중 적절한 점수를 매겨보라. 점수 1은 당신이 중대한 건강 문제에 직면하고 있어 건강에 즉각적으로 관심을 쏟아야 할 필요가 있다는 것을 인정한다는 뜻이다. 한편 점수 10은 당신이 이미 전반적으로 건강을 탁월하게 관리하고 있어 더 이상의 개선이 필요하지 않다고 느낀다는 뜻이다. 당신의 건강 상태를 점수로 평가할 때 고려해야 할 부분은 다음과 같다.

- 신체적으로 몸 상태는 어떠한가?
- 건강에 부정적인 영향을 미치기 때문에 바꿔야 한다고 생각하는 습관적 행동이 있는가?
- 몸 상태가 어떠하면 당신이 최고의 자아와 하나가 되는 데 도움이 되겠는가?

신체 건강에 대한 평점: _____ 날짜: _____

2단계: 이번에는 당신이 건강을 유지하는 데 도움이 되는 행동들을 써보라. 아울러 그 행동들이 도움이 되는 이유도 써보라.

(예)
- 나는 상쾌한 몸 상태를 유지하기 위해 규칙적으로 운동한다.
- 신체 건강을 유지하는 데 유익한 음식을 주로 섭취한다.
- 정기적으로 건강 진단을 받는다.

내 건강에 실질적으로 도움이 되는 행동들은

_____. 그 이유는

_____. 그 이유는

_____. 그 이유는

3단계: 당신이 원하는 건강을 방해하는 행동은 무엇인가?

(예)

- 나는 건강에 해로운 식품을 습관적으로 먹는다.
- 두려움과 외부 시선 때문에 나 자신의 건강을 도외시하는 경향이 있다.
- 내가 원하는 건강 수준을 달성하려면 까마득하다는 생각 때문에 아예 운동을 멀리하고 있다.

내 건강에 실질적으로 도움이 되지 않는 행동들은

_____ . 그 이유는 _____

_____ . 그 이유는 _____

_____ . 그 이유는 _____

4단계: 당신이 지금까지 작성한 모든 것에 근거하여 당신의 건강에 대한 현재의 평점을 10점으로 올리려면 무엇을 해야 하는지 생각해보라. 당신에게 실제로 도움이 되기 때문에 꾸준히 계속해야 할 행동, 당신이 원하는 것을 방해하기 때문에 당장 중단해야 할 행동, 새롭게 시작해야 할 행동을 찾아내야 한다.

내 건강 수준을 10점으로 올리기 위해서

나는 _____ 을 계속해야 한다.

나는 _____ 을 중단해야 한다.

나는 _____ 을 새롭게 시작해야 한다.

내 바람은 당신이 항상 기운차게 일하는 것이다. 설령 몸 상태가 썩 좋지 않더라도 기분을 되돌릴 수 있는 방법이 무수히 많다는 것을 확인했다. 오늘부터라도 당신의 직관을 안내자로 삼아 직접 건강 관리를 하기 바란다. 또 내친김에 당신의 행동을 정직하게 돌이켜보기 바란다. 당신의 행동과 감정, 생각, 당신이 먹는 것이 당신의 건강, 궁극적으로는 수명에 직접적인 영향을 미친다는 것이 진실이기 때문이다. 뒤에서 삶의 일곱 가지 영역을 개선하려는 구체적인 목표에 대해 다시 언급할 때 건강이라는 목표는 반드시 포함되어야 한다. 의학박사 디팩 초프라 (Deepak Chopra)는 이렇게 말했다.

"당신이 의식적으로 몸이 당신을 돌보게 한다면, 몸이 가장 강력한 동맹이자 믿을 만한 동반자가 될 것이다."

다음 장에서는 교육과 관련된 영역을 살펴보려 한다. 평생 교육에 충실할 수 있는 방법을 당신에게 알려준다는 생각에 벌써부터 가슴에 설렌다. 지식은 힘이다. 끊임없이 학습해야 침체되지 않고 꾸준히 진화할 수 있다.

# 8장

---

## 교육(Education)

나는 교실 뒤편에 앉아 있었다. 노트와 펜을 준비해두고, 선생님이 말하는 것을 하나로 놓치지 않고 받아 적으려 노력했다. 하지만 얼마 지나지 않아 포기하고, 따분함을 달래기 위해 낙서를 끄적였다. 나는 낙서에 눈살을 찌푸리고 고개를 설레설레 저으며 "뭐하는 거야! 기운 내. 너라면 할 수 있어!"라고 혼잣말로 웅얼거렸다. 그때 선생님이 쪽지 시험을 보겠다고 말씀하셨다. 눈앞에 놓인 문제를 가만히 내려다보자 목이 막히는 듯한 기분이 들었다. 단 한 문제도 풀지 못했다. 평소 내 성격과 다르게 옆자리 친구의 답을 슬쩍 훔쳐보고 싶다는 생각이 머릿속을 스쳤다. 어떻게든 답을 쓰고 싶었다. 좋은 점수를 받지 못하면 여름 학기를 들어야 했다. 학교 대표 농구 선수로 여름 리그에 참가했을 때 낙제생들을 수없이 보았는데, 그들은 하나같이 좀비처럼 보였다. 그래서 죽어도 쪽지 시험을 망치고 싶지 않았다.

마침내 종이 울리고, 나는 교실을 빠져나왔다. 수업 시간에 선생님에게 무엇을 배웠는지 하나도 기억하지 못했다. 분명히 말할 수 있는 것은 쪽지 시험을 망쳤다는 것이다.

"내가 무엇을 잘못한 거지?"

나는 혼잣말로 중얼거렸다. 나를 제외한 모두가 시험을 잘 치르는 비결을 알고 있는 듯했다. 물론 순전히 내 추측에 불과했다. 다음은 역사 수업이었다. 개인 사물함을 열어보고 나서야 역사 교과서를 집에 두고 왔다는 것을 깨달았다. 그날 수업에는 역사 교과서가 반드시 있어야 했다. 나는 복도에 멍하니 서 있었다. 모든 것을 포기하고 싶은 심정이었다. 나는 항상 한 걸음쯤 뒤처져 있었다. 아무리 노력해도 학문적으로 친구들과 경쟁할 수 없었다. 학교는 나에게 그야말로 고문의 현장이었다. 게다가 나는 학교에서 가르쳐주는 지식을 왜 배워야 하는지 이해가 되지 않았다. 학교에서 배우는 것이 현실에서 어떤 소용이 있을까?

스포츠와 교우 관계는 내가 학창 시절에 가장 좋아하던 것이다. 친구들과 농구는 내가 공부에서 완전히 잃었던 자존감을 되살려주었다. 나는 우애와 팀워크를 좋아했다. 돌이켜보면, 나는 팀의 일원으로 활동할 때 성적이 좋았다. 예컨대 팀을 구성해 숙제를 하거나 발표할 때는 늘 좋은 성적을 거두었다. 하지만 혼자서는 허둥대며 아무 성과를 얻지 못했다.

나는 성적표가 언제쯤 집에 도착하는지 알았다. 그래서 그날이면 우편함에서 성적표를 가로채기 위해 평소보다 일찍 집에 도착하려고 애썼다. 하루는 아주 늦은 시간이 되어서야 집에 도착했다. 현관에 들어서자 A학점이 가득한 형과 누나의 성적표를 보며 즐거워하는 부모님의 웃음소리가 내 귀를 때렸다. 그날 나는 내 성적표를 까맣게 잊고 있었다. 아뿔사! 거실을 지나 주방으로 향했다. 갑자기 적막이 흘렀고, 모두의 시선이 나에게 향했다. 내 이름이 적힌, 아직 개봉되지 않은 봉투가 조리대 위에 놓여 있었다. 형과 누나는 입을 꼭 다물었다. 조만간 어떤 일이 닥칠지 훤히 알고 있는 듯한 표정이었다.

나는 화제를 돌리려 밝은 목소리로 "오늘 저녁은 뭐예요?"라고 말했다. 하지만 내 계획은 처절하게 실패하고 말았다. 어머니가 섬뜩하게 보이는 봉투를 집어 나에게 건네주었다.

"마이크, 오늘 성적표가 왔네."

나는 하얀 이를 드러내며 거짓 미소를 지었다. 부모님이 내 성적을 보면 실망할 것임을 직감적으로 알았지만 나는 호기롭게 봉투를 뜯었다. 눈앞에 B, C, D가 펼쳐졌다. 나는 성적표를 힘없이 조리대에 내려놓고는 내 방으로 슬그머니 도망쳤다.

그날 저녁 늦게 부모님은 나를 앞에 앉혀두고 심각한 표정을 지었다. 하지만 그런 풍경은 내게 조금도 낯설지 않았다. 나는 성적을 올리는 방법에 대한 충고를 받아들일 준비를 단단히 했다. 부모님은 새로운 가정교사를 고용하려고 할 것이 뻔했다. 그러나 이번 대화는 달랐다. 부모님은 나에게 뜻밖의 제안을 했다.

"마이크, 우리 생각에는 네가 8학년을 다시 다니는 게 좋을 것 같다."

그러고는 그렇게 생각하는 이유를 설명하기 시작했다. 부모님은 한 학년을 유급하면 내가 고등학교에 진학해서도 농구팀에서 활동하는 게 유리할 것이라고 설명했지만 나는 진실이 무엇인지 훤히 알았다. 지금의 내 상태로는 고등학교에 진학할 수 없다는 뜻이었다. 온 세상이 둘로 쪼개지는 것 같았다. 다른 친구들은 모두 고등학교에 진학해 새로운 삶을 시작하는데, 나는 어린 녀석들과 어울리며 꼬박 1년을 지겹게 들었던 강의를 또 들어야 한다니! 지옥 같은 24시간을 끝없이 되풀이해야 하는 상태에서 살아갈 듯했다. 그런 삶을 용납할 수 없었다. 하지만 나는 발끝을 내려다보며 고개를 끄덕였고, 아무 대답도 하지 못한 채 내 방으로 올라갔다.

부모님은 나를 성 세례 요한 가톨릭 학교에 보냈다. 공립학교보다 그곳 선생님들이 내게 더 신경 써줄 것이라 기대했겠지만, 나는 혼란스러울 뿐이었다. 새로운 환경에 적응해야 하는 어려움도 있었지만 무엇보다 가톨릭 신앙을 중심으로 행동해야 하는 것이 조금 벅찼다. 성 세례 요한 가톨릭 학교는 모든 것이 공립학교와 달랐다. 모두가 학교를 운영하는 수녀를 무서워한다는 것을 금세 알게 되었다. 하얗고 검은 수녀복을 입은 자그마한 체구의 노파를 모두가 무서워하는 이유를 알 수 없어 당혹스럽기만 했다. 내가 아는 수녀는 영화 〈시스터 액트〉에서 보았던 수녀뿐이었다. 수녀에 대한 내 지식은 무척이나 제한적이었다. 더구나 나는 그때까지 성모송을 한 번도 부른 적이 없었다. 새롭게 배워야 할 것이 매우 많았지만, 다행히 농구팀에서 상당한 성공을 거두었고, 성적도 그럭저럭 향상되었다.

중학교를 무사히 졸업하고 메이터 데이 가톨릭 고등학교로 진학했다. 미시시피 강의 서쪽에서 가장 큰 가톨릭 학교로, 전교생이 5,000명이 넘었다. 메이터 데이 가톨릭 고등학교는 스포츠로 유명하다. 나는 신입생 중에서 가장 나이가 많았고, 그곳에서 지낸 4년은 무척 즐거웠다. 졸업반 때는 농구팀 주장이 되었다. 게다가 우리 팀이 전국 상위 25개 팀에 선정되어 농구장에서의 압박감이 대단했다.

프린스턴 리뷰(Princeton Review) 출신의 가정교사를 두었고, 힘이 닿는 데까지 열심히 공부했지만 성적은 보잘 것 없었고, 수학능력평가시험(Scholastic Assessment Test, SAT) 성적도 좋지 않았다. 하지만 농구 실력 덕분에 뉴욕 브롱크스에 있는 포덤 대학교에 입학할 수 있었다.

대학생이 되자 재미있게 즐기고 싶었다. 나는 걷잡을 수 없을 지경으로 중독에 빠져들었다. 특히 메타암페타민 가루에 중독되었다. 잠까지 멀리하며 메타암페타민을 탐닉했다. 그것이 즐거움을 주는 것은 물론, 공부에도 도움이 될 것이라 굳게 믿었다. 하지만 완전히 잘못된 생각이었다.

철학 강의를 듣기 직전에 화장실에 들어가 메타암페타민 가루를 가지런히 늘어놓았던 때가 지금도 기억에 생생하다. 거의 사흘 동안 잠을 자지 못한 상태였다. 일주일까지 잠을 자지 않고 버틴 적도 있었지만, 그 당시는 그런 삶의 끝을 향해 달려가고 있을 때였다. 여하튼 내가 다른 삶을 살겠다고 결심하기 직전이었다. 철학 강의실에 들어가자 교수님은 데카르트에 대한 강의를 하고 있었고, 나는 손을 번쩍 들었다. 그러고는 교수님과 논쟁을 펼쳤다. 내 혼이 몸에서 빠져나와 교수님과 논쟁하는 듯했다. 내가 더할 나위 없이 똑똑하고, 강의를 주도하고 있다는 생각마저 들었다. 현실감을 완전히 상실한 상태였다. 그것이 바로 마약의 효과였다. 나는 허튼소리를 내뱉고 있을 뿐이었다. 모든 학생이 어리둥절한 표정으로 나를 지켜보고 있는 것을 인지하고서야 내가 횡설수설하고 있다는 것을 깨달았다. 나는 당혹감에 서둘러 강의실을 빠져나왔다. 대학에서도 나는 위화감을 떨쳐내지 못했다. 그래서 결국 대학을 중퇴하고 재활을 시작했다.

재활을 끝낸 후 나는 미네소타의 메트로 주립대학교에 진학했다. 약물을 남용하지 않을 때 우리는 무궁무진한 것을 해낼 수 있다. 심리학 강의가 재미있었고, 마약과 알코올 중독자를 위한 상담 강의가 흥미로웠다. 진정으로 배우고 싶은 것에 집중하게 되었다. 하룻밤 사이에 전과목에서 A학점을 받은 학생으로 돌변했다. 나 자신도 놀라지 않을 수 없었다. 삶의 방향을 바꾸어 좋아하는 것을 시작하면 믿기지 않는 일들이 벌어진다. 내가 전 과목에서 A학점을 받은 것은 기적과 다를 바 없었다. 올바르게 산다면 당신에게도 기적이 일어날 수 있다.

메트로 주립대학교를 다니는 동안 나는 여러 곳의 치료 시설에서 인턴으로 일했다. 우리는 사람들이 약물과 알코올을 끊고 멀리하도록 도왔다. 그 과정에서 나는 그들의 진정한 적은 약물과 알코올이 아니라 그들의 삶 자체라는 것을 깨달았다. 내가 생각하기에 치료 시설에서는 진단만 지나치게 강조했을 뿐, 최고의 자아로 성장하는 방법을 가르치려는 노력이 거의 이루어지지 않았다. 그래서인지 재활 실패율이 끔찍하게 높았다. 내가 다녔던 유명 재활 센터의 성공률도 그다지 높지 않았다. 나와 함께 그곳에 있던 22명의 중독자 중 2명만이 1년간의 치료를 견뎌냈다.

인턴으로 일하는 동안 나는 많은 것을 배웠다. 또 내가 중독자만이 아니라 자신의 삶을 개선하려고 발버둥질하는 사람들을 돕는 일을 좋아한다는 것도 알게 되었다. 그 후 나는 관련 논문들과 연구서를 읽고 또 읽었다. 현재의 삶에 만족하는 사람은 약물과 알코올을 남용하지 않는다. 내가 사람들이 행복을 찾도록 도와주면, 나머지 문제는 저절로 해결될 것이라 확신했다.

나는 중독을 비롯한 많은 정신 건강 장애를 해결하는 방법의 하나로 사람들이 원하는 삶을 살도록 도와주고 싶었다. 그러한 목적에서 CAST 센터를 열었다. 우리 팀은 교육 프로그램을 통해 최상의 기법들을 광범위하게 가르치기 때문에 CAST 센터를 찾는 고객들에게 "교육을 마칠 때쯤이면 당신은 심리학 전문가가 되어 있을 것입니다"라고 확언하기도 한다. 우리는 오랜 시간 시행착오를 겪은 끝에, 개개인의 최고 자아에 초점을 맞추고 진정성이라는 관점에서 운영되는 CAST 얼라인먼트 모델(CAST alignment model) 프로그램을 만들어냈다. 성과는 실로 엄청났다. 이 프로그램 덕분에 많은 고객의 삶이 완전히 뒤바뀌었다. CAST 센터는 고객이 더 나은 자아로 성장하는 데 도움을 주는 방법이 아니면, 다른 재활 센터가 시행하는 방법을 곧이곧대로 따르지 않는다.

앞서 내가 밟은 교육의 여정을 자세히 밝힌 이유는 당신도 좋아할 만한 것을 찾아내면 배우는 것을 사랑할 수 있고, 사랑하게 될 것이라고 확신하기 때문이다. 그렇다고 해서 당신도 내 경험을 답습해야 한다는 뜻이 아니다. 당신은 당신 나름의 경험을 하게 될 것이다. 나는 정신 건강과 관련된 직종에서 일하기로 결정한 이후로 학습, 즉 배우는 것을 중단한 적이 없다. 관련 팟캐스트를 듣고, 나에게 영감을 주는 사람들이 제작한 유튜브를 시청하며 하루하루 더 발전하기 위해 노력한다. 이 과정은 진심으로 즐겁다. 학습할 때 우리는 성장하고 발전한다.

학창 시절에 공부하는 것을 조금도 좋아하지 않았다 해도, 심지어 자신에게 학습 장애가 있다는 생각이 들거나 새로운 정보를 받아들이는 과정을 좋아하지 않는다 해도 당신의 최고 자아는 지식을 갈망한다. 결국 무엇이 당신의 진정한 관심사인지 알아내는 것은 당신의 몫이다. 어떻게 해야 지식을 향한 당신의 갈증을 풀 수 있을까? 당신에게 가장 효과적인 학습 방법은 무엇일까? 이 의문을 해결하기 위해 머리를 맞대고 풀어나가야 할 문제들을 하나씩 살펴보자.

# 연습: 현재의 학습 상황

## 1단계: 무엇을 배우고 싶은가

당신이 지금 이 순간 배우고 싶은 것 혹은 언젠가 배우고 싶다고 입버릇처럼 말한 것들을 써보라. 당신에게 흥미가 있는 것이면 어떤 주제이든 상관없다. 내면까지 깊이 파고들어 그것을 찾아내라. 당신의 최고 자아는 어떤 주제에 관심이 있는가?

예컨대 예전부터 외국어를 배우고 싶은 욕심이 있었지만 지금까지 그 욕망을 충족할 만한 시간을 갖지 못했다면, 소망 목록에 '외국어를 배우고 싶다'라고 쓰면 된다. 당신의 창의력을 재미있게 표현하는 방법 중 하나로 도예 수업을 수강하고 싶다면, 소망 목록에 '도예 수업'이라고 쓰면 된다. 늘 오토바이 자격증을 따고 싶다고 생각만 하고 과감하게 시도하지 못했을 수도 있다. 역사적 인물이나 사건 혹은 특정 시대를 다룬 다큐멘터리를 보고 느닷없이 역사에 마음을 빼앗길 수도 있다. 그런 순간이 오면 연구와 독서, 팟캐스트 등을 통해 더 많은 것을 학습할 신호로 받아들여라.

당신에게 흥미롭게 여겨지며 새로운 정보와 역량을 더해줄 수 있는 것이 무엇이든 간에 소망 목록에 빠짐없이 써보라.

내가 배우고 싶은 것은

1. _____

2. _____

3. _____

4. _____

베스트 셀프

## 2단계: 왜 그것들을 배우지 않는가

왜 새로운 것을 배우는 데 시간을 할애하지 않는가? 외국어를 배우기에 너무 늦었다고 생각하는 것인가? 외국어를 배우는 데 필요한 시간을 마련하지 못하고, 새로운 정보를 파악할 만큼 자신이 영민하지 못하다고 생각하는 것은 아닌가? 1단계에서 찾아낸 주제를 배우지 못하는 이유를 써보라.

1. _____

2. _____

3. _____

## 3단계: 당신이 언급한 이유가 타당하고 진실한가

당신이 언급한 이유가 진실한지 하나씩 검증해보자. 예컨대 새로운 것을 배우기에 나이가 너무 많다는 게 이유라면, 또래나 연상인 사람들에게 새로운 것을 배운 적이 있는지 물어보라. 학습을 하는 데 나이는 중요하지 않다. 케냐 출신의 산파 프리실라 스티에네이(Priscilla Sitienei)는 성장 과정에서 교육을 받은 적이 없어 글을 쓰고 읽는 법을 몰랐다. 그러나 가족의 역사를 후세에 전하고 싶은 마음에 90세의 나이에 6명의 고종 손자와 함께 학교를 다니기 시작했다.[1] 베라 왕(Vera Wang)은 40세가 되어서야 패션 디자이너가 되었다. 영어 교사였던 조이 베하(Joy Behar)는 40대에 연예인이 되어 새로운 삶을 시작했다. 샌더스 대령으로 널리 알려진 커널 샌더스(Harland David Sanders)는 65세 때 켄터키 프라이드치킨 식당을 개업했다. 이들이 상대적으로 많은 나이에 새로운 기량을 쌓아 실행에 옮겼듯, 당신도 얼마든지 해낼 수 있다. '난 이제 너무 늙었어'라는 변명은 진실하지도, 타당하지도 않다.

새로운 것을 배우기 위한 시간을 할애할 정도의 여유가 없는 것이 이유라면 주당 30분만 짬을 내보라. 그것이 가능하다면 당신이 제시한 이유는 진실하지도, 타당하지도 않다. 누구나 그 정도 시간은 만들어낼 수 있다.

흥미 있는 주제를 학습하지 않는 이유를 다시 써보고, 각 이유의 타당성을 다시 판단해보라.


이유                                    타당성 판단

1. _____ 타당함/타당하지 않음

2. _____ 타당함/타당하지 않음

3. _____ 타당함/타당하지 않음


### 4단계: 학습을 시작하라

이 연습을 단계별로 시행하면 무척 도움이 될 수 있다. 근거 없는 변명만이 학습을 방해하는 유일한 요인임을 깨닫는 것이 중요하다. 그렇다고 새로운 것을 배우기 위해 정식 교육기관에 등록할 필요는 없다. 새로운 것을 배울 기회는 주위에 널려 있다. 예컨대 당신이 조직화된 교육 과정을 좋아한다면, 당신에게 적합한 온라인 강의를 들어라. 당신의 능력에 맞게 학습 속도를 조절할 수도 있다. 격식을 그다지 좋아하지 않는다면 팟캐스트와 유튜브를 권하고 싶다. 관련된 책과 논문을 활용하

는 방법도 있다. 해당 분야의 전문가를 개인적으로 알고 있다면 그에게 조언을 구하는 것도 좋은 방법이다.

새로운 지식을 구하고 새로운 기량을 함양하며, 뇌를 정기적으로 새롭게 활용하는 것이 뇌 건강을 장기적으로 유지하는 최선의 방법임을 뒷받침하는 많은 연구가 있다. 끊임없이 학습하면 노화를 늦추고, 치매 위험을 줄이며, 미래를 위해서는 물론이고 현재를 위해서도 뇌를 맑고 영민하게 유지할 수 있다.[2] 뇌는 사용할수록 그 능력이 확대된다. 어째서 그런지 궁금하지 않은가?

## 의무보다 사랑으로 학습하라

당신의 최고 자아가 무엇을 어떤 이유에서 배우고 싶어 하는지 알게 되었다면, 이번에는 별다른 관심이 없는 것도 배우려고 노력해야 하는지 고민해봐야 한다. 나는 라이프 코치로 일하는 동안 부모가 강요한 학문을 전공한 사람, 주변의 등쌀과 경력 관리에 필요하다는 생각에 전문 대학원에 진학한 사람 등 다양한 유형의 고객을 만났다. 많은 사람이 좋아하는 것을 추구하려면 고급 학위가 필요하다고 생각한다. 하지만 굳이 상급 학교에 진학하지 않아도 지식의 폭과 깊이를 더할 수 있는 방법은 얼마든지 있다.

중독과 심리 질환을 치료하는 방법으로 사람들이 원하는 삶을 살도록 도와주는 치료 시설을 열기로 마음먹었던 12년 전, 나 역시 사회복지에 대한 석사 학위를 취득할 필요가 있겠다고 생각했다. 그래서 좋은 사회복지 대학원들을 알아보고 직접 방문해 확인하느라 수백 시간을 보냈다. 그 후에는 대학원 입학 자격시험, GRE(Graduate Record Examination)를 공부하기 시작했다. 밤낮으로 쉬지 않고 열심히 공부했다. 무슨 일이 있어도 최고 점수를 받고 싶었다. 마침내 시험 날이 되었다. 그날은 눈보라가 휘몰아쳤다. 나는 자동차에 올라타 점화 장치에 열쇠를 꽂고 시동을 걸었다. 하지만 점화가 되지 않았다. 운전석에 속수무책으로 앉아 있을 수밖에 없었다. 오랫동안 준비한 시험을 치를 수 없다는 생각에 벽돌로 머리를 세게 얻어맞은 기분이었다. 내가 잘못된 길에 들었고, 우주가 나에게 멈추라고 말하는 듯했다. 대학원은 나에게 어울리지 않는다고!

그때 나는 목표를 성취하기 위한 다른 길을 찾아내겠다고 결심했다. 당시에는 그 방법을 전혀 몰랐지만, 여하튼 정신 건강 분야에서 대부분의 사람이 선택하는 길과 완전히 다른 길, 즉 사람들에게 진정으로 도움을 받는다는 기분을 실감나게 느끼게 해주는 길을 걷겠다고 결심했다. 수렁에서 벗어날 방법을 체계화하기로 마음먹었다. 나는 일반적인 방법, 즉 대다수가 시행하는 방법에 의문을 품었고, 나만의 길을 개척해나갔다. 기나긴 여정에서 나에게 꼭 맞는 일, 내가 열정적으로 해낼 수 있는 일을 찾아내자 부모님은 무척 기뻐하셨고, 지금은 나를 자랑스럽게 생각하신다.

당신에게 한 가지 이야기를 더 들려주고 싶다. 내가 최근에 만난 사람의 이야기다. 그는 마케팅 분야에서 오랫동안 일했지만 성취감을 얻지 못했다. 그래서 30대 중반의 나이에 법학 전문 대학원에 진학했다. 하지만 법학 공부는 무척이나 따분했고, 그 과정에서 조금도 재미를 느끼지 못했다. 그럼에도 그는 대학원 과정을 끈질기게 쫓아가며 틈틈이 비치발리볼 경기에 참가했고 바다에서 수영을 즐겼다. 그는 비치발리볼과 수영을 무척 좋아했고, 그것들을 통해 삶의 활력을 얻었다. 젊은 시절에 수습 인명 구조원으로 일한 적 있는 그는 그 시절이 자기 인생의 황금기였다고 생각했다.

그는 법학 전문 대학원을 졸업하자마자 로스앤젤레스에서 꽤 유명한 법률 회사에 취직했다. 법정 변호사로 1년쯤 일했을까? 그는 재미없는 일, 더구나 자신의 최고 자아와 완전히 상반되는 일을 하며 소중한 시간을 낭비하고 있다는 것을 깨닫고 과감하게 사표를 썼다. 그러고는 곧장 해변으로 달려가 새로운 직업을 위한 훈련, 즉 인명 구조원이 되기 위한 훈련을 받았다. 현재 그는 진정으로 좋아하는 일을 하며 살고 있고, 자신이 내린 결정을 결코 후회하지 않는다.

그의 이야기에서 끌어낼 수 있는 최고의 교훈은 하염없이 기다리지 말라는 것이다. 지금 받고 있는 교육이 당신에게 행복감을 주지 않으면 주저하지 말고 변화를 시도하라! 까다로운 강의나 엄한 교수에게 받는 압박감에 의한 불만을 말하는 것이 아니다. 당신이 지금 받는 교육에서 별다른 흥미와 관심을 얻지 못하는 듯한 느낌을 뜻한다. 그런 느낌은 그 교육이 당신의 최고 자아와 맞아떨어지지 않는다는 증거이며, 무관심이 시간의 흐름에 따라 저절로 해결되는 문제가 아니라는 증거다.

현재 특정한 주제를 배우는 데 많은 시간을 투자하고 있지만 성취감을 느끼지 못하고 있는가? 당신의 최종 목표를 위해 아직 고려하지 않은 다른 수단이 있는가? 지금 배우고 있는 것을 다양한 관점에서 접근해보라. 그래야 새로운 가능성을 찾아낼 수 있다.

## 당신의 교육적 삶에 대한 평가

당신을 최고의 자아로 인도하는 동력은 바로 학습이다. 학습의 목적은 자신에 대해 더 많이 알기 위함이다. 따라서 자신의 생각이나 능력을 깨닫는 자각이 무엇보다 중요하다. 호기심을 유지할 때 우리는 자신을 자극하는 것에 대해 조금씩 알아갈 수 있고, 반자아가 끼어드는 결과로 이어지는 요인을 알아낼 수 있다. 그렇게 해야 긍정적·부정적인 요인들을 통제할 수 있다.

당신이 현재 어떤 사람이고, 향후에 어떤 사람이 되고 싶은지 알아내고 싶다면 다음 세 가지 질문에 대답해보라.

- 작년에 어떤 발전을 이루었는가?
- 지금은 어떤 방향으로 발전하기를 원하는가?
- 지금부터 1년 후에는 어떤 발전을 이루어내고 싶은가?

가령 당신이 15세 학생들에게 '삶'이라는 주제로 강의할 예정이고, 그 학생들이 스펀지처럼 무엇이든 적극적으로 배우려는 의지로 충만하다면, 그들에게 무엇을 가르치겠는가? 그 내용을 개략적으로 써보라.

_____

_____

_____

이 연습의 목적은 삶에 대한 당신의 가장 근본적인 생각을 찾아내는 것이다. 물론 그 생각은 시간의 흐름에 따라 변할 수 있다. 어쩌면 당신이 이 책을 읽고 새롭게 얻은 교훈 때문에 그 생각이 변했을 수도 있다. 하지만 이 연습은 현재까지 당신이 살아온 이야기에 대해 많은 것을 말해준다.

베스트 셀프

**1단계:** 당신의 교육적 삶에 1~10 중 적절한 점수를 매겨보라. 점수 1은 당신의 삶에 교육에 대한 관심이 턱없이 부족하기 때문에 이제부터라도 교육을 우선시하며 즉각적으로 관심을 쏟아야 한다는 뜻이다. 한편 점수 10은 당신이 전반적으로 교육을 탁월하게 관리하고 있어 더 이상의 개선이 필요하지 않다는 뜻이다. 당신의 교육 영역을 점수로 평가할 때 고려해야 할 부분은 다음과 같다.

- 학습에 관한 당신의 발전은 최고 자아의 관심사와 밀접한 관계가 있는가?
- 매일 스스로에 대해 더 많이 알아가고 있는가?
- 매일 밤 잠자리에 들 때 아침에 눈을 떴을 때보다 더 많은 것을 배웠다는 기분이 드는지?

일과학습에대한평점:            날짜:

**2단계:** 이번에는 당신의 교육적 삶에 실제로 도움이 되는 행동들을 써보라. 아울러 그 행동들이 도움이 되는 이유도 써보라.

(예)
- 나는 삶에서 균형을 유지하며 많은 것을 배우려고 노력한다.
- 매일 내가 배우는 것에 흥미를 느낀다.

내 교육적 삶에 실제로 도움이 되는 행동들은

_____ . 그 이유는 _____

_____ . 그 이유는 _____

_____ . 그 이유는 _____

**3단계:** 당신이 원하는 교육적 삶을 방해하는 행동은 무엇인가?

(예)

- 나는 하루도 쉬지 않고 일한다. 주말만이라도 내 머리를 쉬게 해주고 싶다.
- 나는 새로운 정보를 신뢰하지 않는다.
- 뉴스는 새로운 정보를 얻는 방법 중 하나라고 생각하지만, 실제로 나에게 뉴스 시청은 머리를 식히기 위한 수단에 불과하다.

내 교육적 삶에 실제로 도움이 되지 않는 행동들은

_____ . 그 이유는 _____

_____ . 그 이유는 _____

_____ . 그 이유는 _____

**4단계:** 당신이 지금까지 작성한 모든 것에 근거하여 당신의 교육에 대한 현재의 평점을 10점으로 올리려면 무엇을 해야 하는지 생각해보라. 당신에게 실제로 도움이 되기 때문에 꾸준히 계속해야 할 행동, 당신이 원하는 것을 방해하기 때문에 당장 중단해야 할 행동, 새롭게 시작해야 할 행동을 찾아내야 한다.

베스트 셀프

내 교육적 삶의 수준을 10점으로 올리기 위해서

나는 _____ 을 계속해야 한다.

나는 _____ 을 중단해야 한다.

나는 _____ 을 새롭게 시작해야 한다.

## 최고 자아의 발전적 진화

당신이 호기심을 잃지 않고 열린 마음으로 정직하게, 필요하면 언제라도 행동하겠다는 의지로 당면한 과제에 집중하며 하루하루 살아간다면, 당신의 정신은 새로운 정보를 학습해 소중한 결실을 맺는 옥토(沃土)가 될 것이다. 열린 마음과 호기심, 정직함, 실천력은 당신이 최고의 자아로 발전하고 성장하는 데 반드시 필요한 조건들이다. 항상 학습한다면 당신의 삶은 물론 주변 사람들의 삶까지 향상시키는 기회를 제공할수 있다. 배우겠다는 자세를 잠시도 잊어서는 안 된다.

다음 장에서 살펴볼 삶의 영역은 '인간관계'다. 최측근에 있는 사람들, 즉 가족과 친구, 애인과의 인간관계에서 당신의 진실한 모습이 드러난다. 우리는 삶의 과정에서 함께하는 모든 사람을 얼마든지 최고의 자아로서 정성껏 대할 수 있다.

# 9장

## 인간관계(Relationships)

대다수가 그렇게 생각하듯, 지극히 복잡한 인간관계도 있지만 대부분의 인간관계는 무척 단순하다. 모두가 인간관계에서 항상 최고의 자아로 행동한다면, 인간관계는 상대적으로 순조롭고 원만하게 진행될 것이다. 하지만 때로 의견이 충돌한다. 그렇다. 우리는 새로운 삶의 단계에 들어설 때마다 제각각 다른 방향으로 변한다. 이런 변화는 정상적이고, 예측된 것이다. 그러나 두 사람 사이의 오랜 불화와 대립은 결코 일어날 필요가 없는 것이다. 요컨대 당신의 인간관계에서 '복잡한 인간관계'는 존재할 필요가 없다.

안타깝게도 우리는 다른 사람과 상호작용할 때 그가 최고의 자아로서 행동하도록 통제할 수 없다. 우리가 통제할 수 있는 유일한 존재는 우리 자신이다. 따라서 이 장에서는 우리가 진정한 모습을 진실로 드러낼 수 있는 방법, 주변 사람들이 진정함을 보여주지 않을 때 우리가 할 수 있는 역할을 살펴보려 한다. 인간관계는 때때로 균형을 상실할 수 있다. 그러나 내가 여기에서 제시하는 도구를 활용하면 균형을 되찾는 데 주도적인 역할을 해낼 수 있을 것이다.

최고 자아는 당신이 불건전한 관계의 피해자가 되는 것을 바라지 않는다. 따라서 때때로 냉정한 결정을 내리며 누군가와 결별해야 한다. 이 장에서는 당신이 그런 지경에 이르기 전에 좋지 않은 인간관계에서 취해야 할 단계들을 자세히 살펴보려 한다.

나는 이 장을 세 부분—인간관계 전체에 영향을 미치는 당신의 가치관, 가족 관계, 친밀 관계—으로 나누었다. 하지만 어떤 부분에서나 중심은 '당신'이고, 당신이 다른 사람과 맺는 모든 관계에서 어떻게 최고의 자아를 유지하느냐가 중요하다.

## 당신의 가치관

당신의 삶에서 모든 인간관계에 대해 유의미한 대화를 나누려면, '당신의 핵심 가치관은 무엇인가?'라는 중대한 질문에 대답하는 것부터 시작할 필요가 있다. 일반적으로 가치관이 충돌할 때 인간관계에서 갈등이 발생하기 때문이다.

가치관은 우리가 삶에서 중요하게 생각하는 행동 원칙 혹은 행동 기준이다. 가치관은 옳고 그름을 판단하는 개인적인 기준이기도 하다. 우리가 가치관을 최고의 자아에 맞추면, 삶의 과정에서 더 나은 결정을 내리고 올바른 인간관계를 유지하는 데 큰 도움이 된다. 당신은 자신의 가치관을 기본적인 수준에서만 이해하고, 깊게 생각해본 적이 없을 수도 있다. 당신이 성장 과정을 보낸 가족에도 가치관이 있었고, 그중 일부는 현재 당신의 가치관이 되었다.

당연한 말이겠지만 모든 가치관이 긍정적이지만은 않다. 불안, 비통함, 후회처럼 부정적인 의미를 함의한 가치관도 적지 않다. 가치관이 부정적으로 느껴지는 경우가 있는가? 예를 들어 설명해보자. 자신에게 정직하게 행동하며 끊임없이 걱정하지 않으면 문제가 제대로 풀리지 않을 것이라고 생각하는 사람은 걱정이 자신의 가치관 중 하나라고 말할 것이다. 하지만 최고 자아는 그것을 소중한 가치관으로 여기지 않는다. 그런 이유에서 당신도 긍정적인 속성과 느낌을 주는 가치관들로만 꾸려갈 필요가 있다.

## 가치관 연습: 1단계

핵심 가치관을 나열하면 다음과 같다. 당신에게 울림을 주는 가치관에 표시하라.

| | | | |
|---|---|---|---|
| 진정성 | 성장 | 평판 | 감사함 |
| 성취 | 너그러움 | 존중 | 용서 |
| 모험 | 정직 | 책임 | 인내 |
| 권위 | 유머 | 안전 | 분노 |
| 자율 | 영향 | 자존 | 낙심 |
| 평정 | 내적인 조화 | 봉사 | 적의 |
| 아름다움 | 정의 | 영성 | 후회 |
| 대담함 | 친절 | 안정 | 불안 |
| 연민 | 지식 | 성공 | 무관심 |
| 도전 | 리더십 | 지위 | 굴욕 |
| 시민의식 | 학습 | 신뢰성 | 배제 |
| 공동체의식 | 사랑 | 부 | 비통함 |

| | | | |
|---|---|---|---|
| 권능 | 의리 | 지혜 | 당혹 |
| 기여 | 유의미한 노동 | 열정 | 질투 |
| 창의성 | 개방성 | 자기조절 | 체념 |
| 호기심 | 낙관성 | 지성 | 비난 |
| 단호함 | 평화 | 팀워크 | 실패 |
| 공정함 | 즐거움 | 겸양 | 평가 |
| 믿음 | 침착 | 균형감 | 경직성 |
| 명성 | 인기 | 사회 지능 | 비판 |
| 우애 | 인정 | 두려움 | 재미 |
| 종교 | 신중함 | 무기력 | 실망 |
| 슬픔 | 무용(無用) | 불신 | 죄책감 |
| 냉소 | 곤궁 | 의존 | 빈곤 |
| 좌절 | 비애 | 탐욕 | 걱정 |
| 외로움 | 절망 | 비관 | 우울 |
| 자기의혹 | 침울함 | 철수 | 배척 |

당신에게 해당하는 모든 가치관에 표시했다면, 이번에는 중요도가
높은 상위 일곱 가지 가치관을 순서대로 써보라.

1. _____

2. _____

3. _____

4. _____

5. _____

6. _____

7. _____

베스트 셀프

당신이 자신의 가치관으로 선택한 모든 긍정적인 가치관은 궁극적으로 당신의 강점인 성격을 뜻한다. 가치관은 당신에게 활력을 주어야 하는 것이고, 인간관계에서 다른 사람들에게 드러내 보여야 하는 것이다. 만약 당신의 가치관 목록에 부정적인 가치관이 있다면, 그 가치관은 당신의 반자아에서 비롯된 것이다. 따라서 당신은 그런 가치관을 떨쳐내고 긍정적인 가치관을 포용하는 것을 목표로 삼아야 한다.

## 가치관 연습: 2단계

이번에는 가족의 가치관을 찾아 표시해보자. 가족의 가치관은 당신의 개인적인 가치관과 다를 수 있다. 여기에서는 두 가치관이 겹치는 경우와 그렇지 않은 경우를 확인하는 것이 목적이다.

| | | | |
|---|---|---|---|
| 진정성 | 성장 | 평판 | 감사함 |
| 성취 | 너그러움 | 존중 | 용서 |
| 모험 | 정직 | 책임 | 인내 |
| 권위 | 유머 | 안전 | 분노 |
| 자율 | 영향 | 자존 | 낙심 |
| 평정 | 내적인 조화 | 봉사 | 적의 |
| 아름다움 | 정의 | 영성 | 후회 |
| 대담함 | 친절 | 안정 | 불안 |
| 연민 | 지식 | 성공 | 무관심 |
| 도전 | 리더십 | 지위 | 굴욕 |
| 시민의식 | 학습 | 신뢰성 | 배제 |
| 공동체의식 | 사랑 | 부 | 비통함 |
| 권능 | 의리 | 지혜 | 당혹 |
| 기여 | 유의미한 노동 | 열정 | 질투 |

| | | | |
|---|---|---|---|
| 창의성 | 개방성 | 자기조절 | 체념 |
| 호기심 | 낙관성 | 지성 | 비난 |
| 단호함 | 평화 | 팀워크 | 실패 |
| 공정함 | 즐거움 | 겸양 | 평가 |
| 믿음 | 침착 | 균형감 | 경직성 |
| 명성 | 인기 | 사회 지능 | 비판 |
| 우애 | 인정 | 두려움 | 재미 |
| 종교 | 신중함 | 무기력 | 실망 |
| 슬픔 | 무용 | 불신 | 죄책감 |
| 냉소 | 곤궁 | 의존 | 빈곤 |
| 좌절 | 비애 | 탐욕 | 걱정 |
| 외로움 | 절망 | 비관 | 우울 |
| 자기의혹 | 침울함 | 철수 | 배척 |

당신이 성장 과정에서 기준으로 삼았던 상위 일곱 가지 가치관을 순서대로 써보라.

1. _____

2. _____

3. _____

4. _____

5. _____

6. _____

7. _____

## 가치관 연습: 3단계

당신의 개인적인 가치관과 가족의 가치관을 나란히 놓고 비교함으로써 두 가치관이 어떻게 다른지 일목요연하게 정리해보자.

| 개인적인 가치관 | 가족의 가치관 |
|---|---|
| 1. | 1. |
| 2. | 2. |
| 3. | 3. |
| 4. | 4. |
| 5. | 5. |
| 6. | 6. |
| 7. | 7. |

## 가치관 연습: 4단계

당신이 개인적인 가치관을 정확히 알게 되면, 당신과 어울리는 사람을 찾아내는 데 도움이 된다. 또한 특정 유형의 사람들과 번질나게 충돌하는 이유를 파악하는 데도 도움이 된다. 당신의 가치관에 대해 더 깊이 알고 싶다면 다음 질문들에 대답해보라.

주변 사람들이 당신의 강점을 무엇이라 말하는가? 예컨대 그들이 당신을 의리 있는 친구라고 말하는가? 낙관주의자라고 말하는가? 뛰어난 팀원이라고 말하는가? 지금까지 가족, 친구, 동료 등으로부터 받은 긍정적인 피드백을 기억해 정리해보라. 그 강점들이 당신의 핵심 가치관과 맞아떨어지는가? 당신의 가치관을 반영한 행동을 삶의 과정에서 더 많이 보여주려면 무엇을, 어떻게 해야 한다고 생각하는가?

가치관을 고수하고 따르는 것은 늘 쉽지만은 않다. 삶의 여정에는 많은 굴곡이 있기 때문이다.

언젠가 내게 상담을 받은 한 남성은 '재미'가 핵심 가치관 중 하나라고 입버릇처럼 말했다. 그는 드론을 비롯한 전문적인 기구를 이용하는 촬영 전문가였다. 그는 재미가 없다고 판단되는 프로젝트는 받아들이지 않았고, 재미있는 모험거리를 찾아 전 세계를 돌아다녔다. 하루를 얼마나 재미있게 보냈느냐를 기준으로 하루 성과를 평가할 정도였다. 운 좋게도 그는 완벽한 동반자를 만났다. 그녀 역시 재미를 소중하게 생각했다. 그들은 자식을 낳기로 결정했다. 놀랍게도 자식이 태어나자마자, 어떤 의미에서는 하룻밤 사이에 그들의 가치관이 변했다. 전 세계를 돌아다니며 즐기던 '재미'라는 가치관이 빛을 잃었고, '사랑'이라는 새로운 가치관이 그 자리를 차지했다. 그렇다고 해서 '재미'라는 가치관이 완전히 사라진 것은 아니었기에 그들은 '재미'와 '사랑'이 충돌하지 않도록 적절히 조절하는 방법을 찾아낼 필요가 있었다.

부분적인 해결책은 '재미'의 뜻을 재정의하는 것이었다. 구체적으로 말하면, 전에는 캘리포니아의 코첼라에서 드론 촬영을 하며 주말을 보내는 것이 '재미'였다면, 지금은 가족과 함께 공원을 산책하는 것이 '재미'가 되었다. 정리하면, 당신의 삶이 변하고 발전함에 따라 가치관에 부응해 살아가는 방법을 재정의할 필요가 있다는 뜻이다. 당신의 삶에서 우선순위가 달라지면 가치관도 달라지는 것이 당연하다.

당신이나 사랑하는 사람에게 불미스러운 일이 닥치는 경우에도 가치관이 심하게 흔들릴 수 있다. 예상하지 못한 사건이 일어나면, 예컨대 자연재해로 집을 잃거나 부당한 이유로 비난을 받으면 혹은 치명적인 질병에 걸리면 핵심 가치관이 크게 시험받는다. 그러나 역경에 처하면 핵심 가치관을 충실히 지키며 실천해야 한다. 핵심 가치관은 우리가 사건의 이면까지 꿰뚫어보는 것을 도와주기 때문이다.

## 가족 관계(Family Relationship)

우리는 피를 나눈 가족과 관계를 맺으며 처음으로 다른 사람들과 교감하는 방법을 배운다. 누구도 혼자서는 번창할 수 없다. 우리는 다른 사람을 통해 자신을 알게 되기 때문이다. 우리 삶이 회복탄력성을 띠기 위해서는 가족과의 안전하고 건강한 관계가 전제되어야 한다. 가족과 연대함으로써 믿음과 행동이 형성되기 시작한다. 또한 어린 시절에 가족과 관계하며 안전하고 주목받기 위해서는 무엇이 필요한지도 알게 된다. 세상에 태어나 처음으로 맺는 이런 관계가 평생 동안 우리의 행동 양식에 영향을 미친다.

사랑을 주고받는 역량은 어린 시절의 경험과 타인을 사랑하며 교감하는 과정을 통해 구축된다. CAST 센터에서는 CAST 얼라인먼트 모델을 활용하여 우리가 사랑을 표현하는 습관적인 행동 양식 및 그 행동 양식이 우리 삶에 미치는 영향을 연구한다. 안전과 안녕, 친밀함을 원하는 개인의 욕구가 표면화될 때 유대, 사랑과 관련된 행동 양식이 활성화된다. 그런 욕구가 충족되면 우리는 그 상태를 '안정 애착(secure attachment)'이라 칭한다. 부모이든 주된 보호자이든 애착 대상은 필요하면 우리가 언제라도 다가가 도움을 요청할 수 있는 사람이다. 세상을 탐구하기 위한 안전한 기반을 우리에게 제공해주는 사람이라는 전제가 '안정 애착'이라는 표현에 암시되어 있다.

한편 불안정한 애착(insecure attachment)이라는 표현에는 보호자의 반응이 전제되지 않는다. 따라서 어린아이의 욕구가 충족되지 않고, 그 결과, 어린아이는 부모나 보호자의 무반응을 극복하기 위한 전략을 꾸미게 된다. 그 전략은 관심을 얻기 위한 파괴적인 행동을 나타낼 수 있으며, 어떤 형태를 띠더라도 그 목적은 보호자와의 관계를 조절함으로써 자신의 욕구를 충족하는 데 있다. 그런데 흥미롭게도 이런 불안정한 애착은 당사자를 긍정적인 방향으로 유도할 수 있다. 예컨대 베스가 어렸을 때 그녀의 아버지는 알코올 중독자였다. 베스는 아버지가 제대로 돌보아주지 않았기 때문에 자신을 관리하는 법을 스스로 깨우쳐야 했다. 성인이 된 지금, 베스는 평생 그렇게 살아온 까닭에 자신을 관리하고 책임 있게 행동하는 법을 정확히 알고 있다.

어렸을 때 안정 애착을 경험하지 못한 것은 나쁜 소식일 수 있지만, 성인이 된 후에 인간관계에서 적절한 전략을 세우고 좋은 습관을 형성할 수 있다는 것은 좋은 소식이다. 친밀 관계와 우정 관계, 가족 관계도 다를 바 없다. 좋은 관계를 형성하는 데는 여러 방법이 있다. 예컨대 자각력을 높임으로써 특정한 인간관계에서 당신의 욕구를 확인할 수 있고, 상대와 건전하게 대화할 수 있다. 또 당신이 이용당하지 않는다는 기분에 사로잡히지 않도록 다른 사람들과 건강한 경계를 둘 수 있고, 당신이 다른 사람에게 원하는 것을 얻지 못할 때 야기되는 느낌을 관리하도록 노력할 수 있다.

어렸을 때와 현재의 가족 관계에 대해 생각해보려면 다음 질문에 대답해보라.

- 당신이 지금보다 어렸을 때 가족은 당신이 어떤 사람이 되기를 바랐는가?
- 어떠한 행동을 할 때마다 가족에게 무언의 압력을 받았는가?

- 학업, 일, 동생 돌보기 등 가족이 중요하게 생각했던 것은 무엇인가?

- 당신에게 가족은 얼마나 중요한 존재인가? 1~10 중 적절한 점수를 매겨보라. 그런 점수를 부여한 이유는 무엇인가?

- 당신과 가족의 관계는 얼마나 좋은가? 1~10 중 적절한 점수를 매겨보라. 그런 점수를 부여한 이유는 무엇인가? 가족 관계가 좋은 이유는 무엇인가? 가족 관계가 좋지 않다면 그 이유는 무엇인가?

- 당신이 어린 시절부터 가족의 품에서 개발한 개인적인 강점은 무엇인가?(예: 근면함, 절제력, 집중력, 정직성 등)

- 당신은 갈등을 어떻게 다루는가? 부모의 방법과 유사한가, 다른가? 그 방법이 당신에게 효과가 있는가?

- 부모가 당신이 내린 결정을 좋아하는가, 걱정하는가?

- 어린 시절부터 지금까지 당신의 뇌리에서 떠나지 않는 부정적인 기억이 있는가? 그 기억을 현재의 것으로 재구성할 수 있는가?

## 홀로 남겨진 부모를 위한 조언

많은 시간과 에너지를 쏟아가며 사랑으로 자식을 키우지만, 어느 날 자식이 대학 진학이나 군 복무 혹은 독립된 가정을 꾸리기 위해 떠나야 할 수도 있다. 그럼 당신의 삶에 커다란 구멍이 뚫린 듯한 기분에 사로잡힐 것이다. 이런 '빈 둥지 증후군'은 당 신을 감상주의에 빠뜨릴 수 있지만, 조용한 공간에서 새롭게 마음의 평화를 찾을 수도 있다. 그 방법을 간략하게 소개한다.

1. 처음에 감상주의에 빠지는 것은 정상적인 현상이다. 그 감정을 마음속에 몰래 묻어두려고 하지 마라. 울고 싶을 때는 마음껏 울어라. 하지만 울음을 그친 뒤에는 자식을 잘 키웠다고 자신을 위로하라. 당신이 잘 키웠기 때문에

자식이 자신 있게 가족 품을 떠난 것이다.

2. 당신의 자녀는 계속 성장하고 있다. 당신도 그렇게 성장할 필요가 있다. 당신의 삶을 재평가하고, 당신의 최고 자아와 다시 하나가 되어 하루하루를 충실하게 살아야 한다. 옛 친구를 만나든, 새로운 운동을 시작하든, 자원봉사를 하든 자식 이외의 것에서 즐거움을 찾아라.

3. 자녀가 당신과 함께 살지 않더라도 여전히 당신이 부모라는 사실을 잊어서는 안 된다. 예전보다 중요한 결정을 내리는 일이 적어졌을 테지만 당신은 자녀에게 여전히 중대한 우군이다. 당신은 어떤 경우에나 자식의 편이어야 한다. 이런 점에서 당신은 여전히 중요한 존재다.

4. 자식은 당신에게서 멀어지고 있는 게 아니라 자신의 삶을 만들어가고 있는 것이다. 따라서 자식이 떠났다는 슬픔에 빠지지 말고 부모로서 당신이 이루어낸 결과를 자축하는 시간을 가져라.

5. 자식에게 번질나게 전화를 걸어 찾아오라고 재촉하거나 죄책감을 심어주지 마라. 자식을 옭아매며 당신의 행복에 대한 책임을 강요하고 싶겠지만, 자식이 당신의 행복을 책임질 수는 없다. 자식에게 당신의 공허함을 채우라고 요구하며 자식의 성공을 방해하지 마라.

## 가족 중 누군가에게 화가 나면

'가족'이라는 이유로 가족 구성원이 자신에게 상처를 주는 말이나 행동을 허용하는 경우가 적지 않다. 친구나 낯선 사람이 당신에게 똑같은 짓을 하면, 당신은 십중팔구 다른 식으로 대응할 것이다. 물론 가족 중 누군가가 당신에게 직간접적으로 상처가 되는 말이나 행동을 범할 때 가족과의 다툼이 있기 마련이다. 그러나 성장 과정에서 우리와 마주앉아 마음의 상처를 치유해주는 심리 치료사가 가정에는 없기 때문에 그 고통스럽고 가슴 아픈 상황을 이해하려는 노력은 전적으로 우리의 몫이 되고, 용서의 부족으로 그 앙금이 마음속에 남는 경우가 비일비재하다. 곁에 그런 가족을 두지 않는 것이 최선이다. 나에게도 화합하기 힘든 가족 구성원이 있다. 당신도 마찬가지일 것이다. 혈연으로 맺어졌다는 이유만으로 그 사람과 반드시 관계를 유지해야 할 필요는 없다.

만약 당신이 현재 부모, 형제자매, 사촌 등 가족 중 누군가와 다툼 중이라면 혹은 지난주나 작년, 심지어 10년 전의 일로 여전히 누군가에 대한 분노를 풀지 못하고 해묵은 앙심을 품고 있다면, 지금이라도 그 관계를 치유하기 위한 노력을 시작하거나 차라리 완전히 끊어버리는 것이 좋다.

어떤 가족 구성원을 경계하고 원망하게 되면 그 감정이 다른 구성원과의 관계로 퍼지지 않는지 항상 자문하며 조심해야 한다. 그 감정이 한 사람에게서 비롯되었다 해도 강력한 파급력을 지닌 까닭에 우리 삶의 모든 영역에서, 또 다른 사람과의 관계에서 악영향을 미칠 수 있다. 예컨대 우리는 좋은 누이이면서 나쁜 엄마, 아내, 친구가 될 수 있다. 최고의 자아로서 진실한 삶을 살기 위해서는 모든 인간관계에서 최고의 자아로 행동할 필요가 있다. 경계를 명확하게 구분 짓는 것은 불가능하다. 따라서 가족 구성원과 불미스러운 관계에 있다면 그 관계를 해결하기 위한 조치를 당장 취하라고 권하고 싶다. 그래야 당신 삶의 다른 영역까지 오염되지 않을 테니까.

최고 자아로서 이런 상황을 치유하는 데 도움이 되는 방법을 소개한다.

• 가족 구성원과 대립하고 있다는 것을 생각할 때마다 겁나고, 불안하고, 그의 반응이 걱정된다면 문제의 원인이 당신에게 있지는 않은지 곰곰이 생각해보라. 자신을 믿고 벽 뒤에서 나와 당면한 문제를 해결하기

위해 노력하라. 그 과정에서 그를 사랑해보라.

- 당신이 나약해 보일까 두려운가? 그 가족 구성원과 나누었던 관계가 그리우면 나약해 보인다 해도 먼저 화해를 시도하라. 상처받지 않을까 두려울 수도 있지만, 진실한 감정을 억제하느라 힘들지 않은가. 행동하지 않으면 둘 사이의 갈등이 계속되지 않겠는가? 위험을 감수하라. 나약하게 보일 것이라는 두려움을 떨쳐내라.

- 사랑하는 사람들과 어떤 이유로든 경쟁하고 있다면, 당신의 팀원들과 경쟁하고 있는 셈이다. 이상적으로 말하면, 가족은 당신의 지원군이어야 한다. 당신과 으르렁거리며 다툴 대상이 아니다. 당신과 그 가족의 불화에서 경쟁심이 핵심 원인이라면, 그와 경쟁하는 것을 멈추겠다고 결심하라. 당신이 멈추면 그도 멈출 가능성이 크다.

- 가족 중 누군가를 질투한다면, 당신이 그의 성공에 정말 분개하는지 깊이 생각해보라. 혹시 그가 당신의 욕구를 충족하지 못했기 때문에 시기하고 미워하는 것은 아닌가? 그가 인정하고 설명하거나 사과해야 할 문젯거리가 있다면, 그렇게 말하라.

- 당신과 그의 차이점을 인정하고, 그를 있는 그대로 사랑하라. 두 사람의 생각이 똑같아야 할 필요는 없다. 똑같은 것을 좋아하고, 우선순위를 똑같이 두어야 할 필요도 없다. 서로 최선을 다해 사랑하면 그것으로 충분하다.

- 관계가 지극히 곤란한 지경에 이르더라도 최고의 자아를 드러내며 "네가 어떻게 반응하더라도 너를 사랑하겠다!"라고 말하라. 그와 당신, 두 사람 모두가 이런 식으로 문제 상황에 접근하면 좋은 결과가 있을 것이다.

- 당신이 가족 구성원과의 갈등을 어떻게 변명하더라도 그 변명은 아무

## 가정 내 학대

당신이 가족 중 누군가에게 어떤 형태로든 학대를 받고 있다면, 그 학대가 진실로 치유되지 않으면 당신의 삶에 악영향을 미치기 때문에 전문가의 도움을 받는 것이 좋다. 학대 관계는 우리 삶에 중대한 영향을 미친다. 가족으로부터 학대와 무시가 있었다면, 당신에게 적합한 치유를 받아야 한다. 그 상처는 이 책을 읽는 것만으로 해결되지 않는 복잡한 문제다.

런 가치가 없다. 그를 오늘 잃더라도 그에 대한 불만을 계속 간직할 것인가? 그렇게 허비한 시간을 자랑스러워할 것인가? 그렇지 않다면, 당신의 진심을 하루라도 빨리 그에게 알리는 편이 낫지 않을까?

## 친밀 관계(Intimate Relationship)

이번에는 친밀한 관계에 있는 사람의 가치관과 당신의 가치관을 비교함으로써 친밀 관계에 대해 차근차근 살펴보자. 동반자와 배우자, 애인 등이 친밀한 관계에 있는 사람이다.

### 친밀 관계 가치관 연습

동반자에게 해당하는 가치관을 표시하라. 다음 목록에는 긍정적인 가치관과 부정적인 가치관이 뒤섞여 있다. 누구나 부정적인 가치관을 가질 수 있다. 동반자가 부정적인 가치관을 고집한다면, 그 현상이 당신에게 영향을 미치는지, 그렇지 않은지 냉정하게 판단해야 한다.

| | | | |
|---|---|---|---|
| 자율 | 대담함 | 시민의식 | 기여 |
| 평정 | 연민 | 공동체의식 | 창의성 |
| 아름다움 | 도전 | 권능 | 호기심 |
| 단호함 | 즐거움 | 균형감 | 두려움 |
| 공정함 | 침착함 | 사회 지능 | 무기력 |
| 믿음 | 인기 | 신중함 | 슬픔 |
| 명성 | 인정 | 감사함 | 냉소 |
| 우애 | 종교 | 용서 | 외로움 |
| 재미 | 평판 | 인내 | 자기의혹 |
| 성장 | 존중 | 분노 | 우울 |
| 행복 | 책임 | 낙심 | 무용 |
| 정직 | 안전 | 적의 | 곤궁 |
| 유머 | 자존 | 후회 | 비애 |
| 영향 | 봉사 | 불안 | 절망 |
| 내적인 조화 | 영성 | 무관심 | 침울 |
| 정의 | 안정 | 굴욕 | 배척 |
| 친절 | 성공 | 배제 | 의혹 |
| 지식 | 지위 | 비통함 | 의존 |
| 리더십 | 신뢰성 | 당혹 | 탐욕 |
| 학습 | 부 | 질투 | 비관 |
| 사랑 | 지혜 | 체념 | 철수 |
| 의리 | 열정 | 비난 | 실망 |
| 유의미한 노동 | 자기조절 | 실패 | 죄책감 |
| 개방성 | 지성 | 평가 | 빈곤 |
| 낙관성 | 팀워크 | 경직성 | 걱정 |
| 평화 | 겸양 | 비난 | |

베스트 셀프

가치관에서 당신과 다른 사람과 관계를 맺게 되면 어떻게 해야 할까? 가치관이 어떤 것이고, 우선순위를 어떻게 배열하느냐에 따라 달라진다. 당신은 인간관계에서 정직함을 가장 중요하게 생각하는데 동반자는 정직함을 상위에 두지 않는다면, 가치관의 차이는 관계의 장애 요인이 될 수도 있다. 인간관계에서 당신이 기대하고 소중히 생각하는 것에 대한 개방적인 논의는 관계를 시작하는 초기에 이루어져야 한다. 관계가 깊어진 후에 그가 당신만큼 정직함을 중요하게 생각하지 않는다는 사실을 알게 되면 난감하지 않겠는가. 허심탄회한 대화가 무엇보다 중요하다.

성숙한 관계를 위해서는 당신이 어떤 사람이고, 당신에게 무엇이 필요한지 알아야 한다. 다음 질문에 대답해보라. 가능하면, 동반자에게도 똑같은 질문을 해 대답을 끌어내보라. 두 사람이 머리를 맞대고 대화를 나누면 생산적이고 건설적인 시간을 보낼 수 있을 것이다. 또 더 깊어진 관계를 맺는 계기가 되고, 두 사람이 관계를 맺는 과정에서 회피하고 있는 의문들도 다룰 수 있을 것이다.

1. 당신이 인간관계에서 적극적으로 받아들이는 것은 무엇인가?
2. 당신이 인간관계에서 결코 받아들이지 못하는 것은 무엇인가?

당신이 삶의 과정에서 새로운 친밀 관계를 맺고 꾸준히 발전시키고 싶다면, 핵심 가치관을 공유하지 않는 사람과는 하나가 되기 쉽지 않다는 것을 명심하고 항상 위의 질문을 자문하기 바란다.

## 친밀 관계에서의 신화와 현실

낭만적 관계가 어떤 모습을 띠어야 하는지에 대해 미디어가 꾸며놓은 일반적인 인식과 믿음을 생각해본 적이 있는가? 앞서 자신의 반자아를 '라푼젤'이라 칭한 여성 의뢰인의 이야기를 소개했다. 친밀 관계에 대한 그녀의 비현실적인 이상과 관념은 텔레비전 프로그램과 영화, 음악, 광고 등 대중문화를 통해 받아들인 메시지에서 잉태된 것이었다. 그녀는 성장 과정에서 기능 장애를 겪었고, 아버지와의 껄끄러운 관계가 남긴 빈 공간을 채우려고 애썼다. 그러나 그녀의 마음에 불을 크게 지핀 것은 미디어였다. 내 생각에는 많은 사람, 특히 여성이 이런 비현실적인 몽상에 빠지는 듯하다.

결혼식은 720억 달러 산업이다. 엄청난 액수이지 않은가. 그러나 텔레비전 프로그램, 잡지, 소셜미디어 등에서 '결혼식 날'을 집중적으로 다루기 때문에 많은 커플이 '큰 그림'을 보지 못하는 안타까운 결과가 빚어진다. 결혼식은 하루이지만, 결혼 생활은 평생 지속되어야 하는 것이다. 그러나 그날 하루의 화려함만 강조될 뿐, 부부가 함께하는 그날 이후의 삶에 초점이 맞추어지지는 않는다. 여하튼 결혼식의 화려함이 50퍼센트의 이혼율에 일조하지는 않는다.

결혼식의 거의 모든 부분은 부부가 영원히 함께할 것처럼 꾸며지지만, 마음속에서는 누구도 그들의 결혼 생활이 영원히 계속될 것이라고 확신하지 못한다. 물론 누구도 그런 생각을 입 밖으로 내지는 않는다. 적어도 부부 앞에서는 더욱더.(나는 결혼식 하객들이 더없이 행복해 보이는 신랑과 신부 관계가 1년 이상 계속될까 소곤거리는 소리를 엿들은 적이 있다. 그것도 피로연장에서!) 아름다운 신부가 하얀 드레스를 입고 통로를 따라 들어오면, 하객들은 숨을 죽이고 바라본다. 주례는 하느님과 사랑에 대해 설교하며, 신랑과 신부에게 언제나 함께하라고 당부한다. 결혼식이 끝나면 하객들은 피로연장에서 웃고 떠들며 술을 마신다. 흥겹게 즐기는 것보다 성스러운 결혼을 축하하는 더 좋은 방법이 없을까? 과거에 비추어보면, 요즈음의 결혼식은 약간 천박해 보이지 않는가? 어떻게 이런 지경이 되었을까?

우리가 '연애'하게 될 때까지의 전형적인 과정을 잠시 살펴보자. 우리는 낭만적으로 묘사된 사랑 이야기가 담긴 책을 읽고, 영화와 텔레비전 프로그램을 보며 어린 시절을 보낸다. 이런 과정은 청소년기까지 계속된다. 여름휴가에 맞추어 개봉되는 블록버스터 영화에는 미화된 사랑 이야기가 있을 뿐이다. 위험한 타협이나 곤경에 허덕이는 삶, 기분을 언짢게 하는 사건, 중년의 위기가 끼어들지 않는다. 이렇게 어린 시절부터 비현실적인 사랑 이야기에 길들여지기 때문에 연애에 대한 기대치가 왜곡되는 것은 당연하다.

게다가 일반적인 사랑 이야기를 곧이곧대로 받아들이면, 우리가 삶에서 진정한 행복을 누리는 유일한 방법이 동반자를 얻는 것이라고 생각하게 된다. 동반자를 얻지 못하면 당신에게 잘못이 있는 것이라는 눈총이 쏟아진다. 따라서 영혼의 동반자를 구하는 것을 최우선 과제로 삼는다. 이런 잠재의식적인 믿음이 우리를 에워싸고 폭격할 때 그 믿음을 이겨내기는 쉽지 않다.

사춘기가 되면, 성에 관심을 갖기 시작한다. 또한 누군가에게 마음을 빼앗기고, 이른바 첫사랑이라는 연정을 품는다. 대부분은 그 첫사랑이 '영원한' 사랑이 될 것처럼 원대한 미래를 꿈꾼다. 하지만 그 풋사랑이 영원히 지속되지 않는다는 사실을 깨닫고 가슴앓이를 한다. 그 결과, 열병(熱病)과 친밀함의 차이를 조금씩 알아가기 시작한다. 그 후에는 학교

무도회 같은 문화적 규범을 맞이한다. 그 규범에 따르면, 남학생이 여학생에게 낭만적으로 데이트 신청을 해야 한다. 프롬포잘(promposal)이라는 말을 들어본 적이 있는가? 프로포즈와 비슷한 것으로, '프롬(고등학교에서 학년 말이나 졸업을 앞두고 열리는 무도회—옮긴이)'에 함께 가자고 요청하는 행위를 뜻한다. 프롬포잘이 점점 과장되고 호화롭게 변해가고 있다. 이처럼 어릴 적부터 짝짓기가 시작되기 때문에 모두가 누군가에게 동반자가 되어달라는 요청을 받길 희망한다.

성 소수자의 경우에는 훨씬 더 혼란스러운 과정을 겪어야 하고, 그 과정에서 따돌림을 받기 십상이다. 흉내를 낼 유의미한 역할 모델이 없기도 하고, 성 소수자를 받아들이지 않는 사회에서 처신하는 방법에 대한 꾸준한 대화와 일관된 기준이 없기 때문이다. 어떤 이유로든 따돌림을 받은 사람은 결국 배척되었다는 생각에 사로잡힐 것이고, 그 생각은 자존심에 상처를 남길 가능성이 크다. 이런 상처를 방치해두면 마음속에서 영원히 사라지지 않을 수도 있다.

엉뚱하게 들릴 수 있겠지만 나는 '짝이 없는 사람은 무언가 잘못된 사람'이라고 생각하지 않는다. 내가 이 책을 시작하며 말했듯, 모든 사람은 제각각이다. 어떤 경우든 모두에게 들어맞는 만능 대답은 없다. 인간관계의 경우도 다를 바 없다. 구체적으로 말하면, 당신이 누군가와 친밀 관계에 있지 않아도 최고 자아가 될 수 있다는 뜻이다. 정말이다. 우리 문화 구석구석에서 당신에게 "가능하면 빨리 영혼의 동반자를 찾아 결혼해야 해"라고 속삭이는 선전을 배격해도 된다는 뜻이다. 생계를 위해 그렇게 속삭이며 당신에게 결혼반지, 웨딩드레스, 턱시도를 팔려는 장사꾼에게 속지 마라. 잘못된 생각, 근거 없는 신화에 불과하다.

실제로 인간관계에 대한 사회적 규범에 맞추어 살려고 필사적으로 노력하는 사람은 결국 실망하고 낙담하기 십상이다. 설상가상으로, 그들은 사회적 규범에 문제가 있는 게 아니라 자신에게 잘못이 있는 것이라고 생각하며 자괴감에 빠진다. 이런 잘못된 현상에 화가 나고 슬프기도 하다. 인간관계의 정도에 상관없이 자신과 상대를 열린 마음으로 받아들여야 할 필요가 있다.

이제 딱딱한 설교는 그만두고 내가 지금껏 살아오며 깨닫게 된 결론을 이야기하면 '당신이 자신을 유지하며 믿음을 가지면, 어떤 인간관계에 있더라도 있어야 할 곳에 정확히 있게 된다. 또 무엇인가를 억지로 시도할 수 있지만, 조각들이 서로 맞아떨어지지 않으면 결국에는 가슴 앓이하게 된다'라는 것이다. 또 하나 중요한 깨달음이 있었다. 당신이 결혼한 지 8년 만에 이혼을 했다고 가정해보자. 그럼 불행한 결혼이었다는 사회적 낙인이 뒤따른다. 대부분의 시간은 행복했지만 결국 정이 떨어져 이혼했어도 불행한 결혼이었을까? 두 사람이 함께한 즐거운 시간을 축하하지 못할 이유가 어디에 있는가? 요컨대 어떻게 끝났느냐에 근거해 관계 전체를 규정하는 사회적 규범에 얽매일 필요가 없다. 좋은 기억은 소중히 간직하라.

삶은 영원하지 않고, 누구도 삶을 통제할 수 없다. 나는 '이혼한 사람은 중도에 포기한 사람, 흠결이 있는 사람'이라는 등식을 믿지 않는다. 누구에게나 고유한 삶의 여정이 있다. 그렇지만 갈라서기 전까지 관계에 충실하려면 당신의 최고 자아와 동반자의 최고 자아에게, 사랑하는 자녀가 있다면 자녀에게도 최선을 다해야 한다. 관계가 끝을 맺어도 모두가 온갖 노력을 다했다고 자부한다면 평화롭게 각자의 길을 갈 수 있다.

당신이 현재 친밀 관계에서 어떤 위치—혼자, 부정기적인 관계, 오랫동안 진지한 관계 등—에 있더라도 가장 중요한 것은 그 관계에서 최고의 자아로서 행동하느냐는 것이다. 그렇다면 당신이 혼자여도 상관없다. 매 순간 당신 자신에게 최고의 자아로서 보일 것이기 때문이다. 거듭 말하지만, 인간관계에서 가장 중요한 관계는 자신과의 관계다. 이 교훈을 재확인하고 싶다면 개인적 삶에 대해 다룬 6장으로 돌아가보라.

친밀 관계와 관련하여 내가 당장 척결하고 싶은 유해한 신화들이 있다. 이 잘못된 신화 중 하나에라도 동의하는 사람은 인간관계에서 최고의 자아로서 살아가는 것이 거의 불가능하다. 여기에서 나는 신화를 하나씩 소개한 후, 당신이 좋은 인간관계를 위해 항상 기억해야 할, 최고의 자아에 관련된 진실을 간략하게 정리하여 알려줄 것이다. 당신이 누군가와 무척 오랜 시간을 함께 지냈더라도 다음의 신화들을 되새겨볼 필요가 있다.

**신화 1: 좋은 관계가 되려면 모든 부분에서 생각이 비슷해야 한다.**
최고의 자아를 위한 진실

- 당신과 동반자는 모든 면에서 다른 사람이다. 둘이 똑같이 생각해야 한다는 것은 좋은 관계의 필요조건이 아니다.
- 동반자와의 관계에서 문제가 발생했을 때 당신이 생각의 방향을 동반자와 똑같이 한다고 해서 해결되지는 않는다. 그런 행동은 실질적으로 당신의 핵심 가치관을 배반하는 짓이다.
- 친밀 관계의 즐거움은 당신의 삶을 풍요롭게 해주는 사람과 함께하는 것에서 비롯된다. 동반자의 다른 점을 즐겁게 받아들여라.

신화 2: 좋은 관계에는 황홀한 연정이 필요하다.

최고의 자아를 위한 진실

- 앞서 결혼식과 현실의 차이에 대해 언급하며 이 신화를 이미 다루었다. 하지만 그 이상의 착각이 있다. 영화를 볼 때마다 황홀한 사랑에 빠지고 싶은 욕망에 사로잡히면, 그런 사랑은 결코 지속될 수 없기 때문에 반드시 환멸에 이르게 된다.

- 사랑에 빠지는 행위와 사랑하는 행위의 차이를 알아야 한다. 사랑을 시작할 때의 열정과 흥분이 사그라들어 현실적인 관계로 안정된다고 해서 무엇인가가 잘못된 것은 아니다. 사랑의 새로운 단계, 즉 깊은 교감을 새롭게 경험할 수 있는 단계에 들어선 것일 뿐이다.


신화 3: 좋은 관계에는 탁월한 문제 해결 능력이 필요하다.

최고의 자아를 위한 진실

- 인간관계를 기능적으로 유지하기 위해서는 눈앞에 닥치는 모든 문제를 해결할 수 있어야 한다고 생각하는 사람이 많다. 하지만 거짓이다.

- 인간관계에서 야기되는 대부분의 문제는 실질적으로 해결되지 않는다.

- 핵심은 그 문제들이 당신 마음속에서 곪아터져 원망이 싹트도록 내버려두지 않고, 반자아를 드러내는 것이다.

- 의견 차이를 인정하는 방법을 배우고, 똑같은 쟁점을 반복해서 거론하며 동반자를 억누르는 무기로 사용하지 않아야 한다.

신화 4: 좋은 관계에는 두 사람을 영원히 하나로 묶어줄 공통된 관심사가 필요하다.

최고의 자아를 위한 진실

- 두 사람이 주말이면 윈드서핑을 함께 즐기고, 가을이면 축구 경기장을 찾아간다면 더할 나위 없이 좋다. 그러나 당신은 윈드서핑을 좋아하는 반면, 동반자는 그렇지 않다고 해서 굳이 동반자가 윈드서핑을 배우거나 당신이 포기해야 할 필요는 없다.
- 거듭 말하지만 둘의 차이에서 당신과 동반자는 새로운 것을 배운다. 따라서 관심사가 서로 다른 편이 훨씬 낫다.

신화 5: 좋은 관계는 평화로운 관계다.

최고의 자아를 위한 진실

- 동반자와 좋은 관계를 맺으면 당신의 삶이 평화로울 것이라는 생각 자체가 비현실적이다. 다툼이 불건전한 관계의 징조라고 두려워하지 마라. 지극히 건전한 부부도 싸운다.
- 다툼은 어떤 관계에나 있기 마련이다. 다툼이 올바르게 행해지면 그동안 쌓인 긴장이 해소되고, 불화는 얼마든지 있을 수 있다는 마음의 평화가 허용되어 둘의 관계가 더욱 돈독해질 수 있다.

[최고의 자아로서 다투는 기법들]

- 충돌이 일어나면 당신의 최고 자아는 어떻게 말하고 어떻게 행동할지 자문해보라.
- 언쟁을 벌이더라도 동반자의 가치는 공격하지 마라. 인격 살인은 어떤 경우에도 허용되지 않는다.

- 목소리를 정상적인 어조로 유지하라. 고함을 친다고 해서 상대가 당신의 요점을 더 잘 파악하는지 않는다.
- 다툼이 자극적이고 흥미롭다는 이유로 다툼에 끼어들거나 다툼을 시작하지 마라. 그런 행동은 반자아에 굴복하는 것이다.
- 언쟁의 논점에서 벗어나지 마라. 해결되는 않은 쟁점들을 두서없이 거론하면 모든 것을 걱정하게 만들 뿐이다.
- 어떤 형태로도 타협하지 않겠다는 태도를 버려라. 진솔한 대화가 완전히 중단될 정도로 당신이 무조건 옳다는 생각을 버려라.
- 동반자가 말한 것을 압축해서 되풀이함으로써 그의 말을 듣고 이해했다는 것을 알려주어라.
- 쟁점을 피하지 마라. 쟁점이 해결되지 않더라도 두 사람이 수용할 수 있는 방향으로 감정을 정리하는 방법을 찾도록 하라.

## 신화 6: 관계가 좋으면 모든 감정을 분출할 수 있다.
### 최고의 자아를 위한 진실
- 둘 모두가 엄청난 압력을 받아 지독히 긴장하거나, 피곤에 지쳐 기진맥진한 상태에 있더라도 당신은 여전히 동반자를 사랑하고 존중하기 때문에 동반자에게 깊은 상처를 줄 수 있는 감정을 여과 없이 토해내지는 않는다.
- 인간관계에서 용서는 무척 중요하다. 그러나 긴장된 순간에 쏟아낸 험악한 말 때문에 용서를 구하려고 안달할 필요는 없다.
- 감정이 고조된 상태에서 무엇인가를 말하려고 입을 열기 전에 일단 모든 것을 멈추고 심호흡하며 당신이 어떻게 해야 하는지 최고 자아에게 물어보라. 숨을 돌리고 개인적인 의식이나 만트라를 되풀이하고 싶을

수도 있다. 농담하는 것이 아니다. 한창 논쟁 중이더라도 상관없다. 잠깐의 휴식을 요구하고 냉정을 되찾은 후에 다시 논쟁을 시작하라.

신화 7: 좋은 관계는 섹스와 아무 관계가 없다.

최고의 자아를 위한 진실

- 인간관계에 대한 조사에 따르면, 성생활에 만족한다고 대답한 부부는 섹스가 중요도 척도에서 10퍼센트를 차지한다고 대답한 반면, 성생활에 만족하지 않는다고 대답한 부부는 섹스가 중요도 척도에서 90퍼센트를 차지한다고 대답했다. 달리 말하면, 당신이 섹스를 중요하다고 생각하지 않을 때까지 섹스가 인간관계에서 중요한 위치를 차지한다는 뜻이다.
- 섹스를 통해 서로 한층 더 가까워지고, 취약함을 경험하게 된다.
- 명확히 말하면, 섹스는 단순히 육체적 행위를 뜻하는 것이 아니다. 동반자에게 육체적 쾌락을 안겨주는 수단은 어떤 것이든 만족스러운 성생활의 일부로 여겨질 수 있다.

신화 8: 좋은 관계도 흠결 있는 동반자를 인정하지는 못한다.

최고의 자아를 위한 진실

- 우리 모두에게는 두 가지 공통점이 있다. 첫째는 모두가 제각각이라는 것이고, 둘째는 누구도 완벽하지 않다는 것이다. 동반자가 흠결 있는 사람이어도 우리는 좋은 관계를 맺을 수 있다.
- 동반자의 결함에 대해 강박 관념을 갖지 말고, 당신의 마음을 사로잡은 동반자의 장점을 먼저 생각하라. 동반자의 남다른 개성에 마음이 끌렸는가? 어떤 행동이 보편성을 띠지 않는다고 관계를 방해하는 것은 아니다.

- 정말 중요한 것이 이 신화에 감추어져 있다. 기벽을 지닌 동반자와 심각한 문제를 지닌 동반자를 신중하게 구분해야 한다. 파괴성과 폭력성을 띤 심각한 문제로는 약물 남용과 정신적이고 신체적인 학대가 있다. 남다른 기벽과 달리, 이런 심각한 문제는 용납할 만한 문제가 아니다. 이런 문제가 계속되면 당신 자신과 자식을 지키기 위한 조치를 취해야 마땅하다.

## 신화 9: 좋은 관계를 맺는 올바른 방법과 잘못된 방법이 있다.

### 최고의 자아를 위한 진실

- 좋은 배우자, 좋은 부모가 되는 확실한 '올바른 방법'은 없다. 또 삶이 인간관계에서 당신에게 던지는 모든 문제를 해결하는 결정적인 '올바른 방법'도 없다. 하지만 최고 자아가 이 모든 것을 해내는 방법은 있다. 당신이 최고 자아로서 행동할 것인지, 아니면 반자아에게 모든 것을 맡길 것인지는 당신만이 알고 있다.

- 책에서 읽거나 영화에서 보았던 것 혹은 선의의 친구에게 들은 임의의 기준을 따르지 말고, 당신에게 필요하고 진실하게 여겨지는 것을 하라. 당신과 동반자가 행하는 방법으로 원하는 결과를 얻었다면 그 방법을 고수하라. 당신과 동반자가 모두 현재의 구조와 가치에 만족한다면 두 사람만의 원칙을 세워보라. 예컨대 비밀에 관련해서 어떤 부부는 완전하고 꾸밈없는 공개를 원칙으로 삼아, 서로 어떤 비밀도 남겨두지 않는다. 이 원칙이 당신에게도 효과가 있다면 상관없다. 그러나 구체적인 기준(예컨대 동반자나 자식의 건강에 영향을 미치는 문제는 감추어서는 안 된다)에 따라 약간의 비밀을 두어도 두 사람의 관계가 좋다면, 그런 삶도 괜찮다. 핵심은 당신과 동반자가 그 기준에서

한마음이어야 한다는 것이다.

- 사랑을 표현하는 동반자의 행동을 받아들이는 방법에서 융통성을 발휘해야 한다. 사랑의 표현에서 '올바른 방법'은 없다. 동반자가 당신과는 다른 식으로 감정을 표현한다고, 또 동반자의 감정 표현이 당신의 기대와 다르다고 그 감정이 덜 순수하거나 덜 소중한 것은 아니다.

**신화 10: 동반자를 바로잡을 수 있는 경우에만 좋은 관계가 가능하다.**

최고의 자아를 위한 진실

- 당신만이 자신과 자신의 행동을 통제할 수 있다. 동반자를 비롯해 다른 누구의 행동을 당신이 통제할 수도, 변화시킬 수도 없다. 달리 말하면 인간관계에서 당신이 어떤 문제에 직면하면 당신의 한계를 인정해야 한다는 뜻이다. 당신이 절대 인정할 수 없는 면이 동반자에게 있더라도 당신이라면 그를 고칠 수 있을 것이라는 헛된 믿음의 포로가 되어서는 안 된다. 관계의 장애 요인, 즉 관계를 끝내는 원인이 바로 그런 믿음이다.

- 앞서 말했듯, 당신이 변화의 길을 선택하고 진실한 삶을 살기 시작하면, 놀랍게도 주변 사람들까지 당신이 보여주는 삶에 맞추기 시작한다. 달리 말하면 당신이 직접 동반자를 변화시킬 수는 없지만, 먼저 변하면 동반자도 다른 식으로 당신에게 반응하기 시작할 것이라는 뜻이다. 결국 당신이 변하면 역학 관계가 필연적으로 변한다. 항상 더나은 방향으로 변하는 것은 아니지만 여하튼 변한다.

- 동반자에게 당신의 행복을 책임지라고 요구해서는 안 된다. 당신의 행복은 당신이 책임져야 한다. 사랑은 상호적이라는 사실을 기억하라. 더 많이 주면 더 많이 받는다. 동반자의 사랑과 배려를 받으려면

당신이 먼저 동반자를 사랑하고 배려해야 한다는 뜻이다.

우리 모두는 불완전한 존재이기 때문에 완벽한 인간관계라는 것은 없다. 제대로 기능하든, 그렇지 않든 모든 인간관계에는 고유한 역학 관계가 있다. 당신의 인간관계에서 제대로 기능하지 않는 영역이 있다면, 그에 대해 진솔하고 열린 마음으로 동반자와 함께 대화하는 시간을 가져보기를 바란다. 근거 없는 신화를 살펴본 목적은 친밀 관계에서 우리에게 실질적으로 중요한 것을 배우고 이해하기 위함이었다.

## 최고의 자아로서 양육하기

당신이 부모라면 최고의 자아와 하나가 되어야 하는 당신의 삶에서 양육만큼 더 중요한 영역은 없다. 자식을 둔 의뢰인들과 친구들은 양육보다 힘든 영역은 없다고 하소연한다. 그렇다. 양육은 하루도 쉬지 않고 하루 24시간 일해야 하는 삶의 영역이다.

현재 부모도 아니고, 앞으로 부모가 될 계획도 없는 사람은 이 부분을 건너뛰어도 상관없다. 하지만 여기에서 소개하는 몇몇 기법은 우리가 삶에서 맞닥뜨릴 수밖에 없는 '어른 아이(big kid)'와의 관계에서도 유용하다는 사실이 입증되었다. 따라서 대강이라도 읽어보기 바란다. 당신이 부모 역할을 할 때 당신과 자녀 모두에게 도움을 주기 위해 고안된 기법들을 소개하겠다.

### 최고의 자아를 위한 양육 기법 1: 목적의식을 띤 양육
당신이 부모로서 내려야 하는 중요하면서도 흥미로운 결정은 자식에게 성공의 목적을 명확히 규정해주는 것이다. 연령에 적합한 목표를 선택해서 소통하며 추구할 때 자녀는 목적의식을 갖게 된다. 이런 목적의식이 있을 때 자녀가 삶에서 명확히 규정한 목표를 달성하면 자신의 세상을 정복한 듯한 기분을 느끼게 된다. 따라서 자녀를 위해 성공의 의미를 규정할 때는 당신 자신의 능력과 역량만이 아니라 자녀의 관심사와 능력을 고려해야 마땅하다.

거듭 말하지만, 당신의 자녀는 당신이 아니다. 당신 자녀도 고유한 성격이 있고, 어렸을 때부터 자신의 최고 자아와 하나가 되는 방법을 배워야 한다. 따라서 당신이 자녀와 함께 머리를 맞대고 명확한 목표를 세우면, 자녀가 자신이 누구이고 무엇에 관심이 있는지 알아내는 데 도움이 된다. 또한 자녀가 세상과 상호작용하는 방법을 알아가는 데도 도움이 된다. 자녀가 자신의 최고 자아와 하나가 되려는 적극성을 가지도록 자녀의 개성을 살려주어라. 우리는 솔선수범함으로써 자녀를 가르친다. 최고 자아로서 사는 것이 어떤 것인지를 몸소 보여주어라. 자녀가 당신을 진실하다고 생각하면 당신을 본받을 것이다. 당신이 부모로서 부담해야 할 주된 책임 중 하나, 즉 당신이 자녀에게 줄 수 있는 멋진 선물 중 하나는 자녀가 자신의 삶을 살아가며 재능을 완전히 개화하도록 가르치는 것이다.

당신이 자녀와 함께 추구해야 할 또 하나의 목표는 사회화다. 사회화를 통해 자녀가 책임 있는 시민이 되고, 다른 사람들과 사이좋게 지내며, 친밀하고 신뢰할 만한 관계를 쌓아갈 수 있기 때문이다. 이때 당신은 자녀가 삶의 소음을 끄고, 다른 사람의 부정적 비판이 마음속에 스며들지 않도록 차단하는 능력을 갖추도록 도와주어야 한다. 자녀가 당신과 솔직하게 대화하도록 독려하라. 그래야 당신이 자녀와 함께 머리를 맞대고, 중요한 것과 '소음'에 불과한 것을 구분할 수 있다. 자녀에게 사회화를 가르치는 방법 중 하나를 예로 들면, 밤마다 가족 모두가 마주 보고 앉아 그날의 좋았던 부분과 나빴던 부분을 점검하는 것이다. 저녁 식사를 끝낸 후도 좋고, 규칙적으로 시행할 수 있다면 하루 중 어느 때라도 상관없다. 모두가 그날 경험한 좋았던 것과 나빴던 것을 적어도 하나씩 공유해보는 것이다. 각자의 즐거움을 나누고 힘들었던 곤경을 극복하도록 서로 기운을 북돋워주자는 데 목적이 있다. 자녀가 따돌림을 받거나 어떤 식으로든 괴롭힘을 받으면 당신은 자녀가 괴로움을 극복하고 감정적으로 더 강해지도록 도와주어야 한다.

끝으로 감사하는 마음을 표현하는 능력을 자녀에게 심어줄 수 있어야 한다. 그래야 이 순간에 충실하고 현재 소유한 모든 것에 깊이 감사하며 살아갈 때 진정한 행복을 느낄 수 있다는 사실을 자녀가 깨닫게 될 것이다. 매일 가족의 일원으로 감사하는 마음을 재미있게 표현하는 방법을 찾아내라. 예컨대 저녁 식사를 마친 뒤 무엇에 감사하고 그 이유가 무엇인지 대화를 나누며 하루를 마무리하는 방법이 있다. 일상적인 삶의 속도에 따라 짤막하게 끝낼 수도 있지만 상대적으로 오랜 시간 의논할 수도 있다. 여하튼 감사하는 마음으로 아침을 시작하고, 하루를 끝낸다면 자녀에게 평생 도움이 되는 멋진 습관을 길러주는 것이다.

## 최고의 자아를 위한 양육 기법 2: 명확한 양육

부모와 자녀 간의 대화는 생산적인 사랑의 관계를 형성하고 유지하는 데 필수적이다. 명확한 양육은 이 원칙에 기반을 두고 있다. 부모로서 당신의 목표는 안정감과 안전감, 소속감, 자신감, 의지력 등을 가족 모두에게 심어주는 것이다. 이 목표를 달성하려면 가족들과 함께 명확하게 대화해야 한다.

당신이 가정에 조성한 울타리 안에서는 어떤 힘과 영향력을 행사할 수 있다는 확신을 자녀에게 안겨줄 필요가 있다. 이런 느낌을 북돋워주는 주된 방법은, 자녀와 대화할 때 자녀에게 완전하고 충실한 관심을 기울이며 자녀가 전하려는 의도를 조심스럽게 헤아리는 것이다. 경청이 핵심이다. 대체로 위기가 닥치고 부정적인 피드백이 주어지면 그때서야 부모와 자녀 간의 대화가 시작된다.

위기로 인해 스트레스를 받지 않은 상황에서 중요한 쟁점에 대해 대화하는 것이 중요하다. 예컨대 자녀가 약속한 시간보다 30분 늦게 귀가했을 때 바로 귀가 시간에 대해 언급하는 것은 적절하지 않다. 자녀가 밤늦게 외출한다면, 외출 전에 규칙을 명확히 해두어야 한다. 자녀가 귀가 시간을 어기면 곧바로 자녀를 꾸짖기보다는 당신이 분노로 대응할 가능성이 조금 떨어지는 이튿날 아침에 그 문제를 거론하는 편이 낫다. 자녀가 상대적으로 어려서 때때로 잠자기 전에 이를 닦지 않으면, 그로 인해 닥치는 결과를 구체적으로 말해주며 차분하고 조용히 타이르도록 하라. 그 순간에 발끈해서 고함치고 나무란다면, 부모로서 최악의 대화법을 선택한 것이다.

자녀와의 대화에서는 타이밍이 가장 중요하다. 자녀는 부모가 자신의 말을 들어주기를 바라고, 부모에게 자신의 감정을 인정받고 배려받기를 원한다. 물론 부모가 자신에게 기대하는 것을 해낼 때 상당한 권리와 특혜를 얻을 수 있다는 것도 알고 있다. 또 행동으로 자신이 원하는 것을 얻어내는 능력과 힘을 가지려고 한다. 이런 욕망은 무척 어린 나이, 심지어 태어나 수개월 만에 시작된다.

자녀가 무엇인가를 갖기를 원하지만, 당신은 그것을 허락하고 싶지 않을 때 어떻게 해야 할까? 자녀와 눈을 맞추고, 자녀에게 속이 상하고 화가 난 것을 인정한다며 사랑한다고 말해주어야 한다. 자녀가 원하는 것이 그 연령에 합당한 것이 아니면, 뒤로 물러서서는 안 된다. 그래도 자녀의 하소연을 듣고 감정을 인정하며 다독거리는 시간을 가져야 한다. 자녀에게 원하는 것을 들어줄 수 없는 이유를 논리적으로 설명해야 한다. 이때 지나친 설명은 삼가는 것이 좋다. 자칫하면 자녀가 당신을 집요하게 설득하는 대화에 휘말릴 가능성이 있기 때문이다. 당신이 생각하는 이유를 논리적으로 말하고, 자녀에게 배려받고 있다는 기분을 느끼게 해주면 그것으로 충분하다.

애초부터 그랬다면 좋았겠지만 자녀의 연령에 상관없이 지금부터라도 이 방법을 습관화하면 앞으로 이런 문제를 훨씬 쉽게 해결할 수 있을 것이고, 자녀가 지금보다 덜 반항적이고 덜 까탈스럽게 성장하는 보상을 덤으로 얻을 수 있을 것이다.

### 최고의 자아를 위한 양육 기법 3: 협상을 통한 양육

삶의 과정에서 협상을 피할 수 없다. 양육도 예외가 아니다. 부모라면 자녀의 성격 유형을 파악하고, 그 유형에 따라 협상할 필요가 있다. 자녀가 유난히 반항적이라면 억지로 협상할 필요는 없다. 자녀에게 협상의 기본을 가르치기 위한 첫 단계는 자녀에게 행동의 결과를 예측할 기회를 주고, 행동에서 비롯되는 실제 결과에 대한 책임감을 길러주는 것이다. 그럼 자녀는 권한을 위임받았다고 생각할 것이고, 부모는 매번 협상에서 성공할 가능성이 커진다.

**[양육을 위한 협상 단계]**
- 논쟁의 범위를 좁혀라. 당면한 문제에만 집중하라. 먼 과거나 최근에

의견이 달랐던 영역까지 논쟁을 확대하지 마라.

- 자녀가 실제로 원하는 것이 무엇인지 알아내라. 그것이 무엇인지 이미 짐작하고 있을 수도 있지만, 당신의 짐작이 실제로 맞는지 확인해야 한다. 그것이 어떤 식으로든 자녀를 위험에 빠뜨릴 가능성이 있는 것이라면, 논외로 배제해야 한다.

- 중간 지대, 즉 절충점을 찾으려고 노력하라. '타협'은 모든 가정에서 마법의 단어다. 특히 자녀에게는 더할 나위 없는 만족감을 주는 지점이다. 모두에게 승리했다는 기분을 안겨주는 절충점을 찾아내면 문제가 금세 진정되고, 의지의 전쟁이 예방된다.

- 합의점, 즉 협상의 결과를 명확히 하라. 자녀가 최종적인 결정을 완전히 이해할 수 있어야 한다.

- 처음에는 초단기로 자주 협상하고 합의하라. 자녀가 어린 경우에는 몇 시간 전에 약속한 합의조차 쉽게 무시된다. 연령에 적합한 협상 시간표가 있어야 한다.

### 최고의 자아를 위한 양육 기법 4: 적절한 보상을 통한 양육

자녀가 올바르게 행동하기를 바란다면, 당신이 원하는 행동 기준을 세워야 한다. 부모는 자녀의 바람직하지 않은 행동에 주로 주목하기 때문에 양육이 불평과 꾸중으로 이루어지는 경우가 많다. 용납할 수 없는 행동을 변화시키려고 노력하기보다 긍정적인 행동을 독려하는 데 집중한다면, 부정적인 행동이 크게 확대되지는 않을 것이다. 이 목표를 달성하려면 자녀가 선호하는 보상이 무엇인지 파악해야 한다. 보상은 훌륭한 행동을 인정하고 그에 대한 대가를 제공하는 시스템이다. 표적 행동을 실행하는 과정이나 그 직후에 보상이 주어지면, 그 행동이 반복될 가능성이 커진다. 당신의 자녀가 적절한 행동을 통해 보상을 받을 수 있는 방법을 찾아내라.

보상의 형태는 다양하다. 자녀의 연령에 따라 달라질 수 있다. 자녀가 어린 경우에는 '스티커'가 효과적일 수 있다. 긍정적인 행동을 할 때마다 스티커 하나를 주고, 일정한 수가 모이면 작은 선물—장난감, 풍선, 학용품 등—을 주는 방법이다. 먹을 것으로 보상하는 방법은 바람직하지 않다. 특히 사탕과 패스트푸드는 훗날의 건강을 해치고, 건전하지 못한 관계의 원인이 될 수 있다. 특히 처음부터 값비싼 보상은 금물이다. 자칫하면 자녀의 기대치를 비현실적이고 턱없는 수준까지 높일 수 있기 때문이다. 한편 나이가 꽤 있는 자녀에게는 바람직하고 책임감 있게 행동한 경우에 재미있는 놀이를 할 수 있는 시간을 늘려주는 보상을 생각해볼 필요가 있다. 결론적으로, 자녀의 삶에서 중요한 것이 무엇인지 정확히 파악할 때 자녀의 행동을 적절한 방향으로 유도할 수 있다.

## 최고의 자아를 위한 양육 기법 5: 변화를 통한 양육

양육에 관한 한 '무엇이든 수용하겠다는 마음가짐'을 적극적으로 받아들여야 한다. 예를 들면 자녀가 아프면 휴가를 내서라도 자녀 곁을 지켜야 하고, 공립학교가 맞지 않는 아이를 사립학교에 보내기 위해 더 작은 집으로 이사하거나 외식 횟수를 줄이는 등의 희생을 감수할 수 있어야 한다. 당신과 자녀의 미래는 똑같이 소중하다. 극단적인 문제에는 예외적인 해결책이 필요하다.

자녀의 삶, 나아가 가족의 삶에서 변화가 일어날 때 가족 모두가 합심해서 각자의 의무를 규정하면 새로운 상황을 어렵지 않게 대처할 수 있다. 이렇게 할 때 가족은 모두의 새로운 기대치에 맞추어 대화하고,

저항을 예측하고, 장애물에 대비한 계획을 세울 수 있다.

### 최고의 자아를 위한 양육 기법 6: 화목을 통한 양육

자녀의 관심을 끌려고 당신이 누군가와 경쟁하지 않고, 자식도 부모의 관심을 끌려고 안달하지 않을 때 화목한 가정이 된다. 어린 자녀는 부모가 휴대폰을 내려놓고 자신과 눈을 낮추며 자신의 말을 들어주기를 바란다. 그러나 정작 자신도 좀비처럼 텔레비전 화면을 뚫어지게 쳐다보며 부모와 대화하려 하지 않는다는 것을 전혀 의식하지 못한다. 텔레비전과 휴대폰, 비디오 게임 등 테크놀로지와 관련된 활동이 가정의 화목을 방해하면, 지금이라도 가정의 우선순위를 진지하게 재평가해야 한다.

당신 생각에 최고의 가정이 되기 위해 우선시해야 할 열 가지를 순서대로 써보라. 그리고 당신의 가정에서 실제로 시간을 많이 소비하는 상위 열 가지를 써보라. 두 목록을 비교하면, 당신의 이상과 실질적인 생활 방식이 일치하는지 확인할 수 있을 것이다. 앞의 목록에서 윗부분에 있는 가치관과 우선 사항이 시간 할당 목록에서 아랫부분에 머물고 있다면, 최고의 가정을 위한 우선순위를 지킬 수 있도록 가족의 시간과 에너지를 의식적으로 재조정할 필요가 있다.

### 최고의 자아를 위한 양육 기법 7: 본보기를 통한 양육

자녀의 삶에서 가장 강력한 역할 모델은 부모다. 어린아이는 다른 사람들의 행동을 관찰하고, 그 행동의 결과에 주목하며 간접적으로 배운다. 그리고 가족 구성원이 성공하거나 실패할 때 그 가족에게 어떤 일이 일어나는지 유심히 지켜본다. 이런 경험이 훗날 삶의 지표가 된다. 이른바 '본보기'가 되는 것이다. 부모로서 당신은 행동과 말, 사랑과 품행을 통해 당신이 원하는 방향으로 자녀가 성장하도록 유도할 수 있다.

본보기로 양육하려면 당신의 생각과 감정, 행동을 먼저 파악한 후 당신이 성장한 과정에 비추어 평가해보라. 의식적으로 목적의식을 띤 단호한 결정을 내려야 한다. 특히 가족의 부정적인 유산에 근거한 결정이어서는 안 된다. 달리 말하면, 부정적인 면이 가족 시스템에 악영향을 미치지 않도록 해야 한다. 예컨대 당신이 어린 시절에 학대받고 방치되었다면, 바람직하지 않은 양육을 받았다면 그로 인한 악순환을 당신 세대에서 끝내고 자녀 세대까지 넘기지 않겠다고 결심해야 한다. 우리가 부모와 선조를 선택할 수는 없다. 그러나 자녀를 어떻게 키우느냐는 전적으로 우리가 선택할 수 있다. 우리는 의식적으로나 무의식적으로 자녀에게 엄청난 영향을 미칠 수 있다. 많은 압박감이 있지만, 우리가 말하고 행하는 모든 것이 중요하다. 이 점을 잊어서는 안 된다.

자녀에게 행복하고 성취감을 만끽하는 균형 잡힌 성인이 되는 방법을 몸소 보여주어라. 당신이 최고의 자아로서 살아가는 것을 자녀에게 보여준다면, 자녀도 당신을 닮으려고 노력할 것이다.

## 당신의 인간관계에 대한 평가

당신의 인간관계를 세 부분으로 나누어 평가해보자

### 가족 관계

1단계: 1 ~10 중 적절한 점수를 매겨보라. 점수 1은 당신의 가족 관계가 상당히 불안해서 당신의 일상생활에 부정적인 영향을 미치기 때문에 즉각적으로 관심을 쏟아야 한다는 뜻이다. 한편 점수 10은 당신이 최고의 자아로서 살아갈 수 있도록 가족 관계가 든든히 뒷받침하고 있어 별다른 개선이 필요하지 않다는 뜻이다.

2단계: 이 영역에서 당신에게 도움이 되는 행동과 그 이유를 써보라.

(예)

- 나를 이용하는 친척들과 경계를 짓는다.
- 친척들에게 정직하게 말하고, 예의 바르게 행동한다.

내 가족 관계에서 실제로 도움이 되는 행동들은

_____. 그 이유는 _____

_____. 그 이유는 _____

_____. 그 이유는 _____

2단계: 당신의 가족 관계를 방해하는 요인은 무엇인가?

(예)

- 친척의 요구가 나에게 도움이 되지 않더라도 나는 친척의 요구에 응하는 경향이 있다.
- 친척의 지적이 내 감정을 상하게 하는 경우가 적지 않고, 그때마다 나는 그 친척에 대한 죄책감과 원망을 동시에 품는다.

내 가족 관계에서 실제로 도움이 되지 않는 행동들은

_____. 그 이유는 _____

_____. 그 이유는 _____

베스트 셀프

_____. 그 이유는 _____

## 친밀 관계

1단계: 1~10 중 적절한 점수를 매겨보라. 점수 1은 당신의 친밀 관계가 기능적이지 않아 당신이 최고의 자아로 사는 데 도움이 되지 않는다는 뜻이다. 한편 점수 10은 당신의 친밀 관계가 건전하고 보람 있게 느끼기에 별다른 개선이 필요하지 않다는 뜻이다.

2단계: 이 영역에서 당신에게 도움이 되는 행동과 그 이유를 써보라.

(예)

- 동반자가 원하는 것에 귀를 기울이고 내가 원하는 것을 명확하게 전달한다.
- 동반자에게 항상 정직하려고 애쓴다.

내 친밀 관계에서 실제로 도움이 되는 행동들은

_____. 그 이유는 _____
_____. 그 이유는 _____
_____. 그 이유는 _____

3단계: 당신의 친밀 관계를 방해하는 요인은 무엇인가?

(예)

- 마음속으로는 충실하고 정직하게 대하고 싶은 사람을 속이는 경향이

있다.

- 깊이 생각하지 않고 예민하고 성급하게 반응하며 동반자에게 성질을 부리는 경우가 많다.

내 친밀 관계에서 실제로 도움이 되지 않는 행동들은

_____. 그 이유는 _____

_____. 그 이유는 _____

_____. 그 이유는 _____

## 당신이 부모라면

1단계: 1~10 중 적절한 점수를 매겨보라. 점수 1은 당신에게 양육은 고통과 다를 바 없어 즉각적으로 관심을 쏟아야 한다는 뜻이다. 한편 점수 10은 당신이 자신의 양육법에 자부심을 느끼며 거의 언제나 최고의 자아로서 양육하고 있다는 뜻이다.

2단계: 이 영역에서 당신에게 도움이 되는 행동과 그 이유를 써보라.

(예)

- 나는 가족에게 긍정적인 전통과 습관을 고안해낸다.
- 스트레스와 피곤에 짓눌리고 좌절감에 빠져 있더라도 매일 밤 자녀에게 사랑한다는 말을 잊지 않는다.

양육하는 삶에서 실제로 도움이 되는 행동들은

_____. 그 이유는 _____

　　　　　　　　　　　　. 그 이유는 _____

　　　　　　　　　　　　. 그 이유는 _____

### 3단계: 당신의 양육하는 삶을 방해하는 요인은 무엇인가?

(예)

- 자녀들 앞에서 목소리를 높이고 화를 낸다.
- 자녀들이 나에게 예절을 지키지 않으면 자녀들을 경멸하고 무시한다.

양육하는 삶에서 실제로 도움이 되지 않는 행동들은

　　　　　　　　　　　　. 그 이유는 _____

　　　　　　　　　　　　. 그 이유는 _____

　　　　　　　　　　　　. 그 이유는 _____

## '일'의 영역에 들어가기 전에

이 장에서 우리는 많은 것을 배웠다. 인간관계는 우리 영혼의 중심에 있으며, 우리 마음을 즐거움으로 채워줄 수 있다. 다음 장에서는 어떻게 하면 우리가 효율적으로 일할 수 있는지에 대해 살펴보려 한다. 우리가 일을 하는 데 많은 시간을 할애하고 있다는 사실을 고려할 때 일은 우리 삶에 매우 중요한 위치를 차지하는 것이 분명하다. 따라서 최고의 자아로서 일할 수 있는 방법에 대해 살펴보자.

# 10장

---

## 직장(Employment)

내가 발렌시아 초등학교 3학년이었을 때 타카하시 선생님은 급우들에게 어른이 되면 무엇이 되고 싶은지 물었다.

"커서 무엇이 되고 싶니?"

아이들의 대답은 우주비행사, 소방관, 의사, 대통령 등 지금의 아이들과 크게 다르지 않았다. 어릴 때부터 우리는 훗날 하고 싶은 일에 대한 질문을 자주 받는다. 하지만 인간으로서 어떤 사람이 되고 싶은지에 대해 묻는 사람은 거의 없다.

개인의 발전을 교과목으로 제안한다고 상상해보라. 아이들에게 진정한 자아를 발견하고, 각자의 열정과 재능에 적합한 직업 유형을 선택하도록 가르친다면 어떻게 되겠는가? 어렸을 때부터 훗날 하고 싶은 일을 지나치게 강요받지 않고, 자신의 재능을 개발하는 데 열중한다면 우울감과 불안감이 크게 줄어들 것이다.

이런 이상에 대한 내 믿음은 확고하다. 따라서 이 믿음을 기초로 이 중 진단 치유 프로그램을 개발했다. 그 프로그램 덕분에 CAST 센터는 나날이 성장하고 있다. 우리 센터의 구호는 '최고의 자아가 되는 자유를 향유하라!'다. 이 목표를 성취하기 위해 사용하는 CAST 얼라인먼트 모델은 우리가 오랜 시행착오 끝에 완성해낸 프로그램이다. 중독과 심리 질환을 다루는 치료사만이 아니라 누구나 자신의 삶에서 이런 자유를 향유해야 마땅하다. 따라서 우리는 CAST 센터를 찾는 모든 사람에게 최고의 첨단 치료를 제공하고, 완전한 맞춤 프로그램에 따라 사려 깊고 동정적인 배려를 아끼지 않는다. 물론 우리 프로그램을 한 사람 한 사람에게 맞추어야 하기 때문에 모두가 치료 목표를 달성하도록 돕는 것이 쉽지는 않다.

치료 과정은 사람마다 다르다. 공통된 치료법이 있다면, 그 치료법을 따르는 게 훨씬 편할 것이다. 그러나 나는 어떤 경우에나 대충 들어맞는 치료법을 만들고 싶지 않았다. 그런 시도는 내 성격이나 비전에 어울리지 않았다. 게다가 나는 삶의 과정에 지름길은 없다는 사실을 깨달았다. 지름길이 없어도 과정을 진실로 즐기면 좋아하게 된다.

지금까지 나는 여러 기업에서 일하며 변호사와 심리치료사, 의사, 사무 관리자, 접수원, 환경미화원 등 수백 명을 고용했고, 두 유형의 직원이 있다는 것을 알게 되었다. 첫 번째 유형은 밥벌이를 위해 출퇴근하는 직원이고, 두 번째 유형은 일 자체를 좋아하는 직원이다. 면접에서 임금을 벌려는 직원인지, 열정적인 직원인지 판단할 만한 객관적인 수단은 없다. 구직자가 받은 학습과 훈련 내용으로도 그가 어떤 유형의 직원이라고 확정할 수 없다. 그러나 자신의 일을 좋아하며 최고의 자아로서 일하는 사람이 가장 행복한 최상의 직원인 것은 분명하다.

CAST 센터가 성장하고 20년 이상의 경력을 지닌 사람을 고용하기로 했다. 구체적으로 말하면, 행정 업무와 임상 업무를 통합하는 역할을 맡을 사람을 고용할 예정이었다. 상당한 경험을 지닌 여성이 선발되었고, 그녀는 우리 센터의 경영 책임자가 되었다. 어느 날 그녀는 나를 찾아와 조심스럽게 말했다.

"마이크, 임상 책임자가 어떤 문제가 있는지 알고 있습니까?"

나는 그녀와의 대화를 통해 임상 책임자가 매일 11시쯤에 출근하는 것은 물론, 업무 시간에 개인 환자를 치료하고 있다는 사실을 알게 되었다. 게다가 몇 마리의 개를 데리고 출근했는데, 그 개들이 악취를 풍겼고, 다른 직원들의 업무를 방해하기 일쑤였다. 내가 임상 책임자를 불러 그런 행동을 지적하자 그는 적대적인 태도를 취했다. 그는 내가 자신을 두둔해줄 것이라 믿었지만, 결국 사임하고 말았다.

그가 사임한 후 경영 책임자의 지휘하에 센터의 모든 업무가 예전보다 훨씬 순조롭게 진행되었다. 경영 책임자가 임금만을 위해 일하는 사람이었다면 그런 변화를 시도하거나 기존의 틀을 뒤흔드는 위험을 감수하지 않았을 것이다. 그러나 그녀는 자신의 일을 진정으로 좋아했고, 우리 사명에도 격렬히 동의해 과감히 변화를 시도했고, 덕분에 CAST 센터의 모든 시스템이 더 나아졌다. 일에 대한 그녀의 열정은 전염병처럼 확산되었고, 그녀는 CAST 센터에서 모두에게 사랑받고 있다.

이 장의 주된 목표는 당신이 집에서나 직장에서 최고의 자아로서 활동하느냐를 판단하는 데 도움을 주는 것이다. 나는 라이프 코치로서 많은 의뢰인과 일하며 우리가 직장에서 진실한 자아로서 일하지 않으면 소중한 시간을 낭비하는 것에 불과하다는 사실을 깨닫게 되었다. 많은 사람이 직장에서 일할 때 진실한 모습을 버려야 한다는 두려움에 빠진다. 달리 말하면, 직장에서의 자아와 삶에서의 자아를 일치시키지 못하고 곤란을 겪는 사람이 상당히 많다. 이상적으로 말하면, 어떤 경우에나 최고의 자아이어야 한다.

당신이 직장에서 최고의 자아로 일하지 못한다는 분명한 증거를 예로 들면 다음과 같다.

- 직장 동료들이 당신을 좋아할까 걱정한다.
- 하루 일과를 끝내면 완전히 파김치가 된다.
- 직장에서 지루함과 싸운다.
- 직장에서 의무적으로 입어야 하는 옷이 불편하게 느껴진다.
- 동료들이 당신을 피하고, 당신과 함께 시간을 보내는 것을 원하지 않는다.
- 상관들이 항상 당신보다 다른 직원을 먼저 승진시키는 것 같다.
- 당신의 진정한 재능을 업무에 활용하고 있지 못하다.
- 회의 내내 입을 다물고 침묵을 지킨다.
- 직장에서 새로운 역량과 아이디어, 정보를 학습하지 못한다.
- 출근함과 동시에 얼른 퇴근 시간이 되기를 기다린다.
- 업무에서 아무 영감을 받지 못한다
- 조직의 발전에 필요한 것을 동료와 상관에게 정직하지 말하지 못한다.
- 동료들이 마음에 들지 않는다.
- 퇴근할 때마다 업무를 깨끗이 잊으려 하며 경계를 명확히 긋는다.
- 업무에서 자부심으로 느끼지 못한다.

밥벌이를 위해 하루 종일 아무 의욕도 없이 시큰둥하게 일하는 것은 결국 자신을 고갈시키는 것과 다를 바 없다. 그렇다고 절망할 필요는 없

베스트 셀프

다. 한없이 그런 덫에 갇힌 채 살아갈 이유는 없다. 직장이 당신의 진정한 생활 방식에 부합하는지 알아보라. 그렇지 않다면 적절한 변화를 시도해야 한다.

## 당신의 예술적 능력은 무엇인가

앞서 나는 우리 모두가 예술가라고 말했다. 각자 고유한 능력을 지닌 예술 형식을 찾아내면 된다. 나는 당신의 고유한 예술적 능력이 당신의 '왜'라고 생각한다. 《나는 왜 이 일을 하는가?》를 쓴 사이먼 사이넥(Simon Sinek)의 테드(TED) 강연을 들어본 적이 있는가? 없다면 지금 당장 인터넷에서 그의 강연을 찾아보라. 사이넥은 골든 서클(golden circle)이라는 모델을 고안해냈다. 골든 서클은 기본적으로 표적과 유사하다. 가장 바깥 원은 '무엇(what)', 중간 원은 '어떻게(how)', 가장 안쪽 원은 '왜(why)'다. 사이넥에 따르면, 골든 서클은 비즈니스와 상표에서 특히 유효하다. 골든 서클을 내 일과 삶에 적용해보면 다음과 같다.

> 무엇= 나는 라이프 코치다.
> 어떻게= 나는 다양한 형태의 훈련과 연습을 통해 사람들에게 방향을 제시한다.
> 왜= 그들에게 최고의 자아가 되는 자유로움을 부여하기 위해서다.

CAST 센터에서 시행하는 프로그램부터 토크쇼 〈닥터 필〉의 출연까지 내가 참여한 모든 프로젝트가 '왜'로 귀결된다. '왜'에 충실하면 내 일이 결코 실망스럽거나 시간을 좀먹는 짓으로 여겨지지 않고 부담스럽게 느껴지지도 않는다. 이런 의미에서 '왜'는 당신의 고유한 예술적 능력이 발휘되는 것이어야 한다.

나는 함께 일하는 모든 사람에게 "당신은 예술가입니다"라고 말한다. 우리의 예술적 능력은 최고 자아와 세상을 연결하는 것이다. 본래의 자아로 돌아가 그곳에서부터 시작하는 것이 당신이 직장이라는 영역에서 부딪치는 문제를 해결하는 첫 단계다.

자신에게 '당신은 일을 어떻게 정의하는가?'라고 물어보라. 정직하게 대답하기 바란다. 특히 당신이 현재의 일을 즐기지 않고, 현재의 일에 당신이 좋아하지 않는 부분들이 있다면 더더욱 정직한 대답이 필요하다. 사전에서 '일'을 찾아보면 '적절한 대가를 받기 위해 어떤 장소에서 일정한 시간 동안 몸을 움직이거나 머리를 쓰는 활동'이라고 정의되어 있다. 당신이 현재의 일을 좋아하지 않는다면 당신의 '왜'와 부합되지 않기 때문일 가능성이 크다. 달리 말하면, 당신의 예술적 능력과 맞아떨어지지 않기 때문이다.

이런 사람들은 금요일 오후를 학수고대하며 기다린다. 곧 일주일의 노동이 끝나고 주말이 시작되기 때문이다 그들은 월요일을 끔찍이 무서워하며, 일요일 밤에는 머릿속을 교차하는 생각들로 괴로워한다. 몇몇 모임에서 사람들이 "일에 대해서는 입도 벙긋하지 말자!"라고 말하는 것을 들은 적이 한두 번이 아니다. 모임이 일의 연장으로 여겨지면 모임마저 피곤해진다는 뜻이 담긴 푸념이다.

미국인들은 금요일 오후에 지독한 스트레스에 짓눌리거나 육체적으로 피곤하지 않으면 그 주에 열심히 일하지 않은 것이라 믿는 듯하다. 이런 이유에서 자신이 업무에서 실제로 성취하거나 완결한 성과보다 업무에 열중한 시간을 더욱더 강조하는 경향을 띤다. 자신이 일을 얼마나 재미있게 하고, 일에서 얼마나 큰 즐거움을 얻는지에 대해서는 거의 강조하지 않는다. 많은 사람이 휴가를 앞두고는 일은 완전히 잊겠다고, 이메일을 열어보지 않겠다고, 업무용 휴대폰은 꺼놓겠다고 말한다. 휴가를 받을 때가 되면 업무에 상당히 지친 상태가 되기 때문이다. 이런 모습은 그들의 삶이 균형을 상실했다는 증거다.

업무에 탈진한 사람들과 마주 보고 앉아 대화를 나눈 경험에 따르면, 업무 자체가 탈진의 이유가 아닌 경우가 많다. 삶에서 열정과 재미가 부족하기 때문인 경우가 더 많지만, 과도한 업무를 핑곗거리로 삼는다. 그러나 당신이 일을 통해 자신의 예술적 능력을 표현하고 있다면 일에서 피로감보다 활력을 얻어야 마땅하다.

당신이 일을 밥벌이보다 예술로 생각하도록 유도하는 질문을 던져보겠다. 과거 당신이 일을 좋아했던 세 번의 경우를 써보라.


1. _____

2. _____

3. _____


그때 당신이 일을 좋아했던 이유가 무엇이었는가?

1. _____

2. _____

3. _____


현재의 일에서는 그런 경우를 더 많이 즐길 수 있을 것 같은지, 당신의 예술적 능력 중 하나는 무엇인지, 현재의 일에서 당신의 예술적 능력을 발휘할 수 있는지도 답해보기 바란다.

나도 의뢰인들과 일할 때 그가 어떤 유형의 예술가인지 판단하는 데서너 시간이 걸릴 때가 있다. 따라서 위의 질문에 답하기 힘들더라도 부담스럽게 생각할 필요가 없다. 당신이 자신의 예술적 능력이 사람을 돕는 것이라고 생각하고 있다고 가정해보자. 예술적 능력과 당신이 좋아하는 것이 반드시 일치할 필요는 없다. 예술적 능력은 약간 포괄적이다. 그렇다면 어떤 방법으로 사람들을 돕는 것을 좋아하고, 어떤 유형의 사람들을 돕는 것을 좋아하는가?

예컨대 당신이 고객 서비스를 한다면, 예술적 능력을 어떻게 발휘하겠는가? 이런 경우라면 당신의 예술적 능력은 '사람들에게 자신의 의견이 경청된다는 기분을 안겨주는 공간을 만들어내는 것'이라 생각되어야 한다. 그것이 당신의 예술적 능력임이 확인되면, 그 능력은 다양한 형태로 나타날 수 있지만 중요한 것은 당신이 자신의 예술적 능력을 알아내는 것이다. 그런데 당신의 현재 직업이 컴퓨터를 조립하는 방법을 전화로 알려주는 것이라면, 그 직업은 당신의 예술적 능력에 부합되지 않아 일에서 성취감을 느끼지 못할 수도 있다. 그래도 당신의 예술적 능력을 활용하여 일에서 자신을 표현하는 방법을 찾아내려고 노력해보라. 달리 말하면, 현재의 일에서도 당신의 예술적 능력을 과시할 가능성이 있다는 뜻이다. 그렇지 않으면 전직의 가능성을 진지하게 생각할 필요가 있다.

나의 형 데이비드 베이어는 과거에 재정적 안정에서는 성취감을 느꼈지만 목적의식이 없다는 아쉬움을 안겨주는 일을 하며 많은 시간을 보냈다. 데이비드는 아이비리그에 속한 대학교를 졸업한 후 디지털 마케팅 분야에서 일했다. 그러다 서른일곱 살에 업종을 바꿔 개인의 발전을 돕는 코치가 되었다. 현재 데이비드는 미국에서 손꼽히는 자기개발

강연 센터 중 하나인 '파워풀 리빙 익스피어런스(Powerful Living Experi-ence)'의 최고경영자다. 요컨대 데이비드는 사람들이 예술적 능력과 열정, 목적의식을 하나로 접목하도록 돕는 새로운 비즈니스를 시작하며 뒤를 돌아보지 않았다.

## 좋아하는 일을 하며 돈을 벌 수 있을까

사람들은 더 많은 돈을 벌고 싶다고 입버릇처럼 말한다. 많은 돈은 지극히 당연한 공통된 욕망이다. 다음 질문을 통해 당신과 돈의 관계를 파헤쳐보자.

1. 돈은 당신에게 무엇을 뜻하는가?
2. 돈을 이해하게 된 최초의 계기는 무엇인가?
3. 돈과 관련해서 큰 스트레스를 안겨준 충격적인 사건이 있었는가?
4. 돈과 관련해서 어떤 제한적인 믿음을 가지고 있는가?
5. 돈이 당신에게는 자연스럽게 벌린다고 생각하는가?

나는 오래전부터 뛰어난 재능을 지닌 직원들을 고용해왔다. 그들과 대화할 때 돈과 관련된 문제가 언급되면 회의실 분위기가 갑자기 어색하고 거북하게 변했다. 수입원은 우리가 분석하기에 무척 민감한 영역이고, 선뜻 입에 올리기가 쉽지 않은 영역이다. 그 이유는 충분히 이해가 된다. 누구도 겨우 입에 풀칠하며 살기를 원하지 않는다. 소득을 자존심의 문제로 생각하는 사람이 많다. 가족을 부양하는 능력이 그만큼 중요하다는 뜻이다.

한편 금전적인 문제로 고생하는 가난한 가정에서 자란 사람에게 소득은 어린 시절에 형성된 두려움의 대상일 수 있다. 내 의뢰인 중에는 찢어진 운동화를 신고 학교에 다녔거나, 굶주린 배를 움켜쥔 채 잠자리에 들어야 했던 서글픈 기억을 지닌 사람이 꽤 많다. 그러한 경험은 우리의 감정적 기억에 깊이 뿌리박힌다. 우리는 자신의 생계를 책임질 만한 나이가 된 후에 때때로 여전히 무력한 어린아이처럼 행동하며 순전히 생계 때문에 좋아하지 않는 일을 선택하거나, 다른 제안이 없을지도 모른다는 두려움에 처음 제안받은 일자리를 무작정 선택한다. 이런 선택도 이해가 된다. 그러나 어느 시점이 되면 다른 가능성을 고려해야 한다. 이때 자신에게 '돈이 고려 대상이 아니면 무엇을 하고 싶은가?'라고 물어보아야 한다.

당신은 해변에서 느긋하게 쉬며 매일 해먹에 누워 석양이 지는 것을 지켜보는 삶을 살고 싶을 수도 있다. 그러나 그런 바람은 비현실적이다. 게다가 내가 알기에 그런 삶을 사는 사람들은 공허감을 느끼는 경우가 많다. 자기만족에 불과하고 어떤 목적을 지향하는 게 아니기 때문이다.

앞서 제기한 질문으로 다시 돌아가보자. 이번에는 당신이 최고의 자아로서 행동한다고 가정해보자. 당신은 최고 자아로서 업무에서 어떤 일을 하고 싶은가? 어떤 유형의 일을 해야 당신의 재능과 예술적 능력을 생산적이고 보람 있게 사용한다는 생각이 들겠는가? 어떤 한계도 두지 말고 마음껏 상상의 나래를 펼쳐보라. 내면을 들여다보며 모든 두려움을 녹여버려라. 그럼 홀가분하고 자유로워진다. 당신의 삶은 당신의 것이다. 당신의 마음이 바라는 대로 행동하라. 당신이 구하는 것이 무엇인지 최고의 자아에게 물어보아라.

- 멋진 삶을 상상으로 시각화한 후에 무엇을 생각했는가?
- 당신의 상상을 방해하는 것이 있었는가? 당신이 상상한 삶이 불가능하다고 혹은 존재하지 않는다고 생각하는가?
- 어떻게 하면 마음의 눈으로 상상한 삶을 현실 세계로 바꿀 수 있을까?
- 어떻게 해야 진실로 원하는 일의 본질을 취해 현실적으로 출발할 수 있을까?

예컨대 당신이 주말에 텃밭에서 시간을 보내는 것을 좋아하고, 당신이 재배한 것들을 친구들이 즐겁게 먹는다면, 농부로 성공하는 꿈을 키울 수 있지 않겠는가? 당신이 시각 예술을 열정적으로 좋아한다면, 지역 화실이나 공예품점에서 일하며 좋아하는 것에 둘러싸여 지낼 수 있다. 덕분에 신진 화가의 작품을 할인받아 구입하면 더욱 좋지 않겠는가. 당신이 뛰어난 작가여서 문법 실력이 뛰어나고 문장 부호를 탁월하게 사용한다면, 온라인에서 프리랜서로 글쓰기와 편집 교열 등을 가르치며 약간의 용돈 벌이를 할 수도 있을 것이다. 이번에는 당신이 자금부에서 일한다고 생각해보자. 당신은 사람들과 어울리는 것을 좋아하지만 당신의 일은 컴퓨터를 활용하는 것이 전부이기 때문에 업무에서 아무런 자극을 받지 못한다면 어떻게 해야 할까? 당신의 재능을 십분 활용해 재무설계사가 된다면, 매일 고객을 상대하는 즐거움을 만끽할 수 있을 것이다.

이처럼 내면의 욕구를 효과적으로 소득과 연결할 수 있는 방법은 매우 많다. 조금만 창의적으로 생각하면 좋아하는 일을 하며 돈을 버는 직업을 얼마든지 구할 수 있다.

## 생활 방식은 어떠한가

당신은 어떤 유형의 삶을 살고 싶은가? 요즘은 각자의 생활 방식에 맞게 융통성 있게 조절된 일정표에 따라 일할 수 있다. 온라인과 애플리케이션을 통해 돈을 벌 수 있는 방법이 많기 때문에 여유로운 시간 조절이 가능하다. 반려견을 산책시키는 것부터 그래픽 디자인까지, 출장 미용 서비스부터 심부름과 잡일 대행까지 거의 모든 영역에서 인력을 구하는 애플리케이션과 웹 사이트가 있다.

과거 알코올과 약물 관련 상담자가 되기 위한 훈련을 받은 적이 있다. 그 일은 내가 상상했던 것과 완전히 달랐다. 서류 작업을 하는 데 많은 시간을 소비했다. 환자들과 대화를 나누고 그에 대한 내용을 시시콜콜 빠짐없이 써내야 했다. 그렇게 하는 데에는 분명한 이유가 있고, 나 자신도 그 작업이 중요하다는 것을 알았지만 내 성격에 맞지 않았다. 그래서 방향을 전환했다. 상담자 훈련에서 중재자 훈련으로 옮겼고, 그 일은 무척 마음에 들었다. 나는 서류 작업보다 사람들과 어울리는 것을 좋아한다. 따라서 그 이동은 내가 선택할 수 있었던 최선의 결정이었고, 그 결정 덕분에 진정한 자아를 향한 올바른 길로 들어설 수 있었다. 지금도 그 결정에 감사할 따름이다.

우리가 직장을 구할 때 고려해야 할 중요 사항 중 하나는 출퇴근에 걸리는 시간이다. 집과 직장을 오가는 데 오랜 시간이 걸리고, 그 때문에 가족과의 관계가 영향을 받는다면, 당신에게 중요한 것이 무엇인지 진지하게 따져보고 집에서 더 가까운 곳에서 일자리를 구할 것인지, 아니면 직장에서 가까운 곳으로 이사할 것인지를 결정해야 한다. 출퇴근에 쏟는 많은 시간 때문에 가족과 함께하는 시간이 줄었다고 직장을 원망하는 해서

베스트 셀프

는 안 된다. 당신이 원하는 생활 방식을 만들어가기 위해 필요한 변화를 시도할 권한은 오직 당신에게만 있다는 것을 명심하라.

끝으로 직장에 대한 당신의 관점을 바꿀 필요가 있다. 일은 돈을 벌기 위한 수단만이 아니다. 당신이 두려워해야 하는 것이어야 할 필요도 없다. 일은 당신이 처음부터 끝까지 완전히 재구성할 수 있는 것이기도 하다. 일을 당신의 진정한 자아에 들어맞게 만들 수 있다. 그렇게 해야만 한다. 이런 가능성을 진실로 믿는다면, 그 꿈은 분명 이루어질 것이다.

## 변화할 준비가 되었는가

지금 당신은 다양한 이유로 좋아하지 않는 일을 하고 있을 수도 있다. 그렇다면 가장 먼저 당신이 불행한 진짜 이유를 찾는 것이 중요하다. 내가 오래전부터 사용한 평가 방법을 소개해보려 한다. 현재의 직장을 옮겨야 하는지, 현재의 직장을 다른 관점에서 바라봐야 하는지를 결정할 때 사용할 만한 평가표다.

1. 현재의 직장에서 마음에 들지 않는 점이 무엇인가?
2. 현재의 직장을 그만두고 새로운 직장을 구하면 당신의 삶에 훨씬 나아지고, 대부분의 문제가 해결될 것이라고 생각하는가?
   ○ 그렇다          ○ 아니다
3. 과거의 직장에서도 유사한 문제가 있었는가?
   ○ 그렇다          ○ 아니다

4. 과거에 거친 직장들보다 현재의 직장에서 최고의 자아로서 일하지 못한다는 기분이 드는가?

    ○ 그렇다               ○ 아니다

5. 다른 활동을 할 때보다 직장에서 일할 때 기운이 빠지는가?

    ○ 그렇다               ○ 아니다

6. 현재의 직장에서 처음 일하기 시작했을 때 좋았던 점은 무엇인가?

7. 최고 자아는 당신이 현재 직장에 대해 어떻게 해야 한다고 생각하는가?(가능하면 빨리 그만두어라, 현재 직장에 적응하라, 당신의 문제를 상관에게 상의하라 등)

8. 현재의 직장이 정말 문제인가?

    ○ 그렇다               ○ 아니다

마지막 질문에 '그렇다'라고 대답했다면, 문제의 원인이 업무 자체보다 당신에게 있다고도 생각하는가? 예컨대 상관과 사사건건 부딪치는가? 혹은 과거의 직장에서도 지각하거나 회사 정책을 따르지 않았다는 이유 등 동일한 문제로 반복해서 징계를 받았는가? 당신이 여러 직장을 전전하게 된 문제의 원인을 파악해보라. 다른 직장으로 옮기면 달라질 것이라고 생각하는가? 오히려 내면을 들여다보며, 직장에서 똑같은 행동을 반복하는 이유를 추적하는 것이 더 합리적이라고 생각하는가?

노력한다고 당신의 자아에 어울리지 않는 일을 계속할 수 있을까? 또 당신이 현재 종사하는 산업의 전반적인 도덕률과 윤리가 당신의 진정한 자아와 맞아떨어지지 않아 항상 인지 부조화 상태에 있을 수도 있다. 예컨대 당신이 담보 대출과 관련된 업종에 종사하지만, 고객이 대출을 신청할 때마다 마음이 언짢다면 당신은 윤리적 딜레마에 사로잡히기 십상이다. 다른 예로 당신이 건강 관련 제품을 판매한다고 가정해보자. 그 제품이 동물 실험을 거쳤다는 사실을 알게 되어 윤리적 딜레마에 빠졌고, 그 때문에 회사와 싸우고 있다면 어떻게 되겠는가? 이런 경우에는 당신의 시야를 넓혀 당신의 관심사와 일치하는 다른 업종을 찾아보는 것이 정답이다.

한편 당신이 자격증이나 학위가 없다는 이유로 조직에서 승진의 사다리를 올라가지 못했다면, 이제라도 당신의 미래에 투자해야 한다. 또 조직원들과의 관계를 재정립하고 싶다면 그에 필요한 일을 해야 한다. 이런 노력은 장기적으로 무엇과도 바꿀 수 없는 가치가 있다.

당신이 현재의 일을 좋아하지만 함께 일하는 사람들이 마음에 들지 않는 경우도 있다. 부적절하게 행동하거나, 어떤 이유로든 필요 이상으로 당신의 직장 생활을 힘들게 만드는 사람들을 상대해야 한다면 인력관리팀을 찾아가 직원들과의 문제를 해결하도록 도와달라고 부탁하는 편이 낫다. 인력관리팀의 핵심 역할 중 하나는 당신이 직원들 간의 갈등을 해소하도록 지원하고, 당신을 대신해 중재자로 행동하는 것이다. 그 과정을 통해 당신은 당신의 반자아가 직장 생활에 은밀히 스며든다는 것을 깨닫게 되고, 동료들과의 충돌을 불안의 결과로 경험하게 된다. 따라서 항상 마음의 문을 열어두고, 직장에서 갈등이 발생할 경우 주저하지 않고 당신의 몫을 인정하면, 해결책을 한결 효과적으로 찾아낼 수 있을 것이다.

당신이 철저하게 조사한 끝에 지금이 전직할 때라고 결론지으면, 가장 먼저 자세한 계획을 세워야 한다. 언제라도 인출할 수 있는 저축액은 어느 정도 있는가? 다른 직장을 확보해두지 않고 사표를 쓸 수 있을 정도인가? 그렇지 않다면 당신이 보람을 느낄 만한 새로운 일자리를 찾겠다는 목표를 세운 후에 그 목표를 성취하기 위한 7단계를 따르기 바란다(13장 참조).

처음에는 새로운 일자리를 찾는 것이 무척 어렵게 느껴질 수 있고, 그것이 현재의 직장을 떠나지 못하는 이유가 되기도 한다. 그러나 꿈의 직장을 구하기 위한 전략을 세우면, 그 직장이 결국 손안에 들어올 수도 있다. 당신은 자신의 진정한 자아와 맞아떨어지는 직업을 가질 자격이 있다. 당신 자신을 과소평가하지 마라. 인내와 창의력을 발휘하고 그물을 크게 던져라. 그럼 훗날 뒤를 돌아보면, 그렇게 행동한 스스로에게 고마울 것이다.

## 실직 시나리오

우리 모두가 삶의 과정에서 한 번쯤은 실직을 한다. 실직은 직장 생활이라는 삶의 여정에서 빼놓을 수 없는 부분이다. 따라서 당신이 현재 실직 상태이거나, 현재 직장을 떠날 것이 거의 확실하다면, 중요한 것은 구직 활동과 그 결과를 혼동하지 않는 것이다. 처음에는 온라인에서 찾아낸 수백 명의 인사 관리자에게 당신의 이력서를 보내는 것이 가장 효과적이지만, 당신이 원하는 일자리를 얻으려면 발품을 팔아야 한다. 달리 말하면, 이력서를 보내는 것으로 그치지 않고 전화를 걸고 후속 조치를 취해야 한다는 뜻이다. 면접 요청보다 회사에 대해 전반적인 안내를 받는 만남의 시간을 요청해보라. 그 만남을 통해 그 회사의 요구를 정확히 확인하면, 당신의 능력이 회사의 요구와 어떻게 맞아떨어지는지 인사 관리자에게 명확히 알려라.

당신이 현재 실직 상태여서 점점 줄어드는 통장 잔고와 점점 쌓여가는 신용카드 빚에 압력을 받는다면, 주중에는 직장에서 일하는 시간만큼 적극적으로 직장을 구하는 데 열중해야 한다. 달리 말하면, 매일 아침에 눈을 뜨면 출근하는 것처럼 깔끔하게 옷을 차려입고 직장을 찾는데 8시간을 투자해야 한다는 뜻이다. 나는 의뢰인들에게 기업을 접촉할 때마다 담당자의 이름과 전화번호, 이메일 주소를 기록해두라고 조언한다. 가슴이 두근거릴 일자리를 제안받을 때까지 이 과정을 계속해야 한다.

금전적으로 궁핍한 상태에 있다면, 프리랜서로 다양한 일을 하거나 시간제로 일하며 기본적인 생활비를 마련하고, 쉬는 시간에 구직 활동을 계속하라. 피자 배달, 커피숍 서빙, 콜 센터 응대 등 그것이 무엇이든 상관없다. 당신의 품격을 떨어뜨리는 일은 없다. 그런 생각은 순전히 에고에서 비롯되는 것이다. 최고의 자아가 되어 완벽한 일자리를 찾으려는 당신의 노력을 에고가 방해하지 않도록 하라. 진정한 행복은 힘든 투쟁을 거칠 만한 가치가 있다.

초보적인 일자리에서도 놀라운 경험을 할 수 있다. 나는 대학에 다닐 때 두 곳의 커피숍에서 일했고, YMCA에서 농구 심판으로 일했다. 그때의 경험은 무척 소중하다. 팀으로 일하는 방법, 대중을 상대하는 방법, 불특정한 사람과 대화하는 방법은 물론, 진정한 자아의 중요성도 알게 되었다. 나는 기업 구조에서 성공할 만한 재주가 없었다. 자신에게 적합하지 않은 일을 알아내는 과정은 자신에게 적합한 일을 찾아내기 위한 과정의 일부다. 이 모든 정보를 종합하여 직장이라는 영역을 재정의해야 한다.

## 당신은 어떤 유형의 직원인가

당신이 좋은 의미에서 상관의 관심을 끄는 직원이 되고 싶다면, 상관 입장에서 생각하는 것이 최고의 방법이다. 당신이 상관이라면 업무를 한층 효과적으로 진행하기 위해 무엇이 필요할지 생각해보라. 기업주가 우선시하는 목표에 대해 생각하고, 어떻게 하면 당신이 그 목표를 성취하기 위한 계획에서 반드시 필요한 존재가 될 수 있을지 생각해보라.

당신의 의견을 과감하게 전달하라. 자칫하면 많은 사람이 놓치지만 당신이 기여할 수 있는 부문에 대한 당신의 아이디어와 통찰을 상관에게 전달하고, 당신이 해결하는 데 도움을 줄 수 있는 문제에 대해서도 알려라. 주도적으로 행동하라. 하지만 충실하게 일했다는 이유로 매년 임금 인상을 요구하며 개인적인 이익을 탐하지 마라. 임금 인상은 당신 자신보다 회사 상황에 초점을 맞추어 요구해야 한다. 연간 업무 평가에서는 당신에게 맡겨진 업무의 기준을 넘어섰고, 참신한 아이디어와 해결책을 제시함으로 수익과 생산성의 향상에 기여했다는 사실을 강조하라. 나쁜 아이디어는 없다. 당신이 제시한 100개 중 하나만 채택되더라도 그 아이디어가 회사의 운명과 당신의 미래를 바꿔놓을 수 있다.

CAST 센터에서 현재 나와 함께 일하는 팀원들은 뛰어난 생산성과 창의력으로 항상 나를 놀라게 한다. 그러나 과거에는 회사와 의뢰인 및 미래의 비전을 위해 무엇을 할 수 있느냐보다 자신에게 초점을 맞추는 팀원이 꽤 많았다. 그들은 CAST 센터에서 보낸 시간을 순전히 '일'로 보았지, 자신이 팀의 중요한 일원이라고 생각하지 않았다.

관점을 조금만 바꾸어도 크게 달라진다. 자신을 중심에 두는 직원은 긍정적인 관심을 받지 못한다. 따라서 신속한 승진과 높은 연봉 인상도 기대할 수 없다. 상관과 기업주가 참신한 아이디어를 제시하고 문제 해결 능력을 보이며 팀을 중시하는 직원을 높이 평가하며 보상하려는 것은 당연하다. 당신이 그런 사람이 되기를 바란다.

## 내가 직업의 여정에서 얻은 중대한 교훈들

내 이력의 변천 과정을 돌이켜보면, 내가 지나온 모든 직장에 감사할 따름이다. 좋은 직장과 나쁜 직장이 있었고, 심지어 악몽 같은 직장도 있었다. 나는 바텐더와 바리스타(두 직업 모두 아무런 훈련도 받지 않은 채 뛰어들었지만 무척 재미있었다)부터 5성급 식당 웨이터(와인 병을 깨뜨린 적이 한두 번이 아니었다), 축구 심판(축구 규칙을 전혀 알지 못했다)까지 많은 것을 시도해보았다. 시간당 임금을 받으며 낡은 마루판을 뜯어내고 벽에 페인트칠을 하는 막노동도 해보았다. 갱생원에서 일할 때는 범죄로 기소되어 판결을 기다리는 사람들의 방을 점검하며 밤을 보낸 적도 있었다.

앞서 말했듯 나는 스물두 살에 마약 중독에서 벗어나 새 삶을 다시 시작했다. 처음에는 재활 치료를 끝내고 한 달 내에 뉴욕으로 돌아갈 생각이었지만 마땅한 방법이 없었다. 가족의 금전적 지원은 오래전에 끊긴 상태였다. 그야말로 빈털터리였다. 그래서 흔히 '건전한 일(sober job)'이라 일컬어지는 일을 얻었다. 진정한 일이란 다시 자립하려는 사람이 주로 활용하는 일을 뜻한다. 나는 근근이 살아가며 동네 상점에서 샌드위치를 살 만한 푼돈을 벌었다. 그래도 그 일을 하며 올바르게 행동하는 방법을 배울 수 있었다.

그때까지 나는 나 자신의 규칙에 따라 행동했지만, 솔직히 말해서 그 규칙은 유치하고 설익은 것이었다. 그러나 처음 선택한 건전한 일에 최선을 다했다. 요점은 정상에 오르는 쉬운 길은 없다는 것이다. 어떤 경우에도 지름길은 없다.

한 치료원에서 일을 시작한 첫날, 멘토가 나에게 이렇게 말했다.

"자립을 위해 일할 때 성장하지 못하면 죽는 게 낫다."

하루하루 나아지는 삶을 살거나, 삶을 마감하라는 뜻이었다. 선택은 결국 당신의 몫이다. 오늘날까지 나는 믿음을 지키며 살아가고, 항상 스펀지가 되어 새로운 것을 배우려 한다. 지금 당신이 어떤 일을 하든 주변 사람들로부터 배우고 교훈을 얻어라. 그럼 최고의 자아로 꾸준히 성장할 수 있을 것이다.

## 당신의 직장 생활에 대한 평가

당신의 직장 생활에 대해 평가해보자. 지금까지 바람직한 직장에 대해 살펴보았다. 이제부터라도 새로운 관점으로 직장에 접근하기를 바란다. 다음 질문에 정직하게 대답해보라.

**1단계:** 당신의 직장 생활에 1~10 중 적절한 점수를 매겨보라. 점수 1은 당신의 직장 생활이 끔찍한 상황에 있어 즉각적인 개선이 필요하다고 느낀다는 뜻이다. 한편 점수 10은 당신이 현재의 직장 생활을 무척 좋아해서 별다른 개선이 필요하지 않다고 느낀다는 뜻이다. 당신의 일과 학습 영역을 점수로 평가할 때 고려해야 할 부분은 다음과 같다.

- 직장에서의 보상 체제와 즐거움
- 현재의 생활 방식을 유지하는 데 직장이 금전적으로 기여하는 정도
- 직장에서의 인간관계
- 삶의 다른 부분들과 비교할 때 업무 일과표의 균형 정도

직장에 대한 평점: _____ 날짜: _____

2단계: 이번에는 당신의 직장 생활에 도움이 되는 행동들을 써보라. 아울러 그 행동들이 도움이 되는 이유도 써보라.

(예)
- 직장에서 일을 잘하려고 노력하며 삶의 균형을 지킨다.
- 내 일에 충분한 보상을 받는 기분이다.
- 직장에서 동료들에게 용기를 북돋워주며 그들과 긍정적인 관계를 쌓았다.

내 직장 생활에 실제로 도움이 되는 행동들은
_____ . 그 이유는 _____
_____ . 그 이유는 _____
_____ . 그 이유는 _____

3단계: 당신이 원하는 직장 생활을 방해하는 행동은 무엇인가?

(예)

- 업무량 배정에 굼떠서 항상 마감 시간을 지키기에 급급하다.
- 나는 일 중독자다. 죽도록 일하며, 일과 개인적 삶의 균형을 전혀 고려하지 않는다.
- 경쟁심과 질투심 때문에 나와 동료들 사이에 불량한 관계가 형성되었다.

내 직장 생활에 실제로 도움이 되지 않는 행동들은

_____. 그 이유는 _____

_____. 그 이유는 _____

_____. 그 이유는 _____

4단계: 당신이 지금까지 작성한 모든 것에 근거하여 당신의 직장 생활에 대한 현재의 평점을 10점으로 올리려면 무엇을 해야 하는지 생각해보라. 당신에게 실제로 도움이 되기 때문에 꾸준히 계속해야 할 행동, 당신이 원하는 것을 방해하기 때문에 당장 중단해야 할 행동, 새롭게 시작해야 할 행동을 찾아내야 한다.

내 직장 생활의 수준을 10점으로 올리기 위해서

나는 _____ 을 계속해야 한다.

나는 _____ 을 중단해야 한다.

나는 _____ 을 새롭게 시작해야 한다.

밥벌이를 하면서도 진정한 자아를 유지하면 원대한 꿈을 이룰 수 있다. 물론 힘든 시기도 있을 것이다. 누구에게나 힘든 시기가 있는 법이다. 그러나 모든 날이 힘든 날일 수는 없다. 또 현재의 일을 과거에는 사랑했지만 지금은 시큰둥해졌다면, 그 일을 사랑했던 때를 떠올리며 열정을 되살려보라. 완벽한 시나리오라면 당신은 일에서 삶의 활력과 성취감을 얻을 수 있어야 한다.

최고의 자아로서 보람 있는 직장 생활을 꾸려가겠다는 목표를 세워라. 약간의 변화로도 그 목표를 성취할 수 있겠지만, 어쩌면 직종 자체를 완전히 바꿔야 하는 경우도 있을 수 있다. 하지만 어떤 경우든 과정에 충실하고, 그 과정을 즐기기 위해 최선을 다하라. 항상 낙관적으로 생각하면 가치관에 맞는 좋은 일이 생기기 시작할 것이다.

지금까지 삶의 영역에서 많은 부분을 살펴보았다. 하지만 여정이 아직 끝나지 않았다. 지금까지 우리가 다룬 모든 것은 삶의 일곱 가지 영역에서 마지막 영역, 즉 영성의 개발로 이어진다. 직장, 인간관계, 교육, 건강 등 모든 것의 저변에는 영적인 삶이 있다. 영적인 차원에서 당신은 누구인가? 당신의 경우에는 영적인 삶이 전반적인 삶에서 어떤 식으로, 어떻게 기여하는가? 다음 장에서 우리가 머리를 맞대고 함께 살펴보려는 중대한 문제다. 이 문제를 다루려 하니 벌써부터 가슴이 두근거리고 설렌다. 당신도 그렇기를 바란다.

# 11장

## 영성의 개발(Spiritual development)

이 장에서는 당신의 영적인 삶을 자세히 살펴보려 한다. 삶의 일곱 가지 영역에서 영적인 삶을 마지막에 둔 이유는 분명하다. 이 영역을 다루기 전에 앞의 여섯 영역에서 당신이 어떤 사람인지 명확히 알아야 하기 때문이다. 나는 영적인 삶이 나머지 여섯 영역을 뒷받침한다고 굳게 믿는다.

먼저 우리 삶에서 '영성'이 무엇을 뜻하는지 정의해보자. 사전에 '영성'을 찾아보면 '신령한 품성이나 성질'이라고 정의되어 있다. 나는 당신의 최고 자아가 곧 당신의 영적인 자아라고 생각한다. 영적인 자아는 당신의 내면에서 선함과 빛을 바깥으로 발산하는 출발점이다. 또한 당신의 진실함과 가치관이 형성되고, 다른 사람을 대하는 태도가 결정되는 곳이기도 하다.

내 경험에 따르면, 사람들은 번잡한 일상을 살아가느라 영적인 삶을 등한시하는 경향이 있다. 그러나 삶이 굴곡지면 많은 사람이 영적인 삶에 매달린다. 우리의 세계가 심한 두려움과 극단적인 회한 등 정상에서 벗어난 위기로 흔들릴 때 우리는 신앙적 믿음에 기댄다. 삶이 허물어질 때까지 기다리지 않고 항상 영적인 자아와 하나가 된 상태를 유지하는 것이 낫다. 그 이유를 설명하면 다음과 같다.

치열한 논쟁거리를 일부러 구하지 않는 한 만찬장에서는 종교를 화젯거리로 삼지 않는 것이 좋다. 종교적 믿음은 무척 강렬하고 깊다. 전세계에는 수많은 종교가 있고, 모든 종교가 자신의 신앙이 올바른 신앙이라고 믿는다. 이런 믿음은 충분히 이해가 된다. 당신의 영원성을 누군가에게 믿게 하려면 당신부터 당신의 영원함이 사실이고 진실이라고 믿고 싶지 않겠는가. 여기에서 당신이 믿는 특정 종교를 깊이 분석하려는 것이 아니다. 따라서 이 장의 목적에 따라 영성과 종교를 엄격하게 구분하려 한다.

당신의 종교가 무엇이든, 당신의 영적인 여정은 고유하다. 달리 말하면, 영성과 하나가 되는 방법은 사람마다 다르다는 뜻이다. 예컨대 나는 종교적인 가정에서 자라지 않았다. 하지만 어머니는 루터교도인, 아버지는 유대인이기 때문에 우리 식구는 유대교 축제인 하누카와 기독교 축제인 크리스마스를 똑같이 즐겼다.

지금 나는 명상과 자기 확증 그리고 앞서 언급한 만트라의 의식을 통해 내 영성에 접근한다. 성장 과정에서 명상 등을 배웠던 것은 아니다. 어른이 된 후에 하나씩 배운 것이다. 그러한 행위에 도움을 받아 나는 내 영성과 하나가 된다. 내가 명상 등을 선호하는 이유는 내 성격과 관계가 있다. 나는 혼자 있을 때 영성과 연결된 듯한 느낌을 받는다. 달리 말하면, 교회나 모스크에서 다른 사람들과 뒤섞여 종교적 예배에 참석하는 것보다 혼자 명상 등을 행하는 것을 더 좋아한다.

비슷한 믿음을 지닌 사람들이 하나의 공동체로 모이더라도 가치관은 제각각일 수 있다. 나는 교회에도 다니고, 안식일 만찬에도 참석한다. 그러나 영적 훈련을 위해서는 혼자만의 시간을 갖는다. 이러한 관습적 행위는 시간이 지남에 따라 변할 수도 있고, 영원히 변하지 않을 수도 있다. 나는 꽉 막힌 사람이 아니다. 내 생각에는 철학자 달라스 윌라드 (Dallas Willard)가 영성의 의미를 가장 완벽하게 정리한 듯하다.

"영적인 사람은 어떤 영적 훈련에 열중하는 사람이 아니다. 영적인 사람은 하느님과 대화하는 관계에서 생명을 얻는 사람이다."

여기에서 우리는 그 관계가 당신에게는 어떤 모습을 띠고, 어떻게 해야 당신이 영적인 당신과 하나가 될 수 있는지 살펴볼 것이다.

어렸을 때 학습된 특정한 종교 때문에 다른 신이나 절대자에 대한 신앙을 철저하게 차단하고, 그 신앙적 관습을 차갑게 대하며 불편하게 생각하는 사람이 적지 않다. 성인이 된 후에도 그런 생각을 고수하면 최고의 자아와 하나가 되기가 쉽지 않다. 이런 사람은 영적인 것과의 접촉을 완전히 차단하려는 경향이 짙다. 하지만 내 생각에 우리는 모두 영적인 존재다. 따라서 각자에게 효과 있는 방식으로 영성을 받아들이는 것보다 영성을 무시하기가 더 힘들다. 이런 이유에서 나는 영성이 당신에게 무엇을 의미하는지 정의하고, 당신이 영성을 의심하는 이유를 알아내도록 도움을 주고 싶다.

이 장에서 집중적으로 살펴보려는 핵심적인 질문은 '당신의 최고 자아는 당신의 신앙과 얼마나 일치하는가?'다. 나는 신앙을 '당신이 입증할 수 없는 것에 대한 믿음'으로 정의하고, 신앙이 당신의 삶을 변화시킬 수 있는 가장 강력한 수단 중 하나라고 생각한다. 또 '움직이지 않는 신앙은 죽은 것'이라는 주장도 옳다고 생각한다. 달리 말하면, 각자의 신앙에 충실하려는 행동, 예컨대 내적으로나 외적으로나 자신의 시간과 재능, 소중한 것을 다른 사람에게 주는 형태로 나타나는 행동이 필요하다는 뜻이다.

또 신앙은 당신이 삶에 진실로 원하는 것을 이 세계에 쏟아내면, 그것이 당신에게 되돌아올 것이라고 굳게 믿는 마음이기도 하다. 예를 들어 설명해보자. 약 7년 전, 나는 내가 창조 예술 분야에서 일하는 것을 좋아한다는 사실을 알게 되었다. 지금 내가 살고 있는 로스앤젤레스에는 창조 분야에서 성공하려고 노력하는 연예인 지망생이 많다. 나 자신도 그 분야에서 일하고 싶었기 때문에 그 분야에서 일하면 어떤 기분이 드는지, 어떤 유형의 사람을 만날 수 있는지, 연예인들이 무대에 올라 수많은 팬에게 힘을 북돋워주는 메시지를 전달할 수 있도록 어떻게 도울 수 있는지 머릿속으로 상상하며 시각화하기 시작했다. 내면의 깊은 곳에서 그런 삶이 내 운명이라 믿었기 때문에 그렇게 상상한 결과를 내 삶에 끌어들이기도 했다. 또 그 바람이 반드시 이루어질 것이라고 굳게 믿었다.

영성을 가지면 우리 삶, 즉 정신적이고 육체적인 건강에 긍정적인 영향을 미친다는 생각을 과학적으로 뒷받침하는 연구도 많다. 신앙심을 가진 사람이 상대적으로 장수하고, 심장 마비의 위험도 낮다는 것이 입증되었다.[1] 또한 신앙심을 가진 사람은 불안과 스트레스로 고생할 가능성도 낮다.[2] 우울증에 빠질 위험은 낮은 반면, 삶에 대한 만족도는 높다.[3] 신체적인 고통에 시달리는 사례도 상대적으로 적고,[4] 압박감에 허둥대고 두려움에 사로잡히는 경우도 적다.[5] 어렸을 때 종교를 갖고 신앙심을 함양한 사람은 약물에 의존하거나 미성년 성행위에 연루될 가능성이 낮다. 합리적으로 설명할 수 없는 경우도 많지만, 신앙이 많은 점에

서 우리 삶을 개선하고 풍요롭게 해준다는 데는 의문의 여지가 없다.[6]

하루에도 몇 번씩 영적인 교감이 일어나지만 우리에게 일어나는 현상 자체를 통제할 수는 없다. 우리보다 강하고 원대한 것이 상황을 통제한다. 우리는 그 상황에 맞추려고 하거나 외면한다. 선택은 전적으로 우리의 몫이다. 영적의 끈을 끊어버리면, 그때부터 우리는 방황하기 시작하고 삶을 의심하기 시작한다. 이 세상에는 나쁜 것보다 좋은 것이 더 많다. 우리는 자유와 사랑의 파도에 올라탈 수도 있고, 자신의 앙숙이 될 수도 있다. 우리는 혼자 살도록 진화된 존재가 아니다. 음악이 당신의 영혼에 속삭일 때, 자유로움을 만끽하며 진실과 명증함을 발견할 때, 다른 사람을 도와 기분이 흡족해질 때 영성을 경험하고 있는 것이다. 이런 점에서 나는 "우리는 영성을 경험하는 인간적 존재가 아니라, 인간을 경험하는 영적인 존재다"라고 말하며 영적인 경험을 깔끔하게 정리한 프랑스 철학자 피에르 테야르 드 샤르댕(Pierre Teilhard de Chardin)의 의견에 전적으로 동의한다.

삶의 과정에서 맞닥뜨린 힘겨운 상황 덕분에 자신의 영적인 자아를 되찾은 한 의뢰인의 이야기를 소개해보려 한다. 언뜻 생각하면 '직장' 영역에서 소개하는 것이 나을 듯하지만, 영성이 삶의 모든 영역에 어떻게 긍정적인 영향을 미칠 수 있는가를 보여주고 싶어 이 장에서 소개하는 것이다. 의뢰인은 새로운 방식으로 영성에 의지하는 방법을 터득한 덕분에 삶 전체를 더 나은 방향으로 바꿔갈 수 있었다.

## 헨리의 반자아와 영적인 각성

내게 도움을 구하기 위해 처음 찾아왔을 때 헨리는 작은 광고 회사의 홍보 차장이었다. 그는 그곳에서 4년째 근무하며, 늘 가장 먼저 출근하고 가장 늦게 퇴근하는 성실한 직원이었다. 무엇이든 배우려는 열정과 자신의 능력을 입증하려는 단호한 의지도 있었다. 헨리는 무척 겸손하기도 했다. 자기중심적인 몇몇 동료와 달리, 그는 자신의 성취를 자랑하지 않았다. 또 관심의 중심에 서려는 욕심도 없었다. 그는 대가족의 품에서 자랐고, 장남이었던 까닭에 어린 동생들을 돌봐야 하는 책임까지 적잖게 떠맡았다. 하지만 그의 최고 자아는 천성적인 돌보미, 양육자였기 때문에 가족을 부양하며 부모를 기쁘게 해주는 역할을 즐거워했다. 한마디로 그는 온순하고 순종적인 사람이었다.

헨리는 고객과 일대일로 일하는 데 능숙했다. 그는 고객에게 아름답고 강렬한 광고를 제작하는 과정에 반드시 필요한 존재라고 긍지를 안겨주었고, 자신의 의견이 경청된다는 자부심도 느끼게 해주었다. 상대를 배려하는 천성적인 성격 덕분에 그는 고객들에게 신뢰를 얻었고, 고객들은 항상 그를 칭찬했다.

헨리는 가족 모두가 다니는 교회의 집사이기도 했다. 그는 매일 기도했고, 자신을 독실한 신앙인이라 생각했다. 그의 가족은 교회 모임에 적극적으로 참여했고, 어려움이 처한 사람을 위해서는 무엇이든 할 수 있는 관대하고 다정한 가족으로 알려져 있었다.

헨리가 일하던 광고 회사의 소유주 도널드가 의붓아들 로니에게 경영권을 넘겨주며 뒷전으로 물러났다. 도널드는 헨리가 고객들을 다루는 데 뛰어난 능력을 가지고 있다는 사실을 알고 그에게도 한층 중요한 역할을 맡겼다. 하룻밤 사이에 지위가 올라가고 책임이 늘어났지만 헨리는 가장 젊은 임원이 될 수도 있다는 사실이 마냥 기뻤다.

문제는 로니가 광고에 문외한이라는 사실이었다. 로니에게 헨리는 위협적인 존재로 여겨졌다. 로니는 모든 권한을 독점하려고 했다. 또 회사돈으로 호화롭게 휴가를 즐겼고, 더 많은 돈을 요구해 큰 고객과의 거래를 그르쳤다. 로니가 폭력적인 감정을 터뜨리며 분노에 휩싸여 서류를 벽에 내동댕이치고, 전화기를 바닥에 내던지고, 사무실에서 몰래 술을 마시고, 심지어 여직원들과 선정적인 동영상을 주고받는 것을 목격한 직원이 한둘이 아니었다.

결국 광고 회사는 평판이 나빠지기 시작했고, 급기야 가장 큰 고객으로 오랫동안 끈끈한 관계를 맺어오던 대기업이 계약을 파기하고 다른 광고 회사에 일을 맡겼다. 헨리는 큰 충격에 빠졌다. 그 대기업의 핵심 임원이 홍보 책임자에게 헨리를 언급하며, 헨리를 스카우트해 자금 관리를 지원하는 역할을 맡기면 어떻겠느냐고 제안했다. 헨리에게는 임원급 연봉과 부가 혜택이 보장되는, 포춘 500대 기업으로 전직할 수 있는 절호의 기회였다. 하지만 헨리는 그런 일이 진행되고 있다는 사실을 전혀 몰랐다.

한편 도널드는 직원들에게 주된 고객을 잃게 된 이유를 물었고, 헨리가 평균 이하로 태만하게 일했기 때문이라는 로니의 감언이설을 믿었다. 로니는 회사가 고객을 잃은 원인이 헨리에게 있고, 심지어 헨리가 한 고객의 부인과 불륜을 저지르고 있다는 터무니없는 모략까지 꾸며냈다. 결국 도널드는 헨리에게 잃어버린 고객을 되찾아와 어떻게든 회사를 과거 위치로 복구시켜놓으라고 지시했다. 로니의 거짓말이 성공한 것처럼 보였다.

헨리는 그처럼 큰 임무를 맡은 적이 없어 털썩 겁이 났다. 그래서 모든 비난을 감수하며 더 큰 고객을 새롭게 끌어들이기 위해 더욱더 열심히 일하겠다고 다짐했다. 그러나 그의 몸이 반발하기 시작했다. 공황 발작을 일으키며 심신이 약해지기 시작했고, 시름시름 앓는 날이 많았다. 게다가 온갖 스트레스 때문에 머리까지 빠지기 시작했다.

어느 날 헨리가 나에게 말했다.

"이 상황을 어떻게 해결해야 할지 모르겠습니다. 내 머리로 짜낼 수 있는 온갖 노력을 다하고 있지만, 로니와 함께하자니 정말 힘이 듭니다."

나는 그에게 물었다.

"당신은 제게 독실한 신앙인이라고 말했습니다. 이 상황을 두고 기도한 적이 있습니까?"

"하느님에게 도와달라고 잠시도 쉬지 않고 기도합니다."

"하지만 제가 보기에 당신에게는 그 문제가 잘 풀릴 거라는 믿음이 크지 않은 것 같습니다."

나의 말이 헨리의 정곡을 찔렀다. 헨리는 그런 말을 들을 거라고는 전혀 예상하지 못했는지 당황해하며 내게 물었다.

"무슨 뜻입니까?"

"제가 보기에 당신은 상황을 방치하고, 직원들이 당신을 조종하고 이용하는 걸 묵인하는 것 같습니다. 삶이 당신을 위해 존재하는 게 아니라, 그저 당신이 겪어야 할 일이라고 믿고 있는 것 같습니다."

"그렇지 않으면 다른 대안이 있을까요? 과거로 돌아가고 싶지는 않습니다. 회사를 책임지고 운영할 절호의 기회와 지위를 얻지 않았습니까. 실패하고 싶지 않습니다."

"두렵습니까?"

"물론입니다. 겁이 납니다."

다음 단계로 우리는 반자아 연습을 실시했다. 헨리가 반자아로 만들어낸 인물은 '핸드커프 헨리'였다. 상징적으로 말하면, 헨리는 자신에게 수갑을 채움으로써 경영진의 뜻대로 휘둘렸다. 헨리는 동기 중에 고위 직에 오른 유일한 사람이었고, 자신에게 그런 자격이 있는지 두려웠다. 또한 이번에 실패하면 또다시 기회가 오지 않을 것이라는 두려움도 가지고 있었다. 헨리는 이런 반자아에 완전히 사로잡혀 사람들에게 인격 살인을 당해도 마땅하다고 생각했다.

"지금 다른 사람이 당신 자리에 앉아 있다면, 그에게 당신이 가지고 있는 두려움에 대해 뭐라고 말해주겠습니까?"

내 질문에 헨리는 잠시 생각에 잠겼다.

"믿음을 가지라고 말하겠습니다."

"믿음이란 것이 어떤 것입니까?"

"객관화하고 위험을 감수하며, 모든 것을 통제하지 않으려는 것입니다. 또 상황의 끔찍함을 무작정 인정하지 않는 겁니다. 하느님은 더 많은 것을 원하십니다."

그는 잠시 말을 멈추었다.

"그렇습니다. 하느님은 한 번 하신 일을 또 하실 겁니다!"

"그 원칙이 당신에게도 적용될까요?"

"물론입니다."

헨리는 허리를 곧추세웠다. 눈빛이 생기를 되찾은 듯 보였다.

"낡아빠진 세발자전거를 두고 싸우던 어린아이가 된 기분입니다. 하지만 내 편도 분명 있을 것입니다."

두려움이 깊이 뿌리내린 까닭에 핸드커프 헨리가 헨리를 조정했던 것이다. 그러나 헨리가 수갑을 벗고 자신의 강점을 진실로 믿기 시작하며 그 작은 회사에 집착하지 않고 전직의 가능성을 고려하자 흥미진진한 일이 일어나기 시작했다. 정확히 이틀 후, 그는 내게 전화를 걸어 스팸메일함으로 분류된 이메일을 발견했다고 말했다. 앞서 언급한 대기업의 홍보팀이 보낸 이메일이었다. 그들은 헨리를 만나고 싶어 했다. 헨리는 그들이 건 전화도 두 차례나 놓친 듯했다. 로니와의 문제를 해결하는 데 지나치게 집중한 까닭에 그들이 만남을 요청하는 음성 메시지마저 놓쳤다.

그 후 3년을 신속하게 살펴보면, 그는 대기업으로 옮겼고 결국에는 독립해 비영리 조직을 창업했다. 그 조직은 하루하루 성장하고 있다. 종종 만나 그 시절을 회고할 때마다 헨리는 이렇게 말한다.

"앞으로는 절대 핸드커프 헨리에게 얽매이지 않을 것입니다. 결코! 이제부터는 자유로운 프리 헨리로 살 것입니다."

영적인 자아와 교감하며 자신의 신앙에 의지하면 우리 삶에서 놀라운 일이 일어날 수도 있다. 핸드커프 헨리는 좋은 소식을 차단했고, 헨리의 삶에서 모든 부문을 통제하려 했다. 따라서 헨리는 두 손을 등 뒤에 묶은 채 행동하는 것과 다를 바가 없었다. 그런 상황에서 헨리가 성과를 거둘 가능성은 전혀 없었다. 마침내 헨리가 수갑을 벗겨내고 신앙적 믿음을 받아들이며 모든 것을 통제하려는 욕심을 버리자, 그의 삶이 유리한 방향으로 전개되기 시작했다.

영적이 된다는 것은 성취감을 느낄 자격이 있고, 올바른 대우를 받을 자격이 있다고 믿는다는 뜻이다. 또 궁핍에 찌들지 않고 넉넉한 마음을 갖는다는 뜻이기도 하다. 하느님과 절대자, 즉 우리의 안정감과 영적인 느낌을 얻는 존재는 우리에게 더 많은 것을 원한다. 우리는 마음으로 그 존재를 받아들이기만 하면 된다. 헨리는 자신의 능력에 대해 잘못된 이야기를 꾸몄다. 자신을 학대하고 무시하는 고용주를 배척하면 기회를 잃게 될 것이라 생각했다. 두려움과 의심에 사로잡혀 시야가 좁아진 탓

베스트 셀프

에 잘못된 안정에 매달리려고 자신의 행복을 저버렸던 것이다.

우리가 보이지 않는 상자에 우리 자신을 가두어두고, 주변의 더 크고 원대한 가능성의 세계를 보지 않는다는 것은 인간의 삶에서 공통된 문제다. 13세기 이슬람 학자 루미(Rumi)는 "문이 활짝 열려 있는데 왜 그대는 감옥에 갇혀 있는가?"라고 우리를 꾸짖었다. 당신은 삶의 과정에서 이렇게 느낀 적이 있는가? 감옥에 갇히고 족쇄에 채워져 움직일 수 없는 듯한 기분에 짓눌린 적이 있는가? 모든 통제력을 상실하고 다른 사람에게 완전히 휘둘린 적이 있는가? 이런 상황에도 실제로는 문이 열려 있다는 것을 우리는 깨닫지 못한다. 문이 열린 것을 깨닫고 그 문으로 걸어나가겠다고 결정하면 그것으로 충분하다.

이런 상황에서는 우리의 최고 자아가 무엇을 할 수 있는지 둘러보는 것이 중요하다. 최고 자아는 우리에게 나쁜 일이 생기지 않도록 항상 지켜보며 우리가 스스로 채운 수갑을 벗겨내도록 돕는다. 그러나 모두가 알고 있듯 그것은 쉬운 일이 아니다. 승려이자 평화운동가인 틱낫한(Thich Nhat Hanh)은 이렇게 말했다.

"고통을 떨쳐내기는 쉽지 않다. 우리는 미지의 것에 대한 두려움에 익숙한 고통을 선택한다."

문제의 정곡을 찌른 명언이 아닐 수 없다. 우리는 현실과 다른 것을 선택하지 않을까 두려워한다. 불안하기 때문에 차라리 익숙한 것을 선택한다지만, 그 선택이 더 잘못된 것이면 어떻게 되겠는가? 바로 이런 이유에서 나는 당신이 두려움을 떨쳐낼 수 있도록 영적인 삶을 살아가고, 미지의 것에 도전하는 용기와 강점을 찾아내도록 돕고 싶다. 놀랍게 들리겠지만, 대체로 미지의 것은 상상의 수준보다 훨씬 더 좋다.

# 영성을 함양하라

당신이 특정한 신앙과 믿음을 갖고 있다면 그 믿음이 당신의 영성에 영향을 미치겠지만, 나는 당신에게 특정한 종교를 초월해서 보편적으로 영적인 자아와 하나가 되는 방법을 알려주고 싶다. 달리 말하면, 우리가 어떤 종교를 믿든 믿음의 껍데기를 차례로 벗겨내고 영적인 중심에 이르는 방법을 살펴보려는 것이다.

각자의 영성과 유의미하게 교감하거나 재교감하는 기법을 소개하면 다음과 같다.

## 1. 영적인 삶을 살려는 목적을 정립하라

영적인 삶에서 이루고 싶은 것이 무엇인지 결정함과 동시에 그 과정이 시작된다. 그 형태는 사람마다 다를 수 있다. 예를 들면, 기도하는 시간을 빠뜨리지 않거나, 과거에 당신에게 충만감을 주었지만 너무 바쁘다는 핑계로 참석하지 않은 예배에 다시 참석하기 시작하면서 혹은 매일 명상하거나, 사랑하는 사람과 영적인 수행을 함께하는 형태로 영적인 삶을 시작할 수 있다. 어떤 형태로든 확고한 목적에서 시작한다면 성공할 가능성이 커진다.

## 2. 영성의 불길을 부채질하라

요즈음에는 영적인 차원에서 당신에게 영감을 주는 것을 얼마든지 구할 수 있다. 당신이 존경하는 사람이 영감을 받아 쓴 글이나 삶의 과정에서 기적이나 영적 깨달음을 경험한 사람들이 쓴 책을 읽을 때 혹은 영적인 사상가의 강연을 담은 오디오북을 들을 때 마음을 울리는 구절을 찾아내고, 그 내용을 영혼의 양식으로 삼아라. 우리는 깊은 의미가 담기지 않은 소셜미디어와 오락거리에 희희낙락하며 많은 시간을 보낸다. 이제부터라도 당신을 정신적으로 고양하는 글을 읽고 이해하려고 노력하라.

## 3. 고요함을 추구하라

요즈음의 삶은 시끌벅적하다. 앞서 삶의 소음을 낮추라고 몇 차례 당부했다. 영성과 하나가 되기 위해서도 당신의 내면에서 조용한 공간을 찾아 그 자체로 존재하는 것이 중요하다. 당신이 귀로 듣는 실제의 소음을 말하는 것이 아니다. 구체적으로 말해서, 당신이 내면의 목소리와 하나가 되는 방법이 거실에 록 음악을 커다랗게 틀어놓고 춤을 추는 것이라면 당연히 그렇게 해야 한다.

내가 말하는 내면의 조용한 공간은 외부의 소리와 영향에 완전히 신경을 끊은 상태를 뜻한다. 우리 삶에서 우리가 예부터 간절히 구하던 대답이 의식의 차원에 떠오르는 때도 있고, 우리가 무엇인가를 새로운 방식으로 깨닫거나 관찰하게 되는 때도 있다. 내면의 조용한 공간에 다가가는 방법은 가만히 앉아서 기분 좋고 긍정적인 떨림을 주는 무엇인가를 중얼거리는 것이다. 영화나 텔레비전 프로그램에서 사람들이 주문을 외우거나 어떤 노래를 할 때 일정한 진동음에만 집중하며, 모든 잡념을 잠재우려고 애쓰는 모습을 본 적이 있을 것이다. 기도도 우리가 마음속에서 끊임없이 요동하는 생각을 가라앉히는 데 도움이 된다. 또 마음에 평온함을 주는 사진이나 예술 작품을 갖고 있다면, 그것들을 조용히 응시하는 시간을 가져보라. 적어도 일주일에 한 번씩 이런 조용한 시간을 갖는 것을 우선순위에 놓아라.

## 4. 징조를 알아채라

물리적인 눈만이 아니라 영적인 눈까지 크게 뜨고 당신에게 전해지는 징조를 놓치지 마라. 예를 들어 설명해보자. 개를 잃어버려 상심에 젖은 친구가 있었다. 그녀는 마음의 평화를 구하기 위해 간절히 기도했다. 어느 날 오후, 그녀는 거실 바닥에 드리워진 무지개를 보았다. 희한하게도 무지개는 그녀의 개가 햇살을 쬐기 위해 눕던 곳에 자리 잡고 있었다. 그녀는 무지개를 개의 영혼이 살아 있다는 징조로 받아들였고, 마음의 평화를 되찾을 수 있었다.

또 다른 유형의 흔한 영적인 징조로 '공시성(synchronicity)'이라 일컬어지는 것이 있다. 똑같은 문장을 반복해서 듣거나, 여러 곳에서 똑같은 숫자를 보게 되는 경우를 가리킨다. 이런 현상은 우리보다 더 큰 존재가 있고, 삶은 하루하루의 일상을 초월한다는 것을 우리에게 알려주려는 징조일 수 있다. 요컨대 이런 현상을 통해 우리는 머리로는 이해할 수 없는 우주의 일부에 불과하다는 사실을 깨닫게 된다.

다시 예를 들어 설명해보자. 영화 〈라이온 킹〉을 보던 중에 영적으로 큰 깨달음을 얻은 사람이 있다. 영화의 한 장면에서 영혼이 자극을 받아 아들과의 곤혹스런 상황을 해결하기 위해 어떻게 행동해야 하는지를 갑자기 깨달은 것이다. 라디오에서 흘러나오는 노래부터 낯선 사람이 건넨 말, 자연의 아름다움 풍광까지 그것이 무엇이든 당신의 마음이 움직이면 어떤 징조가 될 수 있다. 어떤 현상을 징조로 받아들이려면 항상 마음을 열어두어야 한다.

어디에나 기회가 있다는 것도 명심해야 한다. 우주가 당신에게 주려는 선물을 지나치지 않도록 마음을 열어두어야 한다. 스타벅스에서 줄을 서서 순서를 기다리는데 누군가가 당신에게 커피를 사주겠다고 제안하면 기꺼이 그 선물을 받아들여라. 기독교 작가 랍 벨(Rob Bell)은 이렇게 말했다.

"이 호흡과 이 순간, 이 삶은 선물이다. 이 점에서는 우리 모두가 똑같다. 그 선물을 밀어낼까, 아니면 허리를 똑바로 펴고 서서 마음을 터놓고 크게 호흡하며 그 선물을 흔쾌히 받아들일까. 우리는 하루에도 수없이 이런 선택을 내려야 한다."

개인적으로 삶이 나에게 부여한 선물을 흔쾌히 받아들인 결정은 내 삶에 중대한 영향을 미쳤다. 내가 내 삶의 면면을 치밀하게 통제하고, 계획을 명확히 세운 후에 어떤 경우에도 그 계획을 고수하려 했다면, 나는 좋은 기회를 놓쳤을 것이다. 또 삶이 나를 인도한 궤도를 예측하지 못해 지금처럼 성공하지도 못했을 것이다. 마음을 열고, 나에게 주어진 기회를 저항 없이 받아들였던 것에 감사할 따름이다.

과거에 나는 텔레비전에는 결코 출연하지 않겠다고 다짐했지만, 필 맥그로 박사가 토크쇼에 출연해달라고 요청했을 때 흔쾌히 "좋습니다!"라고 대답했다. 나를 위해 더 큰 그림을 그리는 존재가 있을 것이라는 생각에 동의한 것이다. 지금은 그때의 결심이 옳았다는 것을 확신한다. 징조는 어디에나 있다. 마음의 눈을 크게 뜨면 전혀 예상하지 못한 곳에서 징조를 확인할 수 있을 것이다.

## 5. 신뢰하라

당신의 영적인 깨달음이 깊어지고, 긍정적이고 좋은 일이 당신이나 주변 사람에게 일어나면, 당신이 해오던 일에 대해 더 포괄적으로 이해하게 된다. 그 좋은 일을 우연이나 행운의 탓으로 돌려서는 안 된다. 당신이 영적으로 성장한 덕분에 어떤 이유로든 더욱더 성취감을 느끼게 된다는 점을 깨달아야 한다. 그런 관련성을 인정하는 시간을 가져라. 그래야 그 경이로운 길을 계속 이어갈 수 있다. 작은 변화와 개선, 겉보기에는 아무런 의미도 없는 즐거움과 평화의 순간도 이런 영적 여정의 일부다.

## 6. 다른 사람들과 공유하라

당신의 영적인 여정에 대해 다른 사람들에게 말하고, 그들의 영적 여정에 대해서도 당신에게 말해달라고 부탁해보라. 물론 모두가 이런 유형의 대화에 개방적이지는 않다. 따라서 긍정적으로 반응하지 않는 사람이 있더라도 기분 나쁘게 받아들이지 마라. 그들은 그런 대화를 위한 준비가 되어 있지 않은 것일 뿐이다. 하지만 그들의 여정도 당신의 여정만큼이나 특별하다. 당신이 깨달은 영성의 빛으로 주변을 밝게 비추어라. 그럼 그 빛이 당신의 삶까지 밝게 비출 것이다.

## 7. 항상 즐겁게 살라

웃음은 내적 즐거움을 겉으로 표현하는 것이다. 영적인 삶을 추구할 때도 즐겁고 재미있게 하라. 힘든 순간에도 웃어라. 즐거움이 내면에서부터 부글부글 끓어오르게 하라. 아무리 힘든 시기에도 웃을 수 있고, 주변에서 행복을 구할 수 있으며, 주변 사람들과 즐거움을 나눌 수 있다. 만족의 파도에 올라타면 어떤 어려움도 이겨낼 수 있다.

## 8. 먼저 베풀어라

대부분의 종교에는 '먼저 너그럽게 베풀면 넉넉하게 돌려받는다'라는 기본적인 믿음이 있다. 성경에서도 '스스로 속이지 마라. 하느님은 업신여김을 받지 아니하시나니 사람은 무엇을 심든 심은 대로 거두리라. 자신의 육체를 위해 심는 자는 육체로부터 썩어질 것을 거두고, 성령을 위해 심는 자는 성령으로부터 영생을 거두리라'라고 말한다. 기본적으로 카르마와 같은 개념이다. 당신이 앙심을 품고 누군가를 잔혹하게 대하며 마음에 상처를 준다면, 다시 말해 순전히 당신의 이익만을 생각하고 당신의 에고만을 북돋우는 식으로 행동한다면, 열심히 기도하고 예배당에 열심히 출석해도 아무 소용이 없고, 아무 보상도 받지 못할 것이다. 여기에서 '보상'은 최고의 자아로 살지 못할 것이라는 뜻이다. 다른 사람을 홀대하는 것은 영적인 삶을 향한 길에 커다란 장애물을 세우는 것과 같다.

너그러운 영혼에 다가가 주변 사람들과 선한 마음을 함께하는 방법을 찾아보라. 누군가가 힘들게 지내는 것을 보면 도움의 손길을 내밀어라. 당신이 속한 공동체에서 곤경에 처한 사람들을 돕는 새로운 방법을 찾아보라. 친구와 가족에게 당신이 무엇을 해주면 좋겠느냐고 물어보라. 베푸는 마음으로 세상에 다가가라. 반드시 금전적으로 도우라는 뜻이 아니다. 당신이 헌신적으로 도움을 줄 수 있는 다른 많은 방법이 있다. 당신이 가지고 있는 재주가 다른 사람에게 도움이 될 수도 있고, 당신의 시간을 봉사하는 데 할애할 수도 있다. 봉사를 함으로써 어떤 교훈을 얻고자 하더라도 봉사하는 행위 자체에 가장 큰 선물이 있다는 사실을 금세 깨닫게 될 것이다.

## 당신의 영적인 삶은 어떠한가

지금까지 영성에 대해 간략하게 살펴보았다. 이번에는 당신의 영적인 삶에 대한 현재 상태를 점검해보기로 하자. 영적인 삶에서 당신의 위치를 파악하고, 어떤 조절이 가능한지 알아내는 데 도움이 될 것이다.

## 아침 영성 훈련

매일 아침 약간의 시간을 쪼갤 수 있다면, 그 시간에 당신의 최고 자아와 하나가 되기 위한 일과로 무엇을 하고 싶은가? 영적인 영감이 담긴 글을 읽어도 괜찮고, 눈을 뜨자마자 해가 뜨는 모습을 관찰하는 것도 괜찮다. 기도하며 그 시간을 보내고 싶은 사람도 있을 것이다. 내 경우 최고의 자아로 아침을 즐겁게 맞이하는 데 중요한 역할을 했던 기도는 알코올 중독자 갱생회의 세 번째 단계 기도였다.

> 하느님, 저를 당신에게 맡깁니다.
> 주님의 뜻대로 저를 세우시고
> 저를 사용하십시오.
> 제가 주님의 뜻을 더욱 잘해낼 수 있도록
> 저에게서 자아의 굴레를 벗겨주시옵소서.
> 저에게서 어려움을 덜어주시고,
> 주님의 힘, 주님의 사랑, 주님의 방식으로
> 제가 돕는 사람들에게
> 어려움을 이겨낸 증인이 되게 하시옵소서.
> 영원히 주님의 뜻대로 살겠나이다.

이 기도 뒤에 감추어진 생각은 우리가 자신의 능력을 과신하지 않고, 신이나 절대자 등 명칭이 무엇이든 간에 우리보다 더 고결한 존재에게 의지하겠다는 것이다. 우리가 통제할 수 없는 영역을 그 존재는 통제할 수 있을 것이라는 바람이다. 이렇게 생각하고 확신함으로써 커다란 위안을 얻는다. 반대로 모든 것을 자신의 어깨에 짊어지고 혼자서 모든 어려움을 감당하며 자신을 옭아매는 경우도 있다. 이런 경우는 실패를 향해 무모하게 내달리는 것과 다를 바 없다. 우리가 모든 답을 알지 못한다는 사실을 인정한다고 해서 패배를 인정하는 것은 아니다. 오히려 궁극적으로 승리를 선포하기 위해서는 자신의 한계를 인정하는 단계가 필요하다. 우주적 존재, 영적 존재, 즉 명칭이 무엇이든 우리 눈에 보이지 않고, 우리 이해의 범위를 넘어서는 존재를 믿는다는 것이 쉽지는 않다. 그러나 이런 포기가 있을 때 우리는 진정한 자유와 평화를 얻는다. 앞서 누누이 이야기했듯 우주는 우리에게 이익이 되는 방향으로 움직인다. 따라서 굳이 우리가 하느님인 척할 필요는 없다.

- 당신 생각에 건강한 영적인 삶은 어떤 모습이어야 하는가?
- 삶이 당신에게 이익이 되는 방향으로 움직인다고 믿을 만한 이유가 있는가? 그렇다면 그 이유는 무엇이고, 그러한 믿음을 처음 가진 때는 언제인가? 그렇지 않다면 그 이유는 무엇이고, 그렇게 생각하게 된 최초의 사건은 무엇인가?
- 영적인 삶에서 당신에게 충만감을 주고, 당신의 일상에서 보편화되기를 바라는 부분이 있는가? 그렇다면 그 부분이 무엇인가?
- 당신이 영적인 세계에서 신뢰하는 멘토와 지도자는 누구인가?
- 당신의 성장 과정이 영성의 발달에 영향을 미친다고 생각하는가? 당신이 끝까지 고수하려는 요소는 무엇인가? 반대로 어떤 요소를 배제하겠는가? 성장할 때 영적인 삶에서 부족한 것이 있었다면, 지금 그것을 보충하기 위해 무엇을 하겠는가?
- 당신의 최고 자아가 영적인 삶을 살기 위해 기본으로 삼는 원칙은 무엇인가? 내 경우에는 '인내하라, 타인의 입장에서 생각하라, 쓸데없이 걱정하지 마라, 직관을 따르라, 창의적으로 생각하라, 삶의 가능성은 무한하다고 생각하라' 등이다.

# 당신의 최고 자아가 추구하는 영적인 강령은 무엇인가

당신의 영성을 잇는 강렬한 끈과 그 영성에 영향을 미치는 종교적 믿음, 신앙심을 유지하는 방법 중 하나는 당신만의 영적인 강령을 꾸미는 것이다. 앞서 정리한 원칙들을 바탕으로 행동지향적인 강령을 꾸며보라. 내 영적인 강령을 예로 들면 다음과 같다.

### [마이크 베이어의 최고 자아가 추구하는 영적인 강령]

나는 먼저 베풀고 인내하며, 상대의 입장에서 이해하고 영리하게 생각하며, 쓸데없이 걱정하지 않는 사람이다. 나는 어떤 것이든 가능하다고 굳게 믿으며 하루하루 충실하게 살아간다. 우주가 나에게 부여하는 선물을 겸손하고 열린 마음으로 받아들인다. 나는 뜻밖의 곳에서 의도적으로 영감을 얻고, 남달리 창의적이다. 내 목적과 바람은 다른 사람들도 최고의 자아가 되는 자유를 얻도록 돕는 것이다.

당신의 영적인 강령은 내가 추구하는 영적인 강령과 다를 것이다. 강령의 길이는 길든, 짧든 상관없다. 시간의 흐름에 따라 변할 수도 있다. 따라서 시시때때로 영적인 강령을 되짚어보며 새롭게 다듬어야 할 필요가 있는지 살펴보아야 한다. 말하자면, 영적인 강령을 때때로 새 단장하는 것도 괜찮다.

영적인 강령을 메모지에 적어 냉장고 문에 붙여두거나 캔버스에 써서 색색으로 장식해 벽에 걸어두어라. 베갯잇에 자수로 수놓는 방법도 권하고 싶다. 영적인 강령을 지속적으로 떠올려줄 수 있는 방법이면 어떤 것이든 상관없다. 가령 컴퓨터 모니터나 자동차 선바이저에 붙여두어도 상당한 효과를 기대할 수 있다.

## 당신의 영적인 삶에 대한 평가

이번에는 영적인 삶의 영역에서 당신이 무엇을 성취하고 싶어 하는지를 알아보자. 다음 질문들이 그 답을 구하는 데 도움이 될 것이다.

1단계: 당신의 영적인 삶에 1~10 중 적절한 점수를 매겨보라. 점수 1은 당신의 영적인 삶이 고통스러운 상황에 있어 당신의 관점이 필요하다는 뜻이다. 한편 점수 10은 당신의 영적인 삶이 무척 기능적이어서 별다른 개선이 필요하지 않다는 뜻이다. 당신의 영적인 영역을 점수로 평가할 때 고려해야 할 부분은 다음과 같다.

- 영적인 삶에서 당신은 얼마나 성장한 상태인가?
- 당신은 최고 자아를 추구하는 데 영성을 어떻게 활용하는가?
- 당신에게 영적인 삶은 얼마나 보람 있게 느껴지는가?

영적인 삶에 대한 평점: _____       날짜: _____

2단계: 이번에는 영적인 삶에 도움이 되는 행동들을 써보라. 아울러 그 행동들이 도움이 되는 이유도 써보라.

(예)
- 나는 규칙적으로 명상하고, 명상은 내가 진정성을 유지하는 데 도움이

된다.

- 나에게 종교와 영성은 성취감의 원동력이다.

내 영적인 삶에 실제로 도움이 되는 행동들은

_____ . 그 이유는 _____

_____ . 그 이유는 _____

_____ . 그 이유는 _____

**3단계:** 당신 영적인 삶을 방해하는 행동은 무엇인가?

(예)

- 나는 어떤 종교의 교리를 살펴보았지만, 현실적으로 느껴지지 않고 충만감도 주지 못했다.
- 나는 과거에 받은 상처가 너무 심해 어떤 형태의 영성에도 관심이 없다.

내 영적인 삶에 실제로 도움이 되지 않는 행동들은

_____ . 그 이유는 _____

_____ . 그 이유는 _____

_____ . 그 이유는 _____

**4단계:** 지금까지 작성한 모든 것에 근거하여 당신의 영적인 삶에 대한 현재의 평점을 10점으로 올리려면 무엇을 해야 하는지 생각해보라. 당신에게 실제로 도움이 되기 때문에 꾸준히 계속해야 할 행동, 당신이 원하는 것을 방해하기 때문에 당장 중단해야 할 행동, 새롭게 시작해야 할 행동을 찾아내야 한다.

내 영적인 삶의 수준을 10점으로 올리기 위해서

나는 _____ 을 계속해야 한다.

나는 _____ 을 중단해야 한다.

나는 _____ 을 새롭게 시작해야 한다.

## 대담하게 앞으로 나아가라

부처는 "초가 불 없이 탈 수 없듯 인간은 영성 없이 살 수 없다"라고 말했다. 나는 이 말을 굳게 믿는다. 영적인 삶이 어떤 모습을 띠더라도 우리는 영적인 삶을 살지 않고는 최고의 자아가 될 수 없다. 영적인 삶은 요가와 명상, 기도, 교회와의 깊은 관계 등 어떤 형태로든 나타날 수 있다. 영적인 삶의 근저에는 우리보다 더 크고 우리에게 힘이 되는 존재가 있다는 믿음, 우리 눈에 보이지 않는 선하고 아름다운 존재가 있다는 믿음이 있다.

지금까지 삶의 일곱 가지 영역을 빠짐없이 살펴보았다. 이번에는 당신이 수정하고 바꾸고 정비하고 싶은 영역과 당신 자신에 대해 수집한 중요한 자료를 바탕으로, 향후의 행동 방향에 대한 계획을 세워보자. 앞서 제시한 기법들은 모두 행동지향적이었다. 이런 기법들은 당신에게 알려줄 수 있어 몹시 기쁘다. 나의 많은 의뢰인과 친구가 이 기법들을 성공적으로 활용했다. 당신도 이 기법들을 삶에 시행한다면 긍정적인 결과를 만끽할 수 있을 것이다.

# 12장

## 최고의 팀을 꾸려라

주변 사람들이 우리의 삶, 정확히 말하면 우리 삶의 일곱 가지 영역 전체에 중대한 영향을 미친다. 성공한 사람은 누구라도 할 것 없이 혼자였다면 현재의 것을 결코 이루어내지 못했을 것이라고 말한다. 월트 디즈니도 혼자 그의 제국을 세운 것이 아니고, 스티브 잡스(Steve Jobs)도 혼자 애플을 세운 것이 아니다. 마틴 루서 킹(Martin Luther King)도 혼자 시민권 운동에 불을 붙인 것이 아니다.

몰론 당신도 당신의 삶을 혼자 이루어낸 것이 아니다. 우리는 종종 삶의 과정에서 완전히 혼자인 듯한 기분에 젖지만, 그런 기분은 결코 진실이 아니다. 우리 시대의 풍요와 깊이, 복잡성은 다른 사람과의 관계, 결국 우리가 서로 맺는 관계에 의해 실질적으로 결정된다. 의식하든 그렇지 않든 우리가 서로 긴밀히 연결된 존재인 것은 사실이다. 따라서 우리는 세상에 대한 각자의 경험을 고양하고, 상대의 관점으로부터 배우며, 모두가 공유해야 할 놀라운 선물을 흔쾌히 주고받을 수 있고, 반드시 그렇게 해야 한다. 그래야 혼자일 때보다 함께할 때 훨씬 많은 것을 성취할 수 있다.

삶의 과정에서 많은 사람과 다양한 유형의 관계를 맺는다는 것은 중요한 사실이다. 그러나 이야기를 더 진행하기 전에 분명히 구분해두고 싶은 것이 있다. 당신과 관계를 맺는 사람 모두가 당신의 '팀'에 속하지는 않는다는 것이다. 당신의 팀은 함께하면 당신의 최고 자아와 쉽게 하나가 될 수 있기 때문에 의도적으로 선택한 사람들로 이루어진다. 달리 말하면, 그들은 당신에게 영감을 주고, 당신은 그들에게 영감을 주기 때문에 서로 긍정적인 영향을 주고받는 관계에 있다. 따라서 당신의 팀을 평가하고 선별하는 구체적인 기준들을 살펴보겠지만, 냉정하고 차가운 사람이라는 말까지 들어야 할 필요는 없다. 비유해서 말하면 영화 〈머니 볼〉에서 보았듯, 어떤 대가를 치르더라도 월드 시리즈에서 우승하기 위해 야구팀을 꾸리는 것과는 다르다. 당신의 팀은 스포츠 팀과 달리 승리 이상의 것을 추구하고 삶의 여정을 함께 즐길 수 있어야 한다. '여행 자체가 목적지'라는 것을 기억하라. 그런 의미에서 당신과 당신의 팀은 여정의 모든 단계에서 번창해야 한다.

이 장의 중요성은 아무리 강조해도 지나치지 않다. 내가 함께 일했던 의뢰인들은 한목소리로 자신의 팀을 분석함으로써 삶의 질을 획기적으로 개선하고 수정할 수 있었다고 말한다. 요컨대 당신에게 최고의 자아가 되라고 독려하며 용기를 북돋워주는 팀을 꾸리라는 것이다. 일반적으로 우리는 일부러 시간을 내 주변 사람들을 평가하지 않는다. 또 위기에 봉착해서 주변 사람들의 강점에 기대며 도움을 구해야 할 때까지 '팀'에 대해 깊이 생각하지도 않는다.

당신이 팀원들을 면밀히 분석하는 시간을 갖지 않는 주된 이유 중 하나는, 자신을 돕는 사람을 곁에 둘 만큼의 자격이 있다고 확신하지 못하기 때문이다. 오히려 당신의 주된 역할이 다른 사람을 돕고 시중드는 것이라고 생각한다. 그로 인해 당신은 주변과 단절된 채 홀로 떠 있는 작은 섬이 된다. 이런 경우라면, 당신의 최고 자아는 당신에게 그런 멋진 팀을 가질 자격이 충분하다고 조언할 것이다.

당신이 최고 자아로서 다른 사람을 헌신적으로 돕기 위해서는 팀으로부터 강점과 지혜, 지원을 끌어낼 수 있어야 한다. 그렇지 않으면, 당신 팀은 회전문으로 전락할 수 있다. 달리 말하면, 당신이 팀원들을 계속 끌어들이지만, 그들이 어떤 식으로든 당신에게 잘못하고 상처를 주거나 당신을 실망시키면, 그들을 곧바로 밀어낸다는 뜻이다. 회전문은 미끄러운 비탈과 같아 무척 위험하다. 분명히 말하지만, 팀을 갖는다는 것은 당신의 문제를 대신 뒤집어쓸 사람을 갖는 것이 아니다. 당신의 문제는 당신 삶의 일곱 가지 영역에서 최고 자아를 통해 해결되어야 한다.

앞서 우리는 '최고 자아 모델'과 '삶의 일곱 가지 영역'을 사용해 우리 삶의 어떤 영역이 올바르게 기능하고, 어떤 영역이 등한시되거나 제대로 기능하지 못하는지를 살펴보았다. 이 장에서는 당신의 삶에 관련된 사람들을 철저히 분석해 어떤 사람을 당신의 삶에 더욱 끌어들여야 하는가를 살펴보려 한다. 누구도 눈치 채지 못하게 마음에 들지 않는 사람을 떼어놓는 방법, 누군가에게 힘을 실어주는 방법을 알고 싶은 사람도 많을 것이다. 이 세상에 완벽한 사람은 없다. 지금까지 당신이 최고의 자아로서 팀원들에게 접근하지 않았다면 먼저 그렇게 시도해보라. 그런 후에 팀원들의 장단점을 면밀히 관찰하고, 계속 함께하고 싶은 팀원과 그렇지 않은 팀원을 결정하라.

당신 삶의 중심에는 바로 당신이 있다. 이 조화로운 은하계에서 당신을 중심에 두고 동반자와 자녀, 가족과 가까운 친구, 중요한 지인, 동료 등이 돌아간다. 당신 은하계의 규모는 중요하지 않다. 그러나 삶의 일곱 가지 영역에서 당신을 도와줄 사람이 있다면 아주 이상적이다. 이런 이유에서도 우리는 인간관계에 새롭게 접근할 필요가 있다. 삶의 일곱 가지 영역 중 여러 영역에 들어맞는 사람도 있겠지만, 한 영역에만 겨우 들어맞는 사람도 있을 수 있다. 그래도 상관없다. 내 경험에 따르면, 무척 큰 팀을 보유하면 그에 따라 스트레스도 많다. 팀이 너무 크면 적정한 규모로 줄여야 한다. 반대로 팀 규모가 너무 작으면 외부 지원이 필요한 경우가 많기 때문에 너무 작은 것도 바람직하지 않다. 따라서 당신의 삶에서 적정한 규모의 고유한 팀을 찾아내는 방법을 알려주는 것이 이 장이 목적이다.

시간이 지남에 따라 당신의 은하계에 들어오는 사람도 있고, 반대로 당신의 은하계에서 사라지는 사람도 있다. 전직에 따른 지리적인 변화와 심리적인 변화, 새로운 깨달음, 열정, 상실감 등 무수한 이유로 사람들이 당신의 은하계에 드나든다. 오래전부터 알았지만 간혹 한 번씩 만나는 사람도 있을 것이다. 반면에 당신이 곤경에 빠지면 곧바로 도움을 요청할 수 있는 친구도 있을 것이다. 예컨대 당신이 도움을 요청하면 언제라도 발 벗고 나설 것이기 때문에 당신이 힘들 때마다 찾아가고, 위급한 상황에 처하면 한밤중에도 전화를 걸어 도움을 부탁할 만한 친구가 있을 수 있다. 당신과 친밀한 관계는 아니지만 직업상 의지하는 사람—회계사, 정원사, 미용사, 마사지사, 개인 트레이너, 영양사 등—도, 다양한 이유로 당신에게 도움을 주는 사람—함께 운동하며 건강을 유지하는 데 도움을 주는 친구, 같은 북클럽에 소속된 사람, 같은 교회에

## 당신도 한 명의 팀원이다

반드시 명심해야 할 것은 당신도 누군가의 팀에서 주요 팀원이라는 것이다. 당신은 항상 최고의 자아로서 일하기 때문에 당신을 팀원으로 둔 사람은 그야말로 행운일 것이다. 또한 당신은 그 사람의 삶에서 진정한 보석일 수 있다. 따라서 당신의 팀을 분석할 때 당신이 다른 사람의 삶에서 어떤 역할을 하고, 어떻게 해야 당신이 계속 성장할 수 있을지 생각하라. 뒤에서 상호성(reciprocity)이라는 개념을 더 깊이 살펴보겠지만, 대략이라도 미리 언급해두고 싶었다.

다니는 사람 등—도 있을 수 있다. 누구나 자기만의 고유한 팀을 가질 수 있다. 당신이 최고의 자아와 하나가 되는 것을 팀원 모두가 돕게 하려면 어떻게 해야 할까?

삶의 일곱 가지 영역에서 당신의 팀을 면밀히 분석하는 것으로 이 과정을 시작해보자. 여러 영역에 들어맞는 사람이 당신 팀에 있을 수 있다. 그렇다면 더할 나위 없이 좋다. 당신의 삶이 어떤 모습을 띠고 당신에게 정말 적합한지 알아보고, 현재 최적이지 않은 것은 무엇인지 알아내는 것이 이번 과정의 목표다.

얼마 전에 내 친구 알렉시스는 내게 자신의 단골 미용사 신디와의 이야기를 들려주었다. 알렉시스에게 신디는 우리가 흔히 생각하는 미용사가 아니었다. 신디는 알렉시스에게 멋진 머리 모양을 만들어주는 데 그치지 않고 많은 부분에서 큰 도움을 주었다. 알렉시스와 신디의 첫 만남이 이루어진 것은 20년 전이다. 그만큼의 시간이 흐르는 동안 두 사람은 절친한 친구가 되었다. 두 사람 모두 이혼녀였기 때문에 많은 점에서 서로를 도왔다. 예컨대 한 사람이 도시 밖으로 여행을 떠나면 상대의 개를 돌봐주었고, 상대에게 데이트할 기회를 주려고 노력했으며, 일이 힘들면 고민을 털어놓고 푸념할 상대가 되어주었다.

그러나 시간이 흐를수록 알렉시스는 신디가 자신의 머리 손질을 대충한다는 것을 알게 되었다. 알렉시스가 어떠한 머리 모양을 해달라고 명확하게 요구해도 신디는 건성으로 듣는 듯했다. 신디는 머리 손질에 열중하지 않고 자신의 푸념을 늘어놓느라 정신이 없었다. 반듯하게 잘 라지지 않은 앞머리를 본 알렉시스는 더 이상 참을 수 없는 지경에 이르렀고, 다른 미용사를 찾아야겠다고 생각했다. 그렇게 하면 신디의 가슴에 못을 박는 것과 다를 바 없다는 것을 잘 알았다. 하지만 알렉시스는 은밀히 다른 미용실을 들락거리며 신디를 속이고 싶지 않았다. 그래서 그 문제를 정면으로 해결하기 위해 신디와 저녁 식사를 하기로 했다. 그들은 평소처럼 즐겁게 대화를 주고받았다. 알렉시스는 분위기를 살피다 이렇게 말했다.

"신디, 내가 너를 자매처럼 사랑하는 거 알지? 앞으로도 영원히 친구로 지내고 싶어. 그런데 요즘 네가 내 머리를 만지는 태도가 마음에 들지 않아. 그래서 다른 미용실을 찾아가고 싶어. 정말 미안해. 이해해주면 고맙겠어."

신디는 안절부절 어쩔 줄 몰라 했다. 어깨도 약간 처진 모습이었다. 알렉시스는 계속 말했다.

"네가 뛰어난 재능을 가진 헤어 아티스트라는 거 잘 알아. 하지만 우리 우정이 내 머리를 만지는 네 능력을 방해하는 것 같아. 나는 우리 우정을 소중하게 생각해. 그래서 친구로 영원히 함께하고 싶은 거야."

신디는 슬퍼했지만 알렉시스의 솔직함에 감동해 이렇게 말했다.

"솔직히 말해줘서 고마워. 네 머리를 더 이상 손질하지 못한다는

베스트 셀프

걸 상상할 수 없지만, 네가 원하면 우리는 정기적으로 만날 수 있을 거야. 꼭 미용실이 아니어도 상관없어. 네 곱슬머리를 누구도 나만큼 예쁘게 다룰 수 없다고 생각하지만! 여하튼 금방 나를 다시 찾아올 거야."

그들은 웃으며 서로 힘껏 껴안았다. 알렉시스는 자신의 팀에서 신디에게 다른 역할을 맡김으로써 둘의 관계를 계속 성공적으로 끌어갈 수 있었다. 게다가 신디를 만날 때마다 일부러 머리카락을 헝클어 신디의 기분을 배려해주었다.

우리 삶의 일곱 가지 영역에 속한 사람들을 찾는 방법을 소개하면 다음과 같다.

**사회적 삶:** 인간관계를 넓힐 수 있는 사교적 행사에 동행하는 친구부터 속내는 터놓을 수 있을 정도로 신뢰하는 절친한 친구가 이 범주에 속한다. 예컨대 영화관, 스포츠 경기, 저녁 식사, 술자리 등 당신이 여흥을 즐기기 위해 바깥에서 만나는 친구들, 당신이 좋아하는 것을 하며 조용히 저녁 시간을 보내려고 초대하는 친구들이 이에 속한다.

**개인적 삶:** 당신이 내면을 들여다보며 기분을 달래는 것을 도와주는 사람이 이 범주에 속한다. 미용사나 손톱관리사처럼 당신의 외모 관리에 도움을 주는 사람들, 심리 치료사, 멘토, 변호사처럼 당신이 사적인 대화를 나누는 사람도 이들이에 속한다.

**건강:** 일반의와 전문의가 이 범주에 속한다. 예방 의학, 영양학, 마사지 치료, 대체 의학 등을 전공한 사람들, 신체 건강에 관련해 당신에게 믿을 만한 조언을 해주는 사람들도 이에 속한다. 체육관의 개인 트레이너, 절친한 친구도 건강 영역의 팀원이 될 수 있다.

교육: 교사와 교수, 직장 멘토, 유명 인사 등 당신이 관심을 가질 만한 새로운 정보를 전해주고, 무엇인가를 배우려는 욕구를 자극하는 사람이면 누구나 이 범주에 속한다. 예컨대 당신이 정보를 얻으려고 매일 듣는 팟캐스트 진행자, 당신이 좋아하는 동기부여 강사가 이에 속한다. 항상 학습하며, 새로운 지식으로 우리를 자극하는 사람이 주변에 있기를 바란다.

인간관계: 전통적인 의미에서는 막역한 사람들, 즉 부모와 형제자매, 친척, 애인 등이 이 범주에 속한다. 이 범주에 속한다고 해서 모두 신뢰할 수는 없다. 따라서 관계가 끊어진 사람도 있을 수 있지만 가족이라는 의무 때문에 한 울타리에 있게 된다.

직장: 직장에서 가까운 관계를 유지하며 함께 일하는 사람, 예컨대 상관이나 당신이 관리하는 직원이 이 범주에 속한다. 재무 관리에 대해 당신에게 조언하는 사람도 이에 속한다.

영성의 개발: 당신이 속한 종교 기관에 있는 사람이면 누구나 영적인 팀원이 될 수 있다. 당신이 영성을 꾸준하게 유지하도록 도와주고, 당신을 더 신실한 영적인 삶으로 인도하는 사람이면 더욱더 좋다.

당신 팀을 면밀히 분석해야 하는 이유는 팀원들이 삶의 각 영역에서 당신에게 적잖은 영향을 미치는 멘토일 수 있기 때문이다. 나는 "정말 하고 싶은 것을 할 시간이 없어"라는 말을 귀에 딱지가 앉을 정도로 자주 들었다. 그러나 당신의 팀원들은 당신에게 항상 관심을 기울이며 당신이 습관적인 틀에서 빠져나와 진실로 원하는 것을 할 수 있도록 도울 수 있다. 이런 이유에서도 당신은 혼자가 아니다.

당신 팀을 용의주도하게 관찰해야 하는 또 다른 이유는 당신 삶에 닥칠 수 있는 위기에 대비하는 것이 무엇보다 중요하기 때문이다. 예컨대 캘리포니아 사람들은 갈아입을 옷, 의약 용품, 생수 등 지진에 대비한 장비를 항상 준비해두고 있다. 당신 팀을 그런 장비라고 생각하라. 위기가 세상의 종말이 아니라 잠시 쉬어가는 시간으로 느껴질 수 있도록 신속한 응답이 필요할 때 당신에게 도움을 주는 것이 당신 팀이다. 위기는 다양한 형태와 규모로 닥칠 수 있다. 뛰어난 사람들로 팀을 구성할 때 당신에게 닥치는 사건을 더욱 원만하게 해결할 수 있다.

앞서 언급했듯, 나는 많은 사람이 삶의 일곱 가지 영역에서 각자의 팀을 꾸리는 것을 도왔다. 내가 팀의 구성 방법을 제시할 때마다 그들은 약간의 수정과 추가가 필요하다고 제안했다. 결국 팀 구성이 기계적으로 이루어지지 않는다는 뜻이지만, 여하튼 팀원들은 지금 당신 곁에 있고, 당신에게 소중한 사람이고, 오래전부터 함께한 사람이다.

어떤 이유로든 그들과의 관계가 복잡하고 껄끄럽게 느껴지면, 인간관계에 대해 다룬 9장으로 돌아가 가치관 목록을 훑어보기 바란다. 당신과 그 사람이 중요하게 생각하는 가치관에서 근본적인 차이가 있을 수 있다. 팀 구성에서도 가치관 확인이 출발점이라 할 수 있다. 지금까지 나는 삶의 과정에서 관계를 치밀하게 분석하며, 내가 성장함에 따라 팀 구성에도 변화를 주기 위해 많은 시간을 투자했다. 나는 삶의 일곱 가지 영역 하나하나에 생각의 동반자로 삼는 전문가와 진실한 친구가 있다. 여기에서 나는 내 경험을 바탕으로, 당신이 팀원을 찾아내는 방법부터 팀을 분석해 평가하고 관리하는 방법까지 알려줌으로써 최고 자아를 추구하는 당신에게 조금이나마 도움을 주고 싶다.

당신 팀을 살아서 호흡하는 유기체라고 생각하라. 당신 팀은 삶의 여정에서 당신을 돕기 위해서만 존재하는 것이 아니다. 당신과 당신 팀은 상호적이어야 한다. 우리 삶에서 모든 것이 그렇듯, 많은 것을 투자하면 많은 것을 얻어낼 수 있다. 따라서 이 장에서는 상호성이라는 렌즈를 통해 당신 팀을 분석할 것이다. 이 장의 목적은 최고 자아가 되려는 노력에서 서로 독려하는 방식으로 당신 팀을 평가하고 설계하는 것이다.

팀원 중에 정확한 정보를 얻고, 정교한 전략을 세우는 데 도움을 얻을 만한 전문가가 있을 수 있다. 또 오래전부터 알고 지낸 까닭에 당신을 속속들이 알아 자극해서 움직이게 만들거나, 당신을 실질적으로 '통제'하는 방법을 훤히 꿰뚫고 있는 팀원이 있을 수도 있다. 모든 팀원이 소중하고, 모두가 당신에게 감사 인사를 받을 자격이 있다.

당신의 '이너 서클', 즉 당신의 팀에는 보편적인 기준을 만족시키지 못하는 사람이 있을 수 있다는 것을 인정하는 것도 중요하다. 당신과 불편한 관계, 적어도 균형을 잃은 관계에 있는 사람이 있을 수 있다. 이런 상황을 밝혀내는 것이 이 장에게 우리가 지향하는 목표의 일부이기도 하다. 따라서 당신의 궤도 내에 간혹 당신을 잘못된 방향으로 인도하는 사람, 당신에게 나쁜 영향을 미치는 사람, 당신의 반자아를 끌어내는 사람, 당신에게 항상 얻어가기만 할 뿐 아무것도 돌려주지 않는 사람, 당신을 방해꾼으로 생각하는 사람이 있더라도 일단 그들을 당신의 목록에 포함해두기를 바란다.

이번에는 삶의 일곱 가지 영역에서 각 영역에 당신의 팀원으로 선택할 만한 사람들을 생각해보라. 한 사람이 여러 영역에 포함되면 그 이름을 해당 영역에 반복해 쓰면 된다.

# 영역별 팀

**사회적 삶**
_____
_____
**평점**
_____

**개인적 삶**
_____
_____
**평점**
_____

**건강**
_____
_____
**평점**
_____

**직장**
_____
_____
**평점**
_____

**인간관계**
_____
_____
**평점**
_____

**교육**
_____
_____
**평점**
_____

**영성의 개발**
_____
_____
**평점**
_____

## 삶의 일곱 가지 영역에서 당신 팀의 평가

이번에는 삶의 각 영역에서 당신 팀에 1~10 중 적절한 점수를 매겨보라. 점수 1은 암울하기 이를 데 없는 팀, 즉 당신에게 필요한 것은 물론이고 어떤 성취감도 주지 못하는 팀을 뜻한다. 한편 점수 10은 당신이 더 이상의 충원이 필요하지 않다고 생각할 정도로 완벽하게 꾸려진 최고의 팀을 뜻한다. 각 영역의 아래에 평점을 써넣는 공간을 두었다. 적절한 점수로 빈칸을 채워보라.

삶의 각 영역에서 당신 팀이 받은 점수를 분석하면, 당신의 삶에서 어떤 영역이 균형을 잃고 있는지 쉽게 파악할 수 있다. 어떤 영역에서 당신 팀에 부족하다고 판단되면, 보충해야 할 것을 찾아낸 것이기 때문에 좋은 소식이라 할 수 있다. 이때부터 보충해야 할 것을 채우는 데 집중하라. 적합한 팀원이 한 명도 선택되지 않은 영역이 있다면, 당신이 의지하는 팀원이 충분한 가치를 제공하지 못하고 있다면 누가 더 적합한지 곰곰이 생각해봐야 한다. 이를 위해서는 적잖은 조사와 자기탐구가 필요하지만, 그렇게 고생할 만한 가치가 있다.

당신이 삶의 모든 영역에서 당신 팀에 10점을 주었을 가능성은 거의 없다. 따라서 이번에는 각 영역에서 당신 팀이 10점을 받으려면 어떤 모습을 보여야 하는지 당신의 최고 자아에게 물어보기 바란다. 10점을 받으려면 당신 팀은 어떻게 기능해야 하는가? 각 영역에서 당신은 조언을 얻기 위해 누구를 찾아가겠는가? 어떤 경우에 당신은 삶의 각 영역에서 최대의 지원을 받은 것처럼 느끼겠는가?

10점 만점을 받은 완벽한 팀의 모습은

1. 사회적 삶: _____

2. 개인적 삶: _____

3. 건강: _____

4. 교육: _____

5. 인간관계: _____

6. 직장: _____

7. 영성의 개발: _____

10점 만점을 받은 당신 팀이 어떤 모습이어야 하는지 확신하지 못하더라도 걱정할 것은 없다. 팀 평가는 하나의 과정이고, 이 과정에서 당신의 인식력이 커진다. 인식력이 커지면 마음의 문이 넓어진다. 당신이 마음의 문을 크게 열고 최고 자아가 되려는 당신을 돕는 사람들을 만나면, 만점에 가까운 사람을 만날 기회가 더 많아진다. 내 생각에는 우주가 작동되는 원리도 똑같다. 당신이 마음을 열면 기회가 더 자주 찾아온다.

이런 주장이 미신적이고 비현실적으로 들리겠지만 구체적인 예를 들어보자. 내 친구 크리스티나가 짧은 출산휴가를 끝낸 후 직장으로 복귀하기 위해 보모를 구했다. 크리스티나는 가족처럼 지낼 수 있는 보모, 정직하고 신뢰할 수 있는 보모, 아들을 사랑하고 아껴주면서도 적절한 경계를 두는 보모를 원했다. 그녀는 너무 무리한 조건이라는 것을 잘 알았지만, 조금도 물러서지 않았다. 어느 날 그녀는 절친한 친구와 점심 식사를 함께하며 그 문제를 상의했다. 크리스티나가 말했다.

"적임자가 틀림없이 우리를 찾아올 것 같은 기분이야. 온라인을 활용하고 있지만 소개소를 통해서도 보모를 구하고 싶어."

친구는 눈을 크게 뜨며 말했다.

"그래? 내가 꼭 맞는 사람을 알고 있어. 보모 일을 해본 적 없는 사람이어서 내 말이 터무니없이 들리겠지만, 자식 셋과 손자 둘을 키운 경험이 있어. 그녀만큼 다정다감하고 배려심이 많은 사람을 만난 적이 없어. 지금 시내에서 저임금을 받으며 무척 고생하고 있어. 당장 그분을 만나봐."

크리스티나는 바로 다음 주에 그녀를 만났다. 크리스티나와 남편은 그녀가 아들에게 더할 나위 없이 적합한 보모라고 확신했다. 그녀는 보육과 관련된 교육을 정식으로 받은 적이 없었지만 자상하고 자애로운 어머니여서 그들의 소중한 아들을 정성껏 돌봐줄 수 있을 것 같았다.

그로부터 4년이라는 시간이 흘렀다. 그녀는 지금도 일주일에 닷새를 크리스티나 가족과 함께 보낸다. 그녀는 크리스티나 부부에게 핵심적인 팀원이고, 아들에게는 완벽한 보모다. 아들은 그녀를 최고의 친구라고 칭했다. 크리스티나는 기회의 가능성을 크게 열어두었고, 그 덕분에 전혀 예상하지 않은 상황에서 팀원을 얻었다.

내가 의뢰인들과 함께 이 연습을 시행할 때마다 그들은 팀에서 누군가를 제거해야 한다는 것을 예외 없이 깨달았다. 그 사람이 더는 믿을 수 없고, 주는 것보다 더 많은 것을 가져가며, 최선의 이익을 위해 행동하지 않고 성실하게 일하지도 않기 때문이었다. 누구나 삶의 과정에 제철이 있는 법이다. 예컨대 어떤 사람이 과거에는 도움이 되었지만, 시간이 지난 지금에는 아무 도움이 되지 않는 경우가 적지 않다. 이제부터라도 당신 자신에게 무섭도록 정직해야 한다. 순전히 갈등을 피하고자 멀리해야 할 사람을 계속 옆에 두고 있다면, 당신 팀에서 그의 역할에 조용히 변화를 주는 방법을 찾아야 한다. 대표적인 예가 낭만적인 사랑 관계가 크게 변할 때다. 그때 둘 사이가 멀어지지 않는가.

오래전에 내 팀에 핵심적인 팀원이 있었다. 그러나 시간이 지나면서 내가 그의 부정적인 행위를 애써 모른 척하고 있다는 것을 깨닫게 되었다. 그는 내게 몇 차례나 거짓말을 했고, 계획을 세울 때도 믿음을 주지 못했다. 또 우리 관계를 존중하는 듯한 행동을 보이지 않았다. 그가 성장 과정에서 많은 트라우마를 겪은 탓에 내가 그를 심정적으로 동정한 것이 사실이다. 결국 우리는 그 문제를 두고 진지하게 논의했고, 나는 그가 결코 변하지 않을 것이라는 결론을 내렸다. 그에게 준만큼 돌려받지 못하고 있었다. 우리 우정에는 상호성이 없었다.

나는 그가 카리스마도 있고, 서글서글한 성격을 가지고 있어서 함께 하는 것을 좋아했지만 긍정적인 면이 부정적인 면을 상쇄하지 못했다. 더 이상 그를 내 팀에 둘 수 없었다. 그렇다고 해서 우리가 완전히 쪼개지고 영원히 갈라섰다는 뜻은 아니다. 그가 내 팀에 적합하지 않다는 것을 인정했을 뿐이다. 이런 선택이 항상 쉬운 것은 아니지만 무척 중요하다. 당신의 소중한 시간과 에너지를 아무것도 되돌려주지 않는 사람에게 허비할 수는 없지 않겠는가.

## 드릴다운(Drilling Down)

영역별로 적절한 팀원을 찾아 분류를 끝냈다면, 다음 질문을 활용해 드릴로 땅속을 파고들듯 팀에 대한 분석을 해보자.

- 새로운 문젯거리가 생겼을 때 객관적 판단력을 지닌 동반자에게 의지하는가? 분별력을 지닌 동반자는 당신이 현재 위치에서 상황을 면밀히 검토하도록 돕는 사람을 뜻한다. 달리 말하면, 당신에게 무엇을 해야

한다고 말해주는 사람이 아니라, 당신이 상황을 충분히 생각해 스스로 해결책을 찾아낼 수 있도록 돕는 사람이다.

- 당신이 팀원으로 받아들인 사람들 사이에는 공통점이 있는가? 당신이 성격의 어떤 부분도 바꾸지 않고 상대할 수 있는 팀원이 있는가? 함께 있을 때 당신이 최고 자아로 상대하기가 유난히 힘든 팀원이 있는가? 당신의 반자아를 끌어내는 팀원이 있는가? 함께할 때 당신이 말조심하며 속내를 드러내지 않는 팀원이 있는가?

- 자신의 안위에 연연하지 않고 당신의 이익을 가장 바라는 팀원이 누구인가?

- 당신을 조종하며 어떤 식으로든 이용하려는 팀원이 있는가? 반대로 당신이 원하는 것을 얻으려고 팀원을 조종하거나 통제하려고 하지는 않는가?

- 당신을 저지하거나 방해하는 팀원이 있는가?

- 팀원들이 당신에게 활력을 주고, 신나게 일하며 창의적으로 생각하도록 영감을 주는가?

당신 팀의 효율적인 운영을 위해서는 위의 질문들을 끊임없이 반복해야 한다. 일부러 시간을 할애해서라도 당신 팀을 점검해야 한다. 그 과정에서 당신이 최고 자아와 하나가 되는 것을 방해하거나, 헌신적으로 일하지 않는 사람이 이너 서클, 즉 팀 내에 있다는 것이 밝혀지면, 그와의 관계를 재점검하라. 자신의 진실한 모습을 당신에게 보여주는 사람이 있다면, 그를 믿고 행동해야 한다. 물론 완벽한 관계는 없다. 따라서 당신 팀에서 완벽한 관계를 지향하는 것은 비현실적인 목표다. 그러나 만약 한 직원이 당신 앞에서 항상 다른 직원들을 험담한다면, 그가 다른 사람 앞에서 당신을 험담할 수도 있다는 것을 추론할 수 있어야 한다. 어쩌면 남들보다 먼저 승진하려는 욕심에 그렇게 험담할 가능성도 있다.

위 질문을 가족에게 적용하기에는 조금 가혹한 점이 있다. 우리가 가족을 선택할 수 있는 것은 아니지만, 혈연이라는 이유로 가족 중 누군가에게 상처와 방해를 받거나 일방적으로 빼앗길 필요는 없다. 당신이 최고 자아와 하나가 되는 것을 방해하는 가족이 있다면, 그와 접촉하는 빈도를 최소한으로 줄이는 방법이 최선이다. 의무감에 해로운 관계를 계속 유지할 필요는 없다.

## 사랑의 상호성

이번에는 다른 중요한 관점에서 당신 팀을 점검해보자. 명단에 있는 모든 팀원이 당신과 상호적 관계에 있는지 확인해보라. 먼저 '나는 그들에게 무엇을 제공하고 있는가?'라는 질문에 대답해보라. 균형을 유지하는 것이 중요하다. 내가 '사랑의 상호성'이라 칭하는 것을 통해 우리는 균형을 유지할 수 있다. 상호성은 기본적인 개념이지만 쉽게 간과되는 개념이기도 하다. 인간관계에 관한 한 우리는 더 많지는 않더라도 받은 것만큼 주어야 한다.

이번에는 '당신은 다른 사람들을 즐겁게 해주는가?'라는 질문에 답해보라. 가장 최근에 친구를 미소 짓게 하기 위해 의도적으로 행동한 적이 있는가? 그랬다면 정말 반가운 소식이다. 그렇지 않더라도 큰 문제는 아니다. 죄의식을 가질 필요는 없다. 우리가 삶의 일상적인 요구에 사로잡혀 주변 사람들에게 즐거움과 사랑을 베푸는 힘을 완전히 깨달지 못하고 놓치는 때가 비일비재하다. 그러나 그 힘은 실로 막강하다. 오늘 특별히 할 일이 없다면, 잠시 시간을 내 당신이 좋아하는 사람을 위해 봉사해보라. 어떤 대가도 바라지 마라. 다른 사람을 위해 헌신한다는 것 자체가 선물이다.

정원을 돌보듯 당신 팀에 지대한 관심을 둔다면, 당신 팀은 나날이 번창할 것이다. 당신이 팀으로부터 무엇인가를 받기를 기대하며 팀에 대한 애정을 노골적으로 드러낸다면, 팀은 최고치로 능력을 발휘하지 못할 수도 있다. 거듭 말하지만, 당신이 팀에게 적게 주더라도 많은 것을 대가로 받을 수 있다는 것을 깨달아야 한다.

개인적으로 나는 사람들을 연결하는 데 남다른 재주가 있고, 거기에서 보람을 느낀다. 요컨대 비슷한 생각을 지닌 사람들이 각자의 여정에서 어떤 식으로든 서로 도움을 주고받을 수 있도록 이어주는 것을 좋아한다. 이런 식으로 당신도 팀에게 되돌려줄 수 있다. 팀에게 원하는 것이 무엇인지, 필요한 것이 무엇인지 구체적으로 물어라. 당신도, 팀원도 독심술사가 아니므로 상대를 위해 해줄 수 있는 것이 무엇인지 서로에게 물어야 한다.

## 신뢰와 기대

당신에게도 절대적으로 믿을 수 있는 소수의 사람이 있을 것이다. 당신이 부분적으로만 신뢰하는 사람도 있을 것이다. 한편 특별한 이유에서 당신의 삶에서 떼어놓을 수 없지만 당신이 의도적으로 쌀쌀맞게 대하는 사람도 있을 수 있다. 당신의 세계에서 외곽에 있지만 당신이 끊임없이 눈여겨보는 사람도 있을 수 있다. 끝으로 당신이 눈과 귀를 완

베스트 셀프

전히 닫은 채 외면하는 사람도 있을 수 있다. 쉽게 말하면, 당신이 신뢰하지도 않지만 당신에게 상처를 줄 것이 뻔한 사람이다.

현재 당신 팀에 있는 모든 사람을 신뢰하는가? 당신과 가까운 사람이라도 당신의 신뢰를 얻은 사람이란 뜻은 아니다. 필 맥그로 박사는 우리에게 "선의를 이유로 누구도 무작정 믿어서는 안 된다"라고 당부한다. 예컨대 많은 사람이 추천했거나, 절친한 친구의 친구라는 이유로 당신이 누군가를 이너 서클에 받아들였지만, 그가 당신에게 신뢰할 만한 구체적인 증거를 보여주지 못했다면, 그에 대한 경계심을 늦추지 않기를 바란다.

누구도 맹목적으로 믿지 마라. 그렇다고 근거 없이 의심하거나 두려워하라는 의미가 아니다. '어떻게'의 문제이겠지만, 당신이 누군가를 보자마자 최악의 상황을 기대하지 않듯 '최선의 상황'을 기대해서도 안 된다. 그에게 비현실적인 것을 기대하지 않고, 그가 행동을 통해 자신의 실제 모습을 자연스럽게 드러내도록 해야 한다. 누군가에 대한 당신의 기대는 아직 터지지 않은 분노인 경우가 많다. 하기야 누군가가 당신에게 자신이 어떤 사람인지 보여준 적이 없다면, 그에게 무엇을 기대할지 어떻게 알 수 있겠는가.

나는 차량 공유 애플리케이션을 자주 사용한다. 과거 나는 상대가 자동차를 깔끔하게 관리하고, 음악을 시끌벅적하게 틀지 않고, 내가 짐을 옮기는 것을 도와주는 사람이기를 기대했다. 그러나 기대했던 것과 너무 달라 실망한 경우가 많았다. 하지만 기대치를 낮춘 이후 나는 훨씬 행복해졌다. 덕분에 차량 공유 서비스를 사용할 때 화가 나는 경우보다 기분 좋게 놀라는 경우가 더 많아졌다. 당신 기준에서 적절하다고 생각하는 것을 팀원들이 행할 것이라고 기대해도 아무 소용이 없다. 팀원들의 기준은 당신의 기준과 다를 수도 있다.

당신 팀의 신뢰성과 기대치를 평가하려면 먼저 각 팀원을 객관적으로 판단할 수 있어야 한다. 각 팀원에 대한 질문들에 답해보라.

## 기대치 검사

1. 당신은 그 사람이 잊지 않고 틀림없이 약속한 시간에 나타난다고 믿는가?
   ○ 그렇다          ○ 아니다

2. 그 사람이 어떤 일이 일어날 것이라고 말하면 대체로 그런 일이 일어나는가?
   ○ 그렇다          ○ 아니다

3. 동일한 대화와 사건을 두고 그 사람이 제공한 정보와 다른 사람이 제공한 정보가 대체로 일치하는가?
   ○ 그렇다          ○ 아니다

4. 당신이 알기에 그 사람은 다른 사람을 위해 거짓말한 적이 있는가? 그때 다른 사람도 정직보다 거짓말하는 것을 선택할까?
   ○ 그렇다          ○ 아니다

5. 당신이 알기에 그 사람은 다른 사람과의 갈등을 피하기 위해 중요한 정보를 제공하지 않은 적이 있는가?
   ○ 그렇다          ○ 아니다

6. 그 사람의 위선적인 행동을 알아챈 적이 있는가? 예컨대 어떤 행동을 이유로 다른 사람을 비판하면서 자신 역시 똑같은 행동을 한 적이 있는가?
   ○ 그렇다          ○ 아니다

7. 그 사람은 자신의 행실을 인정하지 않고 변명으로 일관하는가?
   ○ 그렇다          ○ 아니다

## 8. 그 사람은 한결같은 충성심을 보여주는가?

　　○ 그렇다　　　　　　　○ 아니다

　당신의 대답을 바탕으로 해당 팀원에 대한 당신의 기대치를 조절할 수 있다. 시간 개념이 없는 팀원이 있다고 가정해보자. 그런 사람에게는 당신을 픽업해 약속 장소에 데려가 달라고 부탁할 수 없다. 그러나 그 팀원은 당신에게 가장 정직한 사람이거나 필요할 때 기대어 울 수 있는 사람, 즉 고민을 들어주고 위로해줄 수 있는 사람일 수 있다. 각 팀원의 능력과 한계를 알게 되면, 누구에게 어떤 일을 맡길지 판단하는 데 도움이 된다.

　예를 들어보자. 신뢰와 기대는 크게 문제시하지 않고, 팀원들과의 화학적인 결합을 가장 중요하게 생각한 의뢰인이 있었다. 그녀는 몇몇 팀원의 능력이 대단하지 않다는 것을 알았다. 따라서 그들에 대한 기대치를 낮추어야 했지만, 기대치를 낮추는 것을 심각하게 생각하지 않았다. 결론적으로 말하면, '인식'이 중요하다. 다시 말하면, 팀원들이 어떤 사람인지 알고, 그들이 줄 수 있는 것만을 기대하라는 것이다. 그럼 당신은 실망하지 않을 것이고, 실패에도 당황하지 않을 것이다.

　화학적 결합은 다른 사람과 완벽하게 하나가 되는 것이다. 예컨대 당신은 많은 이유에서 지독히 매력 없는 짝일 수 있지만, 한 영역에서는 더할 나위 없는 짝이 될 수 있다. 특히 연예인은 무엇보다 화학적인 결합을 중요하게 여긴다. 당신이 누군가와 화학적으로 결합하면 더 안전하게 느끼고 마음의 문도 크게 열릴 수 있다. 가령 당신이 데이트하는 사람과 화학적으로 결합하더라도, 두 사람의 가치관이 맞아떨어지지 않으면 둘의 관계는 수렁에 빠질 가능성이 크다. 또 당신이 어떤 프로젝트를 진행할 때 동료나 협력자와 화학적으로 결합할 수 있지만, 그런 화학적 결합에 한계가 있을 수 있다는 사실을 알아야 한다. 달리 말하면, 그 사람은 협력자인 동시에 좋은 친구가 될 수도 있지만 그렇지 않을 수도 있다. 중요한 것은 당신이 팀원들로부터 원하는 것, 당신이 팀원들에게 현실적으로 기대하는 것, 각 팀원에 대해 당신이 가장 중요하게 생각하는 것, 즉 팀원들 하나하나에 대한 당신의 '인식'을 유지하는 것이다.

## 핵심적인 요소: 영감, 유쾌한 기분, 깨달음

당신이 삶의 모든 영역에서 최고의 자아와 진정으로 하나가 되려면 반드시 팀이 필요하다. 팀은 그 이상의 역할을 한다는 점에서 훨씬 더 중요하다. 당신에게 영감과 깨달음을 주고, 기분까지 유쾌하게 해주는 사람들과 더불어 삶을 살아가기로 결심하는 순간, 완전히 새롭고 신나는 경험을 하게 된다. 팀을 적절한 방향으로 조정하면, 주변 사람들에게 크게 동기를 부여받는다는 이유만으로 여느 때보다 긍정적인 방향으로 힘차게 전진할 수 있을 것이다.

당신의 팀, 적어도 일부 팀원이라도 끝없이 영감을 주어야 한다. 당신에게 새로운 것을 시도하고, 안전지대를 벗어나 모험을 감행하라고 용기를 주는 팀원이 있어야 한다. 팀원들 사이에서는 흥미로운 아이디어가 자유롭게 교환되어야 한다. 일부 팀원 혹은 팀 전체와 함께하며 당신의 상상력을 탐구하고, 당신의 예술적 능력을 다듬을 때 안전하게 느껴야 한다. 앞서 말했듯 우리 모두는 예술가다. 따라서 당신이 자신의 예술적 능력을 찾아내 함양하는 것까지 당신 팀이 도와줄 수 있어야 한다.

당신 팀이 제시하는 특징과 관점, 아이디어는 당신을 유쾌하게 해주어야 한다. 달리 말하면, 삶에 대한 행복감과 흥분감을 더해주어야 한다. 이상적으로 말하면, 말로는 설명할 수 없지만 영혼 깊은 곳에 자리잡은 것을 휘젓고, 그곳에 온 세상이 있는 듯한 느낌을 당신에게 주어야 한다. 어쩌면 몇몇 팀원은 이미 자신의 삶에서 흥미롭게 신나는 것을 실행하고 있거나, 당신이 동경하며 직접 해보려고 열망하는 것을 이미 이루었을 수도 있다. 이런 모든 것이 팀원들의 놀라운 장점이고 특징이다.

우리는 끊임없이 새로운 것을 배워야 한다. 이런 점에서 당신 팀도 당신을 가르쳐야 한다. 밤에 잠자리에 들 때마다 아침에 있어났을 때보다 더 많은 것을 알게 되었다는 기분이 들면 얼마나 좋겠는가. 당신과 당신 팀은 서로 온갖 수단을 동원해 새로운 깨달음을 주어야 한다. 팀의 도움을 받아 시야를 넓혀라. 당신이 할 수 있는 것과 당신이 갈 수 있는 곳에 한계를 두는 것은 당신의 상상력일 뿐이다.

이 장을 시작할 때 말했듯, 삶은 섬으로 살도록 되어 있지 않다. 인간 간의 상호관계가 있을 때 삶에서 마법이 생겨난다. 당신 팀은 삶의 모든 영역에서 당신이 번창하도록 돕고, 당신의 경험을 한층 풍요롭고 깊게 해준다. 그 경이로운 팀이 제공하는 힘을 활용하라.

# 13장
---
## 최고 자아라는 목표에 도달하기 위한 7단계

지금까지 당신은 삶의 각 영역을 빈틈없이 살펴보았다. 이제 당신이 최고 자아로서 살아가는 것을 방해하는 영역이 어디인지 분명히 알게 되었을 것이다. 이제 당신이 원하는 것, 당신이 이 삶에서 누릴 자격이 있는 것을 얻는 데 도움을 주는 목표를 명확히 설정할 때가 되었다. 바야흐로 당신이 진짜 실력을 보여줘야 할 때다.

## 삶의 일곱 가지 영역을 면밀히 검토하라

앞서 당신이 삶의 각 영역에 대해 내린 평가를 가져와 각 영역에 대한 현재 평점과 가장 주력하고 싶은 것을 써보라. 예컨대 당신이 공들이고 싶은 특별한 인간관계가 있다면 '인간관계'라고 쓰면 되고, 규칙적으로 운동하며 건강에 더 신경 써야 할 필요가 있다면 '건강'이라고 쓰면 된다.

이번에는 각 영역에서 당신 팀을 생각해보라. 각 영역에서 팀을 개량하겠다는 목표를 명확히 설정할 필요가 있다. 다음 표를 이용하면 당신의 생각을 정리하는 데 도움이 될 것이다.

| 삶의 영역 | 영역 평점 | 팀 평점 | 팀 개선 사항 | 영역 개선 사항 |
|---|---|---|---|---|
| 사회적 삶 | | | | |
| 개인적 삶 | | | | |
| 건강 | | | | |
| 교육 | | | | |
| 인간관계 | | | | |
| 직장 | | | | |
| 영성의 개발 | | | | |

이번에는 당신이 개선하려는 부분에 대해 수집한 자료를 정리하고, 그렇게 얻은 정보를 실제 목표로 승화해보자. 이때 필요한 것이 '목표 달성을 위한 7단계'다. 이 과정에서 당신의 소망과 꿈, 욕망이 현실화된다. 당신이 원하는 삶을 만들어갈 힘, 즉 당신의 꿈을 현실화하는 힘은 오직 당신에게만 있다. 그 힘을 잃지 말고 끝까지 밀고 가기를 바란다. 7단계 끝에 새로운 삶이 당신을 기다리고 있을 것이다.

## 진실한 목표

최고 자아와 교감하며 각 영역의 목표가 당신의 에고가 아니라 실제의 당신과 일치하도록 해보자. 목표를 성취하려는 동기부여는 당신의 내면에서도 긍정적이고 빛으로 가득한 곳에서 비롯되고, 당신의 삶을 개선하려는 진실한 바람을 반영하는 것이어야 한다.

삶의 모든 영역에서 바라는 것에 대해 생각할 때 그 바람이 당신의 진실한 바람이라는 것을 확신하는 것이 중요하다. 다른 사람이 그것을 갖고 있기 때문에, 사회가 우리에게 그것을 원해야 한다고 강요하기 때문에, 그것을 원하면 주변 사람들이 행복해하기 때문에 우리는 그것을 원한다. 그러나 이런 것은 진실한 바람이 아니다. 다음 연습을 통해 당신의 경우를 점검하고, 당신이 원한다고 말하는 모든 것이 최고의 자아에서 비롯된 것인지 확인해보라.

당신이 지금 새로운 시도를 고려하고 있지만 그 시도가 당신의 진실한 면과 맞아떨어지지 않는다면, 방향을 전환해서 유사한 목표를 찾아내라. 성취를 위한 성취에서는 긍정적 효과를 기대하기 어렵다. 당신이 행하는 모든 것에서 궁극적인 보상, 즉 진실하고 지속적인 행복을 지향하도록 하라.

## 1단계: 구체적인 사건이나 행동으로 목표를 명확히 규정하라

당연한 말처럼 들리겠지만, 당신이 원하는 것, 당신이 실제로 원하는 것을 파악하는 것이 목표에 도달하기 위한 첫걸음이다. 달리 말하면, 당신이 어떤 구체적인 방법으로 성취하려는 목표를 명확히 규정할 수 있어야 한다는 뜻이다. 예컨대 행복하고 싶다는 목표 설정은 지나치게 막연하다. 그러나 특정한 사건이나 행동으로 목표를 언급하면, 그 목표를 성취할 가능성이 한층 높아진다. 당신의 삶에서 더 행복하기를 원한다면, 당신을 더 행복하게 해주는 것이 무엇인지 먼저 찾아내야 한다.

당신이 친구들과 함께 여행하는 것에서 행복을 얻는다고 가정해보자. 당신은 친구들과 함께할 여행을 기다리며 기대하면 행복해진다는 것을 알고 있다. 따라서 당신은 '내 목표는 친구들과 여행하기 위해 계획을 세우고 돈을 저축하는 것'이라 생각하며, 구체적인 사건이나 행동으로 목표를 명확히 규정한다. 이렇게 더 행복해지겠다는 막연한 개념에 구체적인 사건이나 행동을 덧붙이면 구체적인 목표가 설정된다.

목표를 달성하는 과정에서 첫 단계를 어떻게 소화하느냐에 따라 그 이후의 상황 전개가 완전히 달라질 수 있다. 목표에 도달하기 위한 실행력이 당신에게 충분하지 않다고 생각하는 경우에도 당신이 목표를 제대로 규정하지 않은 것이 실질적인 문제일 수 있다. 위대한 성취를 이루어낸 사람이 승리를 선언할 수 있었던 이유는 우선적으로 그 승리에 적절한 이름을 붙였기 때문이다. 따라서 삶이라는 지도에서 명확한 목적지를 결정한 후에 출발할 필요가 있다.

이제 당신 차례다. 구체적인 사건이나 행동으로 당신의 목표를 명확히 써보라.


내 목표는 _____

_____

_____

베스트 셀프

## 2단계: 측정 가능한 목표를 제시하라

목표 달성을 향한 두 번째 단계는 목표를 계량적으로 표현하는 것이다. 이렇게 하면, 목표에 어느 정도까지 도달했는지 알아낼 수 있고, 원하는 수준에 성공적으로 도착할 때도 알 수 있다. 당신의 목표가 한층 생산적으로 편안하게 살기 위해 집 안의 잡동사니를 청소하는 것이라면, 어느 방과 어느 벽장을 치워야 할지 청소할 공간을 목록화한 후에 하나씩 청소하라. 예컨대 벽장과 안방, 차고를 청소하고 싶다고 말할 수 있다. 이렇게 말하면 당신의 목표가 측정된다. 이 세 공간을 깨끗하게 청소하면 목표가 달성되는 것이기 때문에 당신의 목표가 언제 달성될지도 알 수 있다.

내 목표는 측정될 수 있는 것이며, 그 목표는

## 3단계: 통제할 수 있는 목표를 선택하라

우리가 삶의 과정에서 통제할 수 있는 것이 있고, 통제할 수 없는 것이 있다. 당신이 통제할 수 없는 것과 관련된 목표 설정은 아무런 도움이 되지 않는다. 당신이 통제할 수 없는 목표 추구는 헛고생이고, 당신을 실패와 절망의 늪에 빠뜨릴 것이다. 결국 가장 중요한 것은 우리만이 우리 자신을 통제할 수 있다는 사실이다.

당신은 당신 자신의 행동과 행위만을 통제할 수 있다. 다른 사람이 특정한 행동을 취하게 하는 것은 당신의 목표가 될 수 없다는 뜻이다. 따라서 당신의 목표는 외부인이나 외부의 힘에 의존할 수 없다. 당신의 목표는 통제할 수 있는 것인가? 그렇지 않다면 통제할 수 있는 목표로 전환한 후에 다시 써보라.

내가 통제할 수 있는 목표는 _____

_____

_____

_____

## 4단계: 목표 달성을 위한 전략을 짜라

목표를 성취하기 위한 구체적인 전략을 구상하는 작업은 흥미진진하다. 도입할 수 있는 전략의 가능성이 무궁무진하므로 당신에게 효과적인 전략을 찾아야 하기 때문이다. 한편 당신을 방해하는 장애물도 고려해야 한다. 이 경우에는 장애물을 극복할 수 있는 전략을 짜내야 한다. 당신이 목표를 달성하기 위한 전략을 구상할 때 주변 환경, 일정표, 책무 등 모든 것이 방정식의 일부가 되어야 한다.

목표 성취 과정에서 의뢰인들과 일할 때 어김없이 부딪친 문제가 있다. 그들은 성취하려는 목표에 지나치게 흥분했고, 그런 감정에 휩쓸려 의지력이 있으면 틀림없이 성공할 것이라고 믿었다. 하지만 그런 믿음은 잘못된 것이었다. 우리는 새로운 것을 시도할 때 쉽게 흥분하지만, 그 흥분이 사그라들기 시작하면 대부분 본래의 궤도에서 쉽게 이탈한다. 당신에게는 이런 불상사가 일어나지 않기를 바란다. 이런 이유에서도 전략을 짜는 단계가 반드시 필요하다. 전략을 명확하게 세우면 전략에서 벗어나고 싶은 유혹이 줄어든다. 목표를 달성하는 데 필요한 것이면 무엇이든 포함해서 전략을 짜는 과정에서 긍정적인 추진력을 얻을 수 있다.

당신이 6개월 후에 하프 마라톤 대회에 출전할 계획이라고 가정해보자. 21킬로미터를 달리려면 몸과 마음을 어떻게 준비해야 할까? 온라인을 활용하면 온갖 종류의 훈련 프로그램을 구할 수 있다. 당신의 생활 방식에 합당한 훈련 프로그램 하나를 선택하고, 구체적으로 계획을 세워야 한다. 예컨대 달리기, 스트레칭, 근력 훈련, 명상 등에 투자할 요일을 선택한다. 또 마라톤 훈련에 적합한 운동복과 운동화를 구입함으로써 주변 환경도 관리해야 한다. 만약 훈련하는 도중에 일주일 동안의 휴가가 예정되어 있다면, 휴가 기간에도 훈련을 건너뛰지 않도록 치밀하게 계획을 세워야 한다. 목표 달성을 위해 당신에게 요구되는 최후의 한 부분까지 신중하게 계획하고, 실천하라.


목표를 달성하기 위한 내 구체적인 전략은 _____

_____

_____

_____


## 5단계: 단계별로 목표를 세워라

주된 삶의 변화는 단계별, 즉 한 번에 한 단계씩 일어난다. 이곳에서 목표점까지의 모든 단계를 완벽하게 알아야 한다. 중간쯤에서 무엇을 해야 하는지 전혀 모른다면 그야말로 비극이지 않겠는가. 시작하기 전에 목표에 도달할 때까지 당신이 취해야 할 모든 단계를 하나씩 써보라.

일례로 체중 감량은 많은 사람의 목표이지만, 아무리 간절히 바라더라도 체중 감량이 하룻밤 사이에 일어날 수 없다는 사실을 누구나 알고 있다. 체중 감량을 하려면 시간의 흐름에 따라 반드시 취해야 할 단계들이 있다. 감량 과정에서 어디쯤에 있는지 파악하고, 또 무엇을 해야 하는지 알려면, 처음부터 그 단계들이 무엇인지 명확히 규정해둘 필요가 있다. 당신이 체중 감량을 위한 계획으로 구석기 다이어트(Paleo Diet)를 따르고, 일주일에 나흘씩 45분 동안 운동하기로 결심했다고 해보자. 그럼 당신의 구체적인 단계는 이렇게 짜일 수 있다. 주방에서 체중 감량이라는 목표를 성취하는 데 도움이 되지 않는 음식을 완전히 없앤다 → 주방을 체중 감량에 도움이 되는 음식으로 채운다 → 음식을 탐하지 않도록 주중 식단과 주말 식단을 미리 짜놓는다 → 운동을 건너뛴 핑계를 만들지 않도록 체육관에서 운동하는 시간을 미리 정해둔다.

내가 목표를 성취하기 위해 취해야 할 구체적인 단계들은 _____

_____

_____

_____

## 6단계: 목표 달성을 위한 시간표를 정하라

어떤 일을 끝내라는 압력이 없으면 그 일을 방치해두기 쉽다는 것을 인지한 적이 있는가? 예컨대 손님이 갑자기 들이닥치기 전까지 집 안을 청소하지 않고 어수선하게 방치해두는 사람이 적지 않다. 조만간 예정된 시험을 앞두고도 마지막 순간까지 빈둥대는 사람도 상당히 많다. 그러나 똑딱거리는 시계의 힘은 누구도 부인할 수 없다. 어떤 일을 완료할 시점을 명확히 해두지 않은 경우보다 마감 시간이 시시각각 다가올 때 그 일을 끝낼 가능성이 훨씬 더 크다. 인간의 속성이 원래 그렇다.

따라서 목표 달성을 위한 시간표를 작성하는 것이 합리적이다. 시간표가 있을 때 긴박감과 목적의식이 한층 분명해지고, 일탈하지 않아야 한다는 동기도 부여된다.

이 단계는 목표에 도달해야 할 마감 시간을 설정하는 데 그치지 않고, 그 이상을 추구한다. 목표에 도달하기 위해 필요한 모든 단계에 시간표를 부여해야 한다. 예컨대 당신의 목표가 어떤 자격증을 획득하는 것이고, 20시간의 실습도 필요하다고 해보자. 실습을 위해 주당 4시간을 짜낼 수 있다면, 지금부터 5주 후에 실습을 끝낼 날짜를 달력에 표시해두어야 한다. 가령 오늘이 8월 10일이면 9월 14일에 실습을 끝내야 한다.

더 구체적으로 말해보자. 당신이 금요일마다 실습할 수 있다면, 달력에 8월 10일부터 9월 14일까지 금요일마다 '4시간 실습'이라고 표시해두어야 한다. 그렇게 함으로써 당신은 실습 시간표를 결정하게 되고, 그후에는 금요일마다 목표를 점진적으로 완성해 나아갈 것이다. 이렇게 날짜에 따라 단계별 목표를 정해두면 목표를 달성하겠다는 책임감을 유지하기가 더욱 쉽다.

해당 날짜에 목표를 달성했다고 생각해보라. 얼마나 가슴이 벅차고 뿌듯하겠는가. 목표를 달성했다면 달력을 되돌아볼 때마다 당신이 열심히 노력했다는 증거만이 아니라 어떤 보상을 받았는지도 확인할 수 있다.

내 목표를 위한 시간표

마감 시간: _____

그 밖의 중요한 날짜: _____

## 7단계: 목표를 향해 전진하겠다는 책임감을 가져라

오랜 세월을 걸쳐 유효성이 입증된 목표 달성을 위한 공식의 마지막 단계는 책임감을 갖는 것이다. 앞 장에서 우리는 당신 팀을 재구성하고 개량하는 방법에 대해 살펴보았다. 이제는 그렇게 재구성한 팀을 활용해야 한다. 당신이 지향하는 목표에 적합하면서 신뢰할 수 있는 팀원을 선택하고, 목표를 달성하기 위한 당신의 계획을 자세히 설명한 후에 당신이 책임지고 목표를 달성할 수 있도록 도와달라고 부탁하라. 또 목표를 성취해가는 과정을 그에게 정기적으로 보고하겠다고 약속하라. 그 사람이 꼭 한 명이어야 할 이유는 없다. 다수의 조언자가 필요하면 다수를 선택해도 상관없다. 이렇게 책임을 떠안음으로써 게으름을 피우고 꾸물거리며 중도에 포기하는 위험을 완화할 수 있다.

내가 목표 달성을 위해 노력할 때 책임을 함께할 팀원들은 _____

_____

_____

_____

## 더 이상 '언젠가'는 없다

우리 모두에게는 마음속에 깊이 감추어둔 꿈과 욕망이 있다. 그 욕망이 우리 의식의 표면 위로 부글부글 끓어오르면, 우리는 반사적으로 그 욕망을 억누르고 보이지 않는 곳에 밀어놓으며 못 본 척한다. 그 이유가 무엇일까? 욕망을 인정하고 조금씩 늘어나는 버킷리스트에 덧붙이는 것보다 억누르는 것이 더 쉽기 때문이다. 우리는 '그래, 할 수 있을 거야. 언젠가는!'이라고 생각한다. 언젠가. 당신에게 언젠가는 정확히 언제인가? 마음속에 담긴 뜨거운 열망을 언제쯤에나 구체화할 것인가? 지금이라도 꿈을 실현하라. 더는 뒤로 미루지 마라. 인생은 짧다. 이 세상에서 당신의 역할은 생각보다 크다.

앞서 이야기했듯, 이 장은 행동을 촉구하는 장이다. 당연한 말이겠지만, 행동해야 할 사람은 바로 당신이다. 이제부터라도 당신은 '언젠가'를 '지금'으로 바꾸는 연금술을 발휘해야 한다. 오늘부터 당신의 꿈에 새로운 기운을 불어넣어라.

이 책을 읽고 있다는 것은 당신이 자신에게 집중하는 중요한 단계에 들어섰다는 증거다. 당신은 지금이라도 꿈을 현실화할 수 있다. 요컨대 당신은 최고 자아에 빛을 밝히는 시간을 가졌고, 그 빛을 통해 삶의 구석구석을 살펴보았다. 이렇게 자신의 삶을 되짚어보는 시간을 가진 사람이면 누구나 변화를 시도할 준비가 된 사람이다. 더 나은 방향으로 영원히!

# 당신 삶의 일곱 가지 영역에서의 목표

지금까지 우리는 목표를 설정하고 성취하는 과정을 살펴보았다. 이번에는 당신 삶의 일곱 가지 영역 모두에서 화급하지만 통제할 수 있는 현실적인 목표를 세워보자. 지금은 도달하기 힘들고 고결하게 느껴지는 목표라도 과감하게 써보라. 과거에는 무척 겁나게 느껴졌고, 몇 번이고 시도했지만 번번이 실패했더라도 과감히 써보라. 그 목표를 추구할 자격이 있다고 스스로 믿든, 믿지 않든 주저하지 말고 써보라. 완벽하게 완성되지 않았더라도, 아직은 내적 자아와 마음 사이의 조용한 속삭임에 불과하더라도 그 미완성의 목표를 써보라.

당신의 내면에 들어가 취약함을 인정하고, 당신이 찾아낸 바람, 희

| 삶의 일곱 가지 영역 | 목표 |
|---|---|
| 사회적 삶 | |
| 개인적 삶 | |
| 건강 | |
| 교육 | |
| 인간관계 | |
| 직장 | |
| 영성의 개발 | |

베스트 셀프

망, 소망을 진실하게 자신에게 말해보라. 그 소망을 구체적으로 표현하는 작업이 그 소망을 인정하는 첫 단계다.

## 목표 달성을 위한 연습

당신이 달성하려는 첫 목표로, 가장 낮은 평점을 받은 영역의 목표를 선택하라. 가장 낮은 평점을 받았다는 것은 당신이 가장 화급하게 관심을 기울어야 할 영역이라는 뜻이기 때문이다. 다음 연습지를 사용하여 그 목표를 달성하고, 다른 모든 목표를 진척시키는 방법에 대해 세심한 계획을 세워라. 이 연습은 무척 유용한 도구다. 제대로 활용해보기 바란다.

### 1단계: 구체적인 사건이나 행동으로 목표를 명확히 규정하라
내 목표는

### 2단계: 측정 가능한 목표를 제시하라
내 목표는 측정될 수 있는 것이며, 그 목표는

### 3단계: 당신이 통제할 수 있는 목표를 선택하라

당신의 목표는 통제할 수 있는 것인가?

○ 그렇다          ○ 아니다


그렇지 않다면, 통제할 수 있는 목표로 전환한 후에 다시 써보라.

내가 통제할 수 있는 목표는 _____

_____

_____

_____

_____


### 4단계: 목표 달성을 위한 전략을 짜라

목표를 달성하기 위한 내 구체적인 전략은 _____

_____

_____

_____


### 5단계: 단계별로 목표를 세워라

내가 목표를 성취하기 위해 취해야 할 구체적인 단계들은 _____

_____

_____

_____

_____

내 목표를 위한 시간표

마감 시간:

그 밖의 중요한 날짜:

내가 목표 달성을 위해 노력할 때 책임을 함께할 팀원들은

내가 책임을 함께하는 팀원에게 연락할 날짜는

내가 책임을 함께하는 팀원에게 연락하지 않는다면 그 결과는

이 과정의 이해를 돕기 위해 각자 삶의 영역에서 개선의 필요성을 느끼고 그와 관련된 목표를 세워 큰 성공을 거둔 두 의뢰인의 이야기를 소개하려 한다.

우선 마가릿의 이야기다. 마가릿은 성공적인 경력을 쌓는 데 많은 시간과 정성을 쏟았다. 또 집에서는 자기만의 생활 방식을 만들어가며, 한때 삶에서 가장 중요하게 생각했던 것, 즉 영성의 개발을 완전히 잊고 지냈다. 영적인 믿음과 담을 쌓자 도미노 효과로 삶의 다른 영역들도 심각한 영향을 받았다. 예컨대 걸핏하면 아이들에게 화를 냈고, 동료들에게도 자주 짜증을 부렸다. 또 잠자리를 따로 할 정도로 남편을 멀리하기도 했다. 게다가 식당에서는 웨이터에게, 식료품점에서는 계산을 기다리는 생면부지의 사람에게 잔소리를 퍼부어대기도 했다. 전혀 그녀답지 않은 행동이었다. 그녀가 나를 찾아와 처음 대화를 나누기 시작했을 때 그녀는 자신이 그런 지경에 이른 이유를 전혀 이해하지 못했다. 하지만 한 가지, 그런 식의 삶을 계속해서 이어나가면 열심히 일하며 얻은 모든 것이 사라질 것임은 분명히 알고 있었다.

상담을 하는 과정에서 그녀는 자신의 문제가 영적인 삶에 있다는 사실을 깨닫게 되었다. 한때 그녀는 교회에 열심히 다녔고, 공동체를 위한 봉사에도 열성적이었다. 하지만 개인적인 경력을 쌓는 동시에 자신의 가족을 돌본다는 이유로 그런 활동이 삶에서 조금씩 멀어져갔다. 본래의 궤도로 돌아오려면 영적인 삶의 영역에서 어떠한 목표를 세워야 했다.

우리는 당시 그녀의 팀을 분석했고, 그녀의 영적인 팀이 없다는 것을 쉽게 알아냈다. 그녀에게는 대화를 나누고 새로운 것을 배우며 함께 성장할 사람, 영적인 믿음에서 비슷한 생각을 지닌 사람이 필요했다. 따라서 그녀의 영성 팀에 추가할 세 사람을 찾겠다는, 측정 가능하고 통제할 수 있는 구체적인 목표를 세웠다. 다음 단계로는 교회의 자원봉사단에 가입하겠다는 전략을 세웠고, 일주일에 두 차례, 두 시간 동안 공동체에서 자원봉사하며 많은 사람을 만나겠다고 결심했다. 게다가 딸을 데리고 다니며, 딸에게 어려움에 처한 사람들을 위해 열심히 봉사하는 즐거움을 경험할 기회를 주겠다고 공언했다. 마가릿은 단계별 목표—다가오는 목요일에 자원봉사 모임에 참석해 자신과 딸의 봉사가 언제 필요한지 알아보겠다—도 세웠고, 90일 내에 자신의 영성 팀에 세 사람을 추가하기 위한 시간표도 작성했다. 또 과거에 교회에 함께 다녔던 친구에게 책임을 함께하는 팀원이 되어달라고 부탁했다.

마가릿은 항상 기대 이상의 성과를 올리는 사람이었고, 이번에도 예외는 아니었다. 그녀와 딸은 그 과정에서 한층 더 가까워졌고, 남편도 모녀의 자원봉사에 기꺼이 동참했다. 이제 그들은 교회에 빠짐없이 참석하며 예배를 즐기고, 심지어 수요일 저녁이면 식탁에 모여 앉아 성경 공부를 하기도 한다. 마가릿은 목표 달성을 위해 혼신을 다했고, 그녀의 삶은 물론 가족 전체에 긍정적인 효과가 퍼졌다.

이번에는 모리스의 이야기다. 모리스는 과식, 특히 야식으로 건강이 나빠졌다는 것을 잘 알고 있었다. 그래서 오후 9시 이후에는 아무것도 먹지 않겠다는, 측정 가능하고 통제할 수 있는 구체적인 목표를 세웠다. 그의 전략은 밤늦은 시간의 공복에 따른 고통을 없애기 위해 저녁 식사 시간을 오후 6시에서 오후 7시 30분으로 옮기는 것, 일찍 잠자리에 드는 것, 무엇을 먹어야 하는지 정확하게 파악하기 위해 식단을 미리 준비하는 것이었다. 모리스는 보름 내에 이 습관을 정착시키고 싶어 달력에 시작하는 날짜를 표시했다. 또 엄격한 식사법을 시행 중인 직장 동료를 선택해 책임을 함께하는 팀원이 되어달라고 부탁했고, 그들은 식사법을 제대로 시행하고 있는지 확인하기 위해 일주일에 세 번씩 문자 메시지를 주고받기로 약속했다.

전략을 실행하기 시작한 지 두 달이 지나자 모리스는 내게 모든 것이 계획대로 진행되고 있다며, 벌써 7킬로그램이 빠졌고 에너지가 넘치는 듯하다고 알려주었다. 주치의도 자신의 변화에 만족스러워한다는 소식도 덧붙였다. 나는 모리스에게 과거에 건강을 되찾으려고 노력했을 때와 비교해서 무엇이 달랐냐고 물었다. 모리스는 구체적이고 성취 가능한 목표를 선택하고, 단계별로 작은 목표를 세세히 정해둔 것이 달랐다고 대답했다. 요컨대 작은 성공을 하나씩 성취함으로써 계획을 계속 추진해야겠다는 동기를 부여받았던 것이다.

7단계를 차근차근 따르고 전략을 구체적으로 세운 후에 목표를 달성하겠다고 굳게 결심하면, 목표 달성을 위한 계획을 신속하게 구상할 수 있다. 여기에는 그 어떤 속임수도 없다.

## 재생되지 않는 상품: 시간

우리가 달력의 빈칸을 채울 수 있는 방법은 무수히 많다. 그렇지 않은가? 당신은 일과 가정에서 일상적인 요구를 앞장서서 처리하기 위해 노력하는 까닭에 세상에서 가장 바쁜 사람처럼 살아가고 있을 것이다. 또 당신이 희생하거나 성취하려고 애쓰는 것이 당신에게 성취감을 주는지, 그렇지 않는지도 생각하지 않고 이런저런 사회적 의무와 계획으로 달력을 채울 수도 있다. 자칫하면 기계적으로 시간을 보내는 위험에 빠지고, 그런 경우에는 진실한 자아를 지키는 주체성을 상실할 뿐만 아니라 현재의 순간에 충실하지 못하고 시간표에 얽매이는 노예가 될 수도 있다.

그렇다고 세탁하고, 출근하고, 쇼핑하는 것을 당장 중단하라는 말이 아니다. 물론 건강과 위생, 영양을 유지하기 위해 반복해야 하는 행위가 있다. 때때로 목적의식을 띤 자기성찰을 한다면 삶이라는 큰 그림에서 실제로 중요하지 않은 것에 많은 시간을 쏟고 있음을 언젠가 깨닫게 된다는 사실을 당신에게 일깨워주려는 것이다. 시간의 노예가 되면 당신은 어떤 것에도 활력을 느끼지 못하고, 자극을 받지도 않는다. 그렇게 되면 삶의 목적을 달성하기 위해 적극적으로 노력하지도 않는다. 그저 기계적으로 움직일 뿐이다. 이렇게 살려고 당신이 이 땅에 태어난 것은 아니다. 당신이 이 암울한 그림에 공감하더라도 이 책을 계속 읽기 바란다. 우리는 그렇게 탈선한 기차를 원래의 궤도에 되돌려놓을 것이다.

당신의 하루 일과표를 자세히 뜯어보자. 당신이 대부분의 시간을 어디에서 어떻게 보내는지 되짚어보며, 소중한 시간을 할애하는 곳을 정확히 기록하는 이번 훈련은 무척 강력한 효과를 기대할 수 있다. 평일 하루를 어떻게 보내는지 써보라. 당신이 주로 행하는 일을 시간 단위로 빠짐없이 써보라. 수면 시간과 활동 시간에 따라 하루의 일과를 자유롭게 조절해보라. 자세히 기록할수록 좋다. 시간제로 일하기 때문에 평일도 매일매일 확연히 다르고, 일하지 않는 날에도 다른 업무가 있다면 며칠 단위로 자유롭게 기록해도 상관없다.

하루에 행하는 모든 일이 중요하다. 나중에 그 모든 것을 결합해 당신의 하루를 더욱 보람 있게 구성할 것이기 때문이다. 이 훈련을 진지하고 정직하게 시행하기 바란다. 이 훈련의 기본적인 원칙을 소개하면 다음과 같다.

1. 당신이 평소에 눈을 뜨는 시간 옆에 '기상'이라 쓰고, 눈을 뜬 후에 처음으로 하는 일을 써보라. 침대에서 일어나 곧장 샤워실로 가는가? 15분가량 소셜미디어에 매달리는가? 완벽하게 잠이 깰 때까지 침대에서 빈둥빈둥 시간을 보내는가? 아이들을 깨우러 가는가? 곧바로 주방으로 달려가 커피를 마시는가? 하루를 맞이하는 방법을 자세히 써보라.

2. 자신에게 정직해야 한다. 이 훈련만이 아니라, 이 책에 소개된 모든 훈련과 연습이 '당신'을 위한 것이다. 거짓으로 대답하면 아무것도 얻지 못한다. 예컨대 밤 10시에 아이스크림을 먹는 것 등 결코 자랑할 만하지 않은 것에 소중한 시간을 보내고 있더라도 정직하게 써야 한다. 그것도 당신을 위한 결단이다.

오전 5시: _____

오전 6시: _____

오전 7시: _____

오전 8시: _____

오전 9시: _____

오전 10시: _____

오전 11시: _____

오후 12시: _____

오후 1시: _____

오후 2시: _____

오후 3시: _____

오후 4시: _____

오후 5시: _____

오후 6시: _____

오후 7시: _____

오후 8시: _____

오후 9시: _____

오후 10시: _____

오후 11시: _____

오전 12시: _____

이번에는 당신의 주말에 눈을 돌려보자. (주말에도 일을 한다면, 일하는 않는 하루를 선택해서 시간대별로 빈칸을 채워라) 당신은 주말을 대체로 어떻게 보내는가? 늦잠을 자는가? 예배에 참석하는가? 영화관에 가는가? 친구들과 함께 식사하는가? 그 모든 것을 시간대별로 자세히 써보라.

오전 5시: _____

오전 6시: _____

오전 7시: _____

오전 8시: _____

오전 9시: _____

오전 10시: _____

오전 11시: _____

오후 12시: _____

오후  1시: _____

오후  2시: _____

오후  3시: _____

오후  4시: _____

오후  5시: _____

오후  6시: _____

오후  7시: _____

오후  8시: _____

오후  9시: _____

오후 10시: _____

오후 11시: _____

오전 12시: _____

　잠시 시간을 내 당신의 일과표를 살펴보라. 비유해서 말하면, 일과표는 당신이 현재 시간을 보내는 방법을 보여주는 '그림'이다. 우리는 시간을 어떻게 활용하느냐에 따라 그 결과를 기대할 수 있다. 따라서 당신이 현재 일과표로부터 기대할 수 있는 결과의 유형을 예상하는 것은 상대적으로 쉽다. 외국어 학습을 예로 들어 설명해보자. 외국어 학습에 투자해야 할 시간에 최근에 인기 있는 텔레비전 프로그램을 시청하거나, 소셜미디어를 정독하며 시간을 보낸다면 어떤 성과도 기대하기 힘들 것이다. 하지만 외국어로 제작된 오디오북을 듣거나, 외국어를 사용하는 사람들과 교제한다면 외국어를 능숙하게 구사할 가능성이 훨씬 더 커진다. '시간+노력=결과'라는 공식을 반드시 기억해야 한다.

당신의 삶을 바꾸고 싶다면, 시간을 보내는 방법부터 바꿔야 한다. 다음 질문에 답하며, 시간을 효과적으로 보내는 방법에 대해 생각해보자.

지금 무엇을 하며 대부분의 시간을 보내고 있는가?

소중한 시간을 보내는 당신의 활동들에 대해 어떻게 생각하는가?

위 질문에 대한 대답이 긍정적이었는가, 부정적이었는가?

○ **긍정적**          ○ **부정적**

## 일과표의 재조정 1

위 질문에 대한 당신의 대답이 부정적이었다면, 당신에게 긍정적인 기분을 주는 활동으로 그 활동을 대체하는 방법을 찾아내야 한다. 달리 말하면, 당신의 최고 자아라면 이제 어떻게 처리하겠는가?

당신이 이 책을 읽은 덕분에 '이제는 시간이 지날수록 방해만 되는 인간관계를 종식시켜야 할 때야'라는 사실을 깨닫게 되었다고 해보자. 일과표를 점검한 결과, 당신은 특정 사람과 함께 시간을 보내면 결국 말다툼을 한다거나, 당신 자신과 삶이 엉망진창으로 변한 듯한 기분에 사로잡힌다는 사실을 알게 되었을 수도 있다. 따라서 당신의 최우선 과제는 그 사람과 함께하는 시간을 활용해 둘의 관계에 대해 대화하는 것이다. 당신과 그 사람, 둘 모두가 차분한 때를 선택하고, 대화하기에 적합한 중립적인 장소를 선택하라. 당신의 구체적인 상황에 따라 그 관계를 하루라도 빨리 끝내야 한다는 것을 확신할 수도 있고, 그 문제를 두고 적극적으로 상의하면 해결이 가능할 것이라고 생각할 수도 있다.

어떤 경우이든 당신 일과표에서 그 사람과 대화할 시간을 우선적으로 할애해야 한다. 당신은 영감과 용기를 얻고 새로운 것을 배우는 긍정적인 결과를 기대하며 그 시간을 사용하려 하겠지만, 안타깝게도 그와 함께하는 시간이 부정적인 결과를 낳을 수 있다. 그렇다면 그 시간을 조용히 혼자 보내며 명상하는 게 현명한 판단일 것이다. 잘못된 관계에서 당신이 겪은 독성을 씻어내려면 조용한 공간과 시간을 당신 자신에게 선물할 필요가 있다.

당신이 시간을 보내는 방법에 대해 부정적으로 생각하는 이유가 당신이 시간을 할애하는 것 때문이 아니라 그에 대한 두려움 때문일 가능성도 있다. 그렇다면 그 두려움을 해결하고 극복할 방법에 대해 고민해야 한다. 내 경험에 따르면, 때때로 우리에게 필요한 것은 완전히 새로운 환경이 아니라 새로운 안경인 경우가 있다. 인식의 변화가 필요하다는 뜻이다. 두려움을 떨쳐내기로 마음먹으면 인식의 변화는 자연스럽게 뒤따른다.

이번에는 당신이 더 많은 시간을 할애하고 싶지만 일과표에 거의 반영하지 못하는 것에 대해 생각해보자. 가령 당신이 건강을 위해 산책에 혹은 지적 함양을 위해 독서에 더 많은 시간을 할애하고 싶다고 해보자. 혹은 새로운 외국어를 공부하거나 자원봉사를 하고 싶을 수도 있다. 이

때 당신이 주변 사람들에게 입버릇처럼 말하던 것을 떠올려보라.

"일기를 쓰고 싶지만 시간이 없어", "건강식을 준비하는 엄마가 되고 싶지만 잠시도 짬을 낼 수 없어 패스트푸드를 주문할 수밖에 없어"라고 말하지 않았던가. 또 잠이 부족하지만, 소셜미디어를 뒤적거리며 자정을 넘기는 경우가 많을지도 모른다.

당신이 더 많은 시간을 할애하고 싶은 것이 있다면 여기에 써보라.

당신의 현재 일과표를 보면, 더 많은 시간을 할애하고 싶은 것을 위한 시간을 마련하는 게 가능하다고 생각하는가? 일과표를 면밀히 분석해서 교체할 수 있는 부분이 있는지 확인한 후에 이 질문에 대답해보라. 예컨대 저녁마다 세 시간씩 텔레비전을 시청한다면, 당신이 좋아하는 것을 하는 데 두 시간을 할애할 수 있지 않을까? 혹은 한 시간이나 30분 정도 일찍 일어날 수도 있지 않을까?

이번에는 현재 아쉽게도 하지 못하고 있는 것을 위한 시간을 일과표의 어디에 마련할 수 있을지 써보라.

15분이라도 좋으니 당신이 오래전부터 하고 싶었던 새로운 것을 위한 시간을 일과표에 더해보라. 달리 말하면, 당신이 좋아하는 것을 위해 기꺼이 시간을 할애할 수 있다는 것을 입증해보라. 반대로 당신에게 도움이 되지 않는 것은 일과표에서 지워버려라. 지금 무엇인가에 사용하는 시간을 더 유용하게 사용할 수 있는 것이 있다면, 그 시간을 줄이는 방법을 생각해보라. 당신이 진실로 자신의 삶을 깊이 파고들며 이 훈련을 끝까지 해냈다면 먼저 축하의 말을 건네고 싶다. 당신이 꿈꾸던 삶을 만들어가기 위한 중대한 첫걸음을 뗀 것이기 때문이다.

필 맥그로 박사는 "말보다 행동이 중요하다"라고 강조한다. 전적으로 동의한다. 변하고 싶다면 행동해야 한다. 나는 의뢰인에게 코치할 때 그가 자진해서 행동할 낌새가 보이지 않으면, 다양한 전략을 구사한다. 그런데도 그가 완강히 버티면 다른 라이프 코치를 찾아가라고 권한다. 그를 돕기 싫어서가 아니라, 행동하지 않으면 삶에서 어떤 변화도 꾀할 수 없다는 것을 잘 알기 때문이다.

이 훈련의 목적 중 하나는 당신이 우선순위에 변화를 주는 방법을 배우고 행동함으로써 성공에 가까이 다가가는 것을 돕기 위함이다. 당신의 우선순위가 어디에 있는지 확실히 알아내는 방법은 시간이라는 가장 소중한 자산을 어디에, 어떻게 사용하고 있는지 분석하는 것이다. 그러나 현실을 마주하는 순간부터 우리는 무엇에 변화가 필요한지 알아야 한다. 시간은 우리 삶에서 유일하게 재생되지 않는 자원이다. 많은 사람이 "시간을 30분만 뒤로 돌릴 수 있다면!"이라고 말한다. 물론 농담이지만, 이 말에는 간절한 진심이 담겨 있다. 그렇지 않은가? 시간을 낭비한다면, 소중한 것을 잃은 것이나 다를 바가 없다. 삶이 아무리 바쁘더라도 진실로 원하는 삶을 살기 위한 시간을 마련할 수 있어야 한다.

자신에 대한 진실을 찾아내고, 원하는 삶을 구상하며 보낸 시간은 참으로 보람차다. 죽음을 앞두고 과거를 되돌아보며 "소셜미디어에서 다른 사람들의 사진을 보며 더 많은 시간을 보냈어야 했는데", "더 많은 술집을 순례했어야 했는데"라고 말할 사람은 어디에도 없을 것이다. 훗날 후회하고 싶지 않다면 이제부터라도 중요한 것에 우선순위를 두어라.

## 끊임없이 새로운 목표를 향하여

목표 달성은 끊임없이 더 높은 곳을 향해 가는 삶의 방식이 되어야 한다. '최고 자아 모델'은 어떤 지점까지 도달한 후에 멈추는 것이 아니다. 당신도 이 책을 통해 최고 자아는 진화한다는 사실을 깨달았기를 바란다. 달리 말하면, 삶의 일곱 가지 영역을 지속적으로 평가하며 새로운 목표를 세우고, 달성해야 할 새로운 영역을 찾아내야 한다는 뜻이다.

어쩌면 당신의 몇몇 목표는 사소하고 간단한 것일 수 있다. 이런 경우에는 목표를 달성하기 위해 단계별로 많은 연습이 필요하지 않다고 생각할 수 있다. 반대로 동시에 공들여야 할 서너 개의 원대한 목표가 있고, 일탈하지 않으려면 사소한 것까지 치밀하게 계획을 세워야 하는 경우도 있다. 당신이 어떤 상황에 있든 "그 일에 공들여야 해"라고 막연하게 말하지 않고, 그 목표를 성취하기 위한 시간표에서 당신이 어디쯤에 있고, 목표를 완수하는 최종일은 언제인지 정확히 짚어낼 수 있어야 한다. 더는 막연히 '언젠가'라고 말하지 말고 오늘에 충실하라.

그들이 말했던 것처럼 검은색 SUV가 아침 7시 정각에 우리 집 앞에 멈추어 섰다. 나는 서둘러 그 자동차에 올라탔다. 반듯하게 차려입은 운전기사가 환한 미소로 나를 맞아주었다. 자동차를 타고 이동하는 동안 나는 읽고 또 읽었던 130쪽짜리 서류철을 다시 훑어보았다. 다시 읽을 때마다 전에는 눈에 띄지 않았던 구절이 눈에 들어왔다. 내 팀원 모두와 함께 읽기도 했다. 그들도 서류철에 담긴 중요한 정보에 나만큼이나 깊은 인상을 받은 듯했다. 인터뷰와 사진, 객관적인 정보, 자기평가, 법정 자료 등으로 꾸며진 서류철이었다.

우리는 도심을 통과해 달렸다. 아침의 교통 체증이 시작되었다. 그 사이 의심의 기운이 내 머릿속에 스멀스멀 기어들기 시작했고, 의혹의 목소리는 점점 커졌다. 그 목소리는 탁구공처럼 내 머릿속에서 두서없이 튀어나왔다.

'옷을 너무 많이 가져가는 게 아닐까?', '이번 일을 제대로 해내지 못

하면 어떻게 되지?', '이번 일을 맡을 만한 자격이 나한테 있는 것일까?'

　나는 완전히 새로운 세계에 들어가고 있었다. 그전까지 나는 항상 무대 뒤에 머물렀지만, 이번 일을 계기로 변화를 시도했다. 완전히 낯선 세계에 들어선 까닭에 내 불안감이 못된 머리를 치켜들고 있었다. 나는 끊임없이 나 자신을 의심하며 '충분히 준비가 되었는가?'라고 물었다.

　그때 문득 의문이 들었다. 그 의문은 먼 옛날부터 내 머릿속에서 반복되던 낡은 '테이프'였다. 이번 일은 나에게 지평을 넓히기 위한 새로운 도전이 아닌가? 그랬다! 미국과 국제 미디어계에서 최고로 손꼽히는 방송, 이른바 '빅 리그(big league)'에 진출할 기회가 아닌가? 시청률은 거짓말을 하지 않는다. 필 맥그로 박사는 수년 전부터 그 분야에서 압도적인 수위를 차지하고 있었다. 미국 의회도 그를 빈번하게 초빙해 정신 건강에 대한 자문을 받고 있다. 필 맥그로 박사는 이 세계에서 가장 유명한 정신 건강 전문가다. 말하자면 그는 난해한 정신적 문제의 지그문트 프로이트다. 그랬다. 그곳은 '빅 리그'였다.

　필 맥그로 박사가 나에게 자신의 프로그램에 출연해달라고 요청했다. 잠깐, 뭐라고? 순서가 거꾸로 된 거 아니야? 천만에, 내가 그에게 요청한 것이 아니라 그가 나에게 요청했다! 필 맥그로 박사는 많은 사람이 실패한 분야에서 비할 데 없는 성공을 거두었다. 출연 요청을 받자마자 나는 그의 성공 과정을 살펴보았다. 그의 성공은 가늠하기 힘들었다. 그런 사람이 자신이 만난 수많은 전문가 중 하나가 아니라 나를 초대했다! 내가 그때까지 가르치던 것을 더욱 세련되게 다듬고, 나 자신에 대한 생각을 수정하며 나에게도 다른 사람들에게 제공할 것이 많다는 사실을 인정할 때였다. 내가 존경하는 사람들이 그런 변화를 겪었고, 이제 내가 그렇게 변할 때였다. 겸손해야 한다는 믿음에 사로잡혀 자신의 소명과 재능까지 부정해야 할 이유는 없다.

문득 나는 자동차 뒷좌석의 무릎 공간이 넉넉해진 것을 깨달았다. 왜 그랬을까? 어느새 허리를 꼿꼿이 세우고 앉았기 때문이었다. 내면의 대화가 달라지면서 몸짓언어도 변한 것이다. 게다가 둘이 서로 영향을 미치며 상승효과를 일으켰다.

"초조하십니까?"

운전기사가 물었다. 그의 질문에 나는 깊은 사색에서 빠져나왔다.

"얼마 전까지는 그랬습니다. 하지만 지금은 흥분됩니다. '코치답게 행동해야지. 준비됐어!'라고 다짐했습니다."

"자연스럽게 행동하십시오. 그분들이 말씀하시는 것의 절반만큼만 하더라도 대단한 겁니다."

운전기사는 미소를 지어보였고, 나도 미소로 화답했다. 내 머릿속을 지배하던 부정적인 생각은 사라진 지 오래였다.

"훌륭한 조언입니다. 감사합니다."

나는 "자연스럽게 행동하십시오"라는 짤막한 말에 담긴 진실을 생각해보았다. 최고 자아가 되라는 뜻이었다. 어떤 상황에도 적용되는, 때때로 우리 모두에게 필요한 훌륭한 조언이었다.

자동차는 멜로즈 애비뉴로 들어섰다. 나는 서류철을 닫고 심호흡했다. 우리는 할리우드 전체에서 가장 역사적인 문을 통과한 듯했다. 그러나 나는 '할리우드'를 할리우드로 생각하지 않았다. 그 '엔터테인먼트 단지'를 유흥의 공간이 아니라, 변화를 교육하고 자극하고 촉진하기 위해 사용하는 멋진 기회가 내 앞에 주어진 것이라 생각했다. 게다가 '최고·최선의 이용(highest and best use)'이라는 개념의 의미를 처음으로 완전히 이해할 수 있었다. 자동차는 거대한 창고 크기의 스튜디오, 스테이지 29 앞에 멈추어 섰다. 나는 운전기사에게 고맙다고 인사한 뒤 자동차에서 내렸다.

한 여인이 환한 미소를 지으며 나를 맞아주었다. 나는 그녀에게 화장실이 어디에 있느냐고 물었다. 내 의식이 그날만큼 중요한 때가 없을 것 같았다. 그녀가 알려준 화장실은 옛날식 소변기가 줄지어 늘어선 전통적인 화장실이었다. 나는 가방을 내려놓고, 세면대와 거울 앞에 무릎을 꿇고 앉았다. 두 눈을 감고 숨을 깊게 들이마시며 내면의 고요함이 내 몸 안에 스며드는 것을 느꼈다. 나 자신의 가치를 확인하는 생각을 조용히 머릿속에 떠올렸다.

'너는 지금 네가 있어야 할 곳에 있는 것이다. 우주에는 계획이 있는 법이다. 부담을 내려놓고 자연스럽게 행동해라.'

그리고 일어서서 거울을 들여다보며 말했다.

"이제 네가 나설 때가 아니야."

중심을 되찾고 한층 강해진 기분이었다. 어떤 일이 벌어지더라도 최고의 자아로서 행동할 수 있을 것 같았다. 머리 손질과 화장을 끝내고 무대 옆에 서서 물끄러미 모니터를 바라보았다. 저 무대에서 어떤 일이 벌어지더라도 내 진실한 목표가 그 일에 도움이 될 것이라고 확신했다. 그곳에 내 개인을 위한 에고는 없었다. 내가 좋아하는 일을 하고, 사람들이 내면의 대답을 찾아내는 것을 돕고, 모두에게 자신의 최고 자아를 발견하고 유지하는 방법을 알려줄 기회였다.

삶은 여정이지 목적지가 아니다. 누구도 자신의 삶을 완전히 통제하지 못한다. 또 삶을 시작하는 순간부터 고통을 피할 수 없다. 삶은 당신을 질질 끌고 다닌다. 당신이 모든 것을 내려놓을 때까지! 우주는 당신이 최고 자아와 하나가 되기를 바란다. 지금 당신의 모습은 당신이 반드시 갖추어야 할 모습이다. 여기에는 고유한 당위성이 있다.

밝은 조명, 꽉 찬 방청석, 7대의 커다란 카메라, 무대 곳곳을 장식한 필 맥그로 박사의 상징물… 나는 초대 손님과 마주 앉았다. 나는 그의 눈을 들여다보았다. 그 순간 모든 것이 배경 뒤로 사라지는 듯했다. 나는 초대 손님에게 두 가지 훈련법을 시도했다. 그는 그 훈련법을 통해 단편적 사건들을 연결해 어떤 결론을 도출하는 데 도움이 되었는지 해결책을 마련한 것처럼 보였다.

나는 필 맥그로 박사에게 다시 프로그램에 출연해달라는 요청을 받았고, 그 후에도 또 받았다. 한없이 기뻤고 영광스러웠다. 그 제안은 내가 기대했던 것도 아니었고, 내가 의도적으로 추구하거나 꿈꾸던 것도 아니었다. 그러나 우리가 최고 자아와 하나가 되는 끈을 유지하면 언제라도 가능한 기적이다. 그래서 삶이 놀랍고 즐거운 것이 아니겠는가. 프로그램에 세 번째 출연한 후, 필 맥그로 박사가 나를 자신의 사무실로 초대했다.

필 맥그로 박사가 물었다.

"어떻게 생각합니까?"

"무엇을 말입니까?"

"우리가 그들에게 도움을 주었다고 생각하나요? 그러니까 우리가 그들에게 괜찮은 해결책을 제시해준 것 같지 않나요?"

"동감입니다. 많은 가정에게 정말 좋은 학습 기법을 제공하는 프로그램이라고 생각합니다."

"당신이 시도한 훈련법은 정말 완벽했습니다. 정말 효과가 있었습니다."

나는 놀라지 않을 수 없었다. 필 맥그로 박사에게 그런 칭찬을 들다니!

필 맥그로 박사가 다시 말했다.

"이제 무엇을 해야 하는지 아시겠어요? 책을 쓰세요."

"책이요?"

"그렇습니다. 한 달 전에 이미 썼어야 했습니다."

필 맥그로 박사는 에둘러 말하지 않았다. 그는 어떤 생각이 떠오르면 숨김없이 드러내는 성격이었다.

"무엇에 대해 써야 했다는 겁니까?"

"당신은 최고 자아, 진정한 자아에 대해 강조하고, 그와 관련된 훈련법과 연습법도 알고 있습니다. 효과가 있어 많은 사람에게 도움이 될 겁니다."

"알겠습니다. 바로 시작하겠습니다."

이 책을 쓰는 프로젝트는 그렇게 시작되었다. 책을 쓰는 것은 전혀 고려하지 않던 것이었다. 마음속으로 소망하던 것도 아니었다. 그러나 나도 이제 저자가 되었다. 그저 감사할 따름이다. 책을 쓰는 과정에서 나는 관점을 명확히 정리하고 전달하는 방법을 배웠다. 또한 무사안일에서 벗어나 새로운 것에 도전하며 하루하루 발전하는 기회를 얻었다. 자연스레 행동하며 나 자신이 되는 방법도 배웠다.

나는 당신과 다를 바 없는 사람이다. 당신과 나, 우리 모두 삶의 여정에 있는 것도 똑같다. 우리가 물려받은 유산은 삶의 여정에서 무관하다. 우리 과거도 무관하다. 미래는 예측 불가능하다. 그러나 이 순간은 당신의 순간이 될 수 있다. 하루하루 성장하겠는가, 아니면 포기하겠는가. 성장하는 쪽을 선택하면 상상하지 못한 새로운 삶이 당신 앞에 열릴 것이다. 당신이 보여줄 수 있는 최고의 자아와 하나가 됨으로써 당신의 삶을 '최고·최선으로 이용하는 방법'을 찾아보라. 지금 당장! 그리고 영원히.

베스트 셀프

감사의 글

　먼저 데이 스트리트 북스와 하퍼콜린스 출판사에서 내 책의 편집을 담당한 팀원들, 특히 린 그래디와 켄드라 뉴턴, 하이디 릭터, 신 뉴콧, 켈 윌슨, 벤자민 스타인버그, 안드리아 몰리터, 나이어미키 왈리야야, 진 레이나에게 감사 인사를 하고 싶다. 나는 그들을 처음 보았을 때부터 함께 일하고 싶었다. 특히 편집장인 캐리 손턴에게 감사의 말을 전하고 싶다. 그녀는 저자라면 누구나 원할 만한 최고의 협력자다.

　듀프리 밀러 저작권 에이전시의 잰 밀러와 레이시 린치에게도 고맙다는 말을 전하고 싶다. 잰, 당신의 카리스마와 무뚝뚝함에 필적할 사람은 없을 겁니다. 당신 덕분에 최고의 책을 쓸 수 있었습니다. 당신의 채찍질 덕분에 이 책이 훨씬 더 나아졌어요.

　로빈 맥그로에게도 감사함을 전하고 싶다. 그의 정직한 피드백 덕분에 내 글이 하루하루 더 나아질 수 있었다. 그가 보낸 이메일은 앞으로도 영원히 간직할 생각이다. 그의 지혜는 특별함을 넘어선다.

삶을 살다보면 행운의 유니콘이 적시에 나타난다. 너무나 뜻밖이어서 눈으로 보고, 귀로 듣고도 믿지 못한다. 나에게는 필 맥그로 박사가 그런 존재다. 내가 그에게 뭐라고 감사할 수 있겠는가. 내 코치와 멘토가 되어준 것에 감사할 따름이다. 그는 내게 너그러움의 뜻을 완전히 새롭게 깨닫는 기회를 주었다.

내가 속내를 털어놓을 수 있는 소중한 친구 필 매킨토시도 빼놓을 수 없다. 그와 숀다는 아름다운 가정의 모범적인 사례다. 항상 영감을 주는 필에게 감사 인사를 하고 싶다.

제이 글레이저에게도 고맙다고 말하고 싶다. 그의 채찍질 덕분에 나는 날렵한 몸매를 만들고, 이 책을 계획대로 완성할 수 있는 체력을 유지할 수 있었다. 제이의 충실함은 누구도 흉내 내지 못할 것이다.

큰 형 데이비드와 형수 캐롤에게도 감사하다. 다함께 우리 집 소파에서 어린 시절과 여행에 대해 이야기 나누며 보낸 시간은 참으로 소중하다. 내 핵심 팀이 되어주어서 너무 고맙다.

제니퍼 로페즈에게도 감사하고 싶다. 그녀는 화학적 결합과 무조건적인 사랑, 우리가 원하는 것을 끈질기게 추구해야 하는 이유를 내게 가르쳐주었다.

조 조너스도 빼놓을 수 없다. 조는 내가 예술가에게 부러워하는 모든 장점, 친절하고 사려 깊은 이타심을 갖춘 연예인이다. 그의 도움에 감사할 따름이다.

뛰어난 사색가 리사 클라크에게도 감사함을 전하고 싶다. 그녀는 정말 똑똑한 사람 곁에 있는 것이 어떤 기분인지 알게 해주었고, 무엇이든 해낼 수 있는 만능인이 될 수 있다는 것을 가르쳐주었다.

내가 더 나은 삶을 향한 길을 만들어가려고 노력할 때 격려와 도움을 아끼지 않은 톰과 로빈 바서만, 내가 비정통적으로 회사를 운영하는데도 굳게 믿어준 CAST 센터의 팀원들에게도 고맙다는 말을 전하고 싶다.

끝으로 내 최고의 자아 멀린에게도 감사하다. 계속 마법을 부리며 우리가 살아야 할 삶을 살 수 있기를 바란다.

# 신나게 살고 있습니까?

소확행! 소소하지만 확실한 행복의 줄임말로, 젊은 세대가 팍팍한 삶의 과정에서 추구하는 즐거움이다. 하기야 일반적으로 즐거운 일이라 정의된 것에서만 우리가 행복을 느낄 수 있는 것은 아니다. 사람마다 즐거움을 얻는 방법과 이유, 환경과 사건이 다를 수 있다. 이런 이유에서도 개인화된 사회에서 소확행은 무척 중요한 개념일 수 있다. 그럼 매 순간이 소확행일 수 있는 방법이 있을까? 또 그 방법이 누구에게나 적용되는 보편성을 띠려면 어떻게 해야 할까?

라이프 코치인 저자는 이 질문에 대한 답으로 '자신의 최고 자아'로 생각하고 행동하라고 말한다. 이런 충고로 끝난다면 막연하기 그지없을 것이다. 하지만 이 책은 멋진 삶을 위한 조언과 명령으로만 꾸며져 있지 않다. 무척 실용적인 책이며 워크북에 가깝다. 달리 말하면, 독자에게 자기 점검과 연습을 '강요'한다. 따라서 이 책은 자신의 '최고 자아'를 찾아내는 방법부터 시작한다. 그렇게 찾아낸 최고 자아로 삶의 일곱 영역에서 살아가는 방법을 자세히 소개한다. 궁극적으로 '지금의 당신은 진정으로 원하는 당신인가?', '지금의 삶은 진정으로 원하는 삶인가?'라는 질문에 그렇다고 대답할 수 있는 방법을 알려주는 실용적인 책이다.

　결국 중요한 것은 최고 자아로 살고 있지 못하다면 변해야 한다는 것이다. 저자는 변화를 위한 다섯 가지 원칙도 제시한다. 호기심과 열린 마음, 정직함과 의욕, 그리고 집중이다. 정직한 자기 평가가 있어야 변화가 시작된다. 이런 이유에서 토머스 제퍼슨이 "정직은 지혜라는 책의 첫 장이다"라고 말한 것이 아닐까 싶다. 그렇다고 무작정 변할 수는 없다. 어떤 목표를 위해 어떻게 변할 것인가? 이 의문을 풀어야 한다. 세상에 존재하는 모든 것은 우리에게 도움이 된다고 생각하는 것이 좋다. 지금 내가 아는 것이 전부이고 옳은 것이란 아집에서 벗어나야 한다. 마음의 문을 활짝 열어야 한다. 또 호기심을 가져야 한다. 이 둘을 행동으로 옮기려면 의욕과 집중이 뒷받침되어야 한다. 결국 변화를 위한 다섯 가지 원칙은 한꺼번에 적용되어야 한다.

　이 책은 설득력을 더하기 위해 많은 사례를 인용한다. 특히 저자 자신의 어두웠던 과거까지 가감 없이 인용하고 있다는 점에서 단순한 자기계발서의 수준을 넘어선다. 저자는 "인간은 잘 변하지 않는다는 게 우리 사회에 팽배한 통념이다. 하지만 완전히 잘못된 통념이다"라고 말하며, 인간이 변하지 못한다면 그 자신도 지금 라이프 코치가 아니라 '아직도 무일푼일 것이고 필로폰 중독자로 허덕이고 있을 것'이라고 말한다. 그렇다, 사람은 변한다. 누구나 변할 수 있다. 당신도 변할 수 있다. 이 책을 믿고 그대로 해보라.

다시 처음으로 돌아가자. 작은 것이 더해지면 어떻게 될까? 우리는 흔히 '전부는 부분의 합'이라 말한다. 그럼 우리에게 허락된 작은 행복이 합해지면 우리의 행복 전체가 된다. 하지만 '부분의 합은 전부보다 크다'라는 말도 있다. 그렇다, 소확행이 반복되면 우리는 한없이 행복하게 살 수 있고, 하루하루 더 행복한 삶을 살 수 있다. 오늘부터 작은 행복을 얻기 위해 열린 마음으로 정직하게 현재의 삶을 돌이켜보라. 그 방법이 이 책에 쓰여 있다.

충주에서
강주헌

# 참고문헌

### 3장 당신만의 고유한 여정: 최고의 자아를 향한 변화

1.   The Transtheoretical Model(Prochaska and DiClemente, 1983).

### 5장 사회적 삶(Social Life)

1.   The article, "Mental Exercising Through Simple Socializing: Social Interaction Promotes General Cognitive Functioning," written by Oscar Ybarra, Eugene Burnstein, Piotr Winkielman, Matthew C. Keller, Melvin Manis, Emily Chan, and Joel Rodriguez of the University of Michigan, and published by SAGE in the February issue of Personality and Social Psychology Bulletin.

2.   James Harter and Raksha Arora, "Social Time Crucial to Daily Emotional Well-Being in U.S.," www.gallup.com, June 5, 2008.

3.   "'Is Service with a Smile' Enough?" Organizational Behavior and Human Decision Processes(January 2005).

### 6장 개인적 삶(Personal Life)

1.   Translational Psychiatry(2016): e727.
2.   https://academic.oup.com/brain/article/134/6/1591/369496.
3.   Neural Plasticity, Volume 2014, Article ID 541870.
4.   https://psychcentral.com/news/2014/11/18/prolonged-negative-thinking-may-in-

crease−alzheimers− risk/77448.html.

5. Mark Muraven, "Building Self−Control Strength: Practicing Self−Control Leads to Improved Self−Control Performance." Journal of Experimental Social Psychology 46, no. 2(2010): 465 – 68. PMC. Web. 10 Oct. 2018.

## 7장 건강(Health)

1. The Psychobiotic Revolution: Mood, Food, and the New Science of the Gut−Brain, eds., Scott C. Anderson et al., National Geographic, Washington, DC, 2017.

2. David Kohn, "When Gut Bacteria Change Brain Function," Atlantic, June 24, 2015, https://www.theatlantic.com/health/archive/2015/06/gut−bacteria−on−the−brain/395918/.

3. https://www.eurekalert.org/pub_releases/2018−08/esoc−coh081618.php.

4. https://www.nature.com/articles/s41598−017−17373−3.

5. https://www.sciencedirect.com/science/article/pii/S0166432816302571.

6. https://www.ncbi.nlm.nih.gov/pmc/articles/PMC2990190/.

7. https://www.ncbi.nlm.nih.gov/pmc/articles/PMC2647148/.

8. https://www.sciencedirect.com/science/article/pii/S0165178112008153?via%3Dihub.

## 8장 교육(Education)

1. http://www.bbc.com/future/story/20170828−the−amazing−fertility−of−the−older−mind.

2. Matthew Solan, "Back to School: Learning a New Skill Can Slow Cognitive Aging," https://www.health.harvard.edu/blog/learning−new−skill−can−slow−cognitive−aging−201604279502.

## 11장 영성의 개발(Spiritual development)

1. Laura E. Wallace, Rebecca Anthony, Christian M. End, Baldwin M. Way, "Does Religion Stave Off the Grave? Religious Affiliation in One's Obituary and Longevity," 2018, http://journals.sagepub.com/doi/abs/10.1177/1948550618779820.

2. Deborah Cornah, "The Impact of Spirituality on Mental Health: A Review of the Literature." Mental Health Foundation, 2006, www.mentalhealth.org.uk/sites/default / files/impact−spirituality.pdf.

3. "Spiritual Engagement and Meaning," Pursuit of Happiness, 2016, http://www.pursuit−of−happiness.org/science−of−happiness/spiritual−engagement/.

4. Ozden Dedeli and Gulten Kaptan, "Spirituality and Religion in Pain and Pain Manage-

ment," Health Psychology Research 1, no. 3(2013): 29, doi:10.4081/hpr.2013.1448.

5. Rudy Bowen et al., "Self-Rated Importance of Religion Predicts One-Year Outcome of Patients with Panic Disorder," Depression and Anxiety 23, no. 5(2006): 266 - 73, doi:10.1002/da.20157.

6. Lisa Bridges and Kristin Moore, "Religion and Spirituality in Childhood and Adolescence," Child Trends, 2002, https://www.childtrends.org/wpcontent/uploads/2002/01/Child_Trends2002_01_01_FR_ReligionSpiritAdol.pdf.